କହନ୍ତି କବୀର

(ସନ୍ଥ କବୀରଙ୍କର ଜନପ୍ରିୟ ଦୋହାର ଭାବାର୍ଥ)

କୃତ୍ତିବାସ ରାଉତ

ଅବସରପ୍ରାପ୍ତ ଶିକ୍ଷକ

ବ୍ଲାକ୍ ଇଗଲ୍ ବୁକ୍ସ

ଭୁବନେଶ୍ୱର, ଓଡ଼ିଶା

BLACK EAGLE BOOKS

Dublin, USA

କହନ୍ତି କବୀର / କୃତ୍ତିବାସ ରାଉତ

ବ୍ଲାକ୍ ଈଗଲ୍ ବୁକ୍ସ : ଭୁବନେଶ୍ୱର, ଓଡ଼ିଶା • ଡବ୍‌ଲିନ୍, ଯୁକ୍ତରାଷ୍ଟ୍ର ଆମେରିକା

BLACK EAGLE BOOKS

USA address:
7464 Wisdom Lane
Dublin, OH 43016

India address:
E/312, Trident Galaxy, Kalinga Nagar,
Bhubaneswar-751003, Odisha, India

E-mail: info@blackeaglebooks.org
Website: www.blackeaglebooks.org

First International Edition Published by
BLACK EAGLE BOOKS, 2024

KAHANTI KABIR
by **Kruttibas Rout**

Copyright © **Kruttibas Rout**

All rights reserved. No part of this publication may be reproduced, stored in a retrieval system, or transmitted, in any form or by any means, electronic, mechanical, photocopying, recording or otherwise without the prior permission of the publisher.

Cover & Interior Design: Ezy's Publication

ISBN- 978-1-64560-607-9 (Paperback)

Printed in the United States of America

ସୂଚିପତ୍ର

ମୁଖବନ୍ଧ ୦୫
ମହାନ ସନ୍ଥ କବୀରଙ୍କ ସମ୍ବନ୍ଧରେ କିଛି ୧୧

ଦୋହା - ୦୧ .... ୧୭
ବଡା ହୁଆତୋ କ୍ୟା ହୁଆ..... / ଧନବାନ ଓ ପ୍ରତିପତ୍ତି ସମ୍ପନ୍ନ ଲୋକଙ୍କ କର୍ତ୍ତବ୍ୟ ସମ୍ବନ୍ଧରେ
ଦୋହା - ୦୨ .... ୨୩
ସାଇଁ ଇତନା ଦିଜିଏ..... / ମଣିଷ ଜୀବନର ଅଭିଳାଷ ଓ ପ୍ରାପ୍ତି ସମ୍ବନ୍ଧରେ
ଦୋହା - ୦୩ .... ୨୭
ମାଟି କହେ କୁମ୍ଭାର ସେ..... / ପୁରୁଷାର୍ଥର ନିୟନ୍ତ୍ରଣ ସମ୍ବନ୍ଧରେ
ଦୋହା - ୦୪ .... ୩୦
ଗୁରୁ ଗୋବିନ୍ଦ ଦୋଓ ଖଡେ..... / ଗୁରୁ ଓ ଗୋବିନ୍ଦ ଉଭୟଙ୍କ ସ୍ଥାନ ଓ ମାନ ସମ୍ବନ୍ଧରେ
ଦୋହା - ୦୫ .... ୩୫
ବୁରା ଜୋ ଦେଖନ ମେଁ ଚଲା... / ଅନ୍ୟକୁ ଅଙ୍ଗୁଳି ନିର୍ଦ୍ଦେଶ କରିବା ପୂର୍ବରୁ ନିଜକୁ ଦେଖିବା
ଦୋହା - ୦୬ .... ୪୦
ଚିନ୍ତା ଐସି ଡାକିନୀ..... / ସମସ୍ୟା ସମାଧାନ ନେଇ ଚିନ୍ତାଗ୍ରସ୍ତ ନହେବା
ଦୋହା - ୦୭ .... ୪୫
କରତା ତୋ କ୍ୟୁଉଁ ରହୟା.../ ଭାବିଚିନ୍ତି ବୁଝିବିଚାରି କହିବା ଓ କରିବା
ଦୋହା - ୦୮ .... ୪୯
କାଲ କରୋ ସୋ ଆଜକର... / ସମୟର ସଦବିନିଯୋଗ ସମ୍ବନ୍ଧରେ
ଦୋହା - ୦୯ .... ୫୬
ନିନ୍ଦକ ନିୟର ରଖିଏ... / ବ୍ୟକ୍ତିଗତ ଜୀବନରେ ନିନ୍ଦୁକ ବା ସମାଲୋଚକମାନଙ୍କର ଭୂମିକା
ଦୋହା - ୧୦ .... ୬୦
ନହାୟେ ଧୋୟେ କ୍ୟା ହୁଆ... / ଅନ୍ତଃସ୍ୱଚ୍ଛତା ଓ ବାହ୍ୟସ୍ୱଚ୍ଛତା ସମ୍ବନ୍ଧରେ
ଦୋହା - ୧୧ .... ୬୪
ଯବ ତୁ ଆୟା ଜଗତ ମେଁ... / ସ୍ୱାର୍ଥାନ୍ୱେଷୀ ନହୋଇ ପରୋପକାରୀ ହେବା
ଦୋହା - ୧୨ .... ୬୯
ଅତି କା ଭଲା ନ ବୋଲନା... / କୌଣସି କିଛିର ଅତ୍ୟଧିକତାର ପରିଣତି ସମ୍ପର୍କରେ
ଦୋହା - ୧୩ .... ୭୪
ରହିମନ ଦେଖି ବଡନେ କୋ... / ଛୋଟ ଭିତରେ ବିରାଟର ସମ୍ଭାବନା ସମ୍ପର୍କରେ
ଦୋହା - ୧୪ .... ୭୯
ଜୈସେ ପରେ ସୋ ସହି ରହେ... / ସୁଖରେ ଅଧୀର ଓ ଦୁଃଖରେ କାତର ନହେବା ସମ୍ବନ୍ଧରେ

ଦୋହା – ୧୫ .... ୮୯
ଦୋନୋ ରହିମନ ଏକ ସେ ଜୋ ଲୋଗାଁ.../ ନିଜର ଅନ୍ତର୍ହିତ ଗୁଣବଭାର ପରିପ୍ରକାଶ ସମ୍ବନ୍ଧରେ

ଦୋହା – ୧୬ .... ୮୭
ଜୋ ରହିମ ଉତ୍ତମ ପ୍ରକୃତି.../ ଆଦର୍ଶ ବ୍ୟକ୍ତିର ନୀତି ଓ ଆଦର୍ଶ ସମ୍ବନ୍ଧରେ

ଦୋହା – ୧୭ .... ୯୧
ରହିମନ ବିପଦାହି ଭଲି.../ ପ୍ରକୃତ ବନ୍ଧୁର ପରିଚୟ ସମ୍ପର୍କରେ

ଦୋହା – ୧୮ .... ୯୬
ତରୁବର ଫଳ ନହିଁ ଖାତେ ହୈ.../ ବୃକ୍ଷଲତା ଓ ନଦୀର ଅବଦାନକୁ ଭିତ୍ତି କରି ଅନ୍ୟମାନଙ୍କ ଜୀବନର ଲକ୍ଷ୍ୟ ସମ୍ବନ୍ଧରେ

ଦୋହା – ୧୯ .... ୧୦୦
ପାଓସେ ଦେଖି ରେହେମନ କୋଇଲି.../ ଗତିଶୀଳ ସମୟ ପ୍ରାଣୀମାନଙ୍କର ସାମର୍ଥ୍ୟର ନିୟନ୍ତ୍ରକ

ଦୋହା – ୨୦ .... ୧୦୪
ସଦା ସରାହେ ସାଧୁତା.../ ଗୋଟିଏ ପକ୍ଷର ଯୋଦ୍ଧା ଅନ୍ୟ ପକ୍ଷର ଯୋଦ୍ଧାର ଦକ୍ଷତାକୁ ପ୍ରଶଂସା କରିବା ସମ୍ପର୍କରେ

ଦୋହା – ୨୧ .... ୧୦୮
ଜୈସେ ଭୋଜନ କିଜିଏ..../ ମନୁଷ୍ୟର ଚଳନ ଚରିତ୍ର ଉପରେ ଖାଦ୍ୟର ପ୍ରଭାବ ସମ୍ବନ୍ଧରେ

ଦୋହା – ୨୨ .... ୧୧୨
ଜାତି ନ ପୁଛୋ ସାଧୁକୀ.../ ବ୍ୟକ୍ତିର ବ୍ୟକ୍ତିତ୍ୱ ଓ ଜ୍ଞାନର ଗଭୀରତା ଆକଳନ ସମ୍ବନ୍ଧରେ

ଦୋହା – ୨୩ .... ୧୧୬
ସମୟ ପାୟ ଫଳ ହୋତେ ହେ.../ ପରିବର୍ତ୍ତନ ହେଉଛି ଏ ଦୁନିଆର ଅପରିବର୍ତ୍ତନୀୟ ନିୟମ

ଦୋହା – ୨୪ .... ୧୨୦
ଦୁଖଃମେ ସୁମିରନ ସବ କରେ.../ ଈଶ୍ୱରଙ୍କ ଦୟା କରୁଣାକୁ ଅଣଦେଖା ନକରିବା ସମ୍ବନ୍ଧରେ

ଦୋହା – ୨୫ .... ୧୨୫
ନିଜ କର କ୍ରିୟା ରହିମ କହିସିଖି.../ କର୍ମଫଳ ଦାତାଙ୍କ ସମ୍ବନ୍ଧରେ

ଦୋହା – ୨୬ .... ୧୨୯
ଏକ ବୁନ୍ଦ ଏକ ମଳ ମୁତର ଏକ.../ ଜାତିଗତ ଭେଦଭାବ ସମ୍ବନ୍ଧରେ

ଦୋହା – ୨୭ .... ୧୩୨
କବୀର ମନୁଷ୍ୟ ଜନମ ପାୟ କର.../ ହରିନାମ ଭଜନର ମହିମା ସମ୍ବନ୍ଧରେ

ଦୋହା – ୨୮ .... ୧୩୮
ହିନ୍ଦୁ, ମୁସଲିମ, ଶିଖ, ଇସାଇ.../ ବିଭିନ୍ନ ଧର୍ମଗତ ଭେଦଭାବ ନରଖିବା ସମ୍ବନ୍ଧରେ

ଜଗନ୍ନାଥଧାମ ପୁରୀ ସମୁଦ୍ର (ମହୋଦଧି)ର କୂଳଲଙ୍ଘନ ଜନିତ
ପ୍ରତିକୂଳ ପ୍ରଭାବର ପୃଷ୍ଠଭୂମିରେ କବୀରଙ୍କର ଭୂମିକା ୧୪୩

ମୁଖବନ୍ଧ

ଯେଉଁ ପଟ୍ଟଭୂମିରେ 'କହନ୍ତି କବୀର' ପୁସ୍ତକର ପ୍ରକାଶନ ସେ ସମ୍ବନ୍ଧରେ ନିଜ କଥା

ସମୟକ୍ରମେ ସସ୍ତ୍ରୀକ ଆମେରିକା ଆସି ପୁତ୍ର, ପୁତ୍ରବଧୂ, ନାତୁଣୀ, ନାତିଙ୍କ ଗହଣରେ କିଛିଦିନ ରହଣି ଭିତରେ ଅନୁଭବ କଲି, ଆମେରିକାର ଦୁନିଆ ଖୁବ ଚଳଚଞ୍ଚଳ। ଜୀବନଶୈଳୀ ମଧ୍ୟ ଖୁବ ବ୍ୟସ୍ତବହୁଳ। ପ୍ରତ୍ୟୁଷରୁ ରାତ୍ର ଶୟନ ପର୍ଯ୍ୟନ୍ତ ସମସ୍ତେ ନିଜ ନିଜ କର୍ତ୍ତବ୍ୟ ସମ୍ପାଦନରେ ତତ୍ପର। ବିଶେଷ କରି ମୋର ଅତି ଅଲ୍ଲିଅଲୀ ନାତୁଣୀ Naihara (ଡାକ ନାଁ ଚୁମୁକି)ର ନିତ୍ୟ ନୈମିତ୍ତିକ ଦିନଚର୍ଯ୍ୟା ନିଆରା। ପ୍ରତିଟି ମୁହୂର୍ତ୍ତକୁ ସେ ପଢ଼ା ପଢ଼ି ଲେଖାଲେଖି କରିବାରେ ବିନିଯୋଗ କରେ। ସ୍କୁଲ ପାଠ ବ୍ୟତୀତ ବିଭିନ୍ନ ପ୍ରତିଯୋଗିତାରେ ଅଂଶଗ୍ରହଣ କରେ। ସେଥି ମଧ୍ୟରୁ Debate ଓ Essay competitionରେ ଭାଗ ନେଇ 'ଚିକାଗୋ' ବ୍ୟତୀତ ଆମେରିକାର ଅନ୍ୟାନ୍ୟ stateକୁ ଯିବା ସଙ୍ଗେ ସଙ୍ଗେ ବାହାର country France (ଫ୍ରାନ୍ସ)କୁ ଯାଇ ସଫଳତାର ମାଇଲି ଖୁଣ୍ଟ ସ୍ଥାପନ କରି ସମସ୍ତଙ୍କର ପ୍ରଶଂସାର ପାତ୍ରୀ ହୁଏ। ନାତି Ekansh (ଡାକ ନାମ 'ଚିମୁନ') ମଧ୍ୟ କିଛି କମ ନୁହେଁ। ସ୍କୁଲ ପାଠ ବ୍ୟତୀତ Mathematics, Debate ଏବଂ 'ଚେସ' competitionରେ ଭାଗ ନେଇ ଉଲ୍ଲେଖନୀୟ ସଫଳତା ହାସଲ କରି ସମସ୍ତଙ୍କର ଶ୍ରଦ୍ଧାର ପାତ୍ର ହୁଏ। ନାତି ନାତୁଣୀଙ୍କର ଏତାଦୃଶ achievement ଆମ ପାଇଁ ଖୁସିର ଅନନ୍ୟ ମୁହୂର୍ତ୍ତ ଆଣିଥାଏ।

Morning Walkରେ ଗଲାବେଳେ ନିଜ ଦିନଚର୍ଯ୍ୟାକୁ ନେଇ ମନରେ ଏକ ଭିନ୍ନ ଭାବନାର ଉନ୍ମେଷ ହୁଏ। କିଛି ଗୋଟାଏ କରିବାକୁ ଏଠାକାର ପରିବେଶ

ମୋତେ ପ୍ରଚୋଦିତ କରେ। ସୁତରାଂ କିଛି କରିବାର ଇଛା ନେଇ ଦଦୁଲ୍ୟମାନ ମାନସିକ ସ୍ଥିତିରେ ଥିଲାବେଳେ ମୋର ଜ୍ୟେଷ୍ଠ ପୁତ୍ର 'ନିହାର' ମହାନ ସନ୍ଥ କବୀରଙ୍କର ଦୋହକୁ ନେଇ ଗୋଟିଏ ପରାମର୍ଶ ଦେଲା। ତାହା ଥିଲା – ହିନ୍ଦୀ ଭାଷାରେ ସନ୍ଥ କବୀରଙ୍କ ରଚିତ ଦୋହରା ତାତ୍ତ୍ୱିକ ଦର୍ଶନ ଯେଉଁଭଳି ପ୍ରଚାର ଓ ପ୍ରସାର ଲାଭ କରିଛି ଆମ ମାତୃଭାଷା ଓଡ଼ିଆରେ ସେହିଭଳି ପ୍ରଚାର ଓ ପ୍ରସାର ଲାଭ କରିଥିବାର ଅଦ୍ୟାବଧି ସେମିତି କିଛି ନଜର ନାହିଁ। ତେଣୁ ସେହି ଯଶସ୍ୱୀ ସନ୍ଥଙ୍କ ରଚିତ ଦୋହା ମଧ୍ୟରୁ କେତେକ ଲୋକପ୍ରିୟ ଦୋହାର ତାତ୍ତ୍ୱିକ ଦର୍ଶନ ଓଡ଼ିଆରେ ରଚନା କଲେ ଏହାର କିଞ୍ଚିତ ମାତ୍ରାରେ ପ୍ରଚାର ଓ ପ୍ରସାର ଘଟିବ ବୋଲି ସେ (ନିହାର) ମତବ୍ୟକ୍ତ କଲା। ସେଭଳି ଏକ ଉପାଦେୟ ପରାମର୍ଶକୁ ନୈତିକ ଦୃଷ୍ଟିକୋଣରୁ ମୁଁ ଗ୍ରହଣ କଲି ସତ କିନ୍ତୁ ପରମୁହୂର୍ତ୍ତରେ ମୋ ମନରେ ଏକ ନକାରାତ୍ମକ ଭାବନା ସୃଷ୍ଟି ହେଲା। କାହିଁ ମହାଯୋଗୀ କବୀର, କାହିଁ ମୋ ପରି ସ୍ୱଳ୍ପ ଜ୍ଞାନ ସମ୍ପନ୍ନ ଅକିଞ୍ଚନ। ଯଶସ୍ୱୀ କବୀରଙ୍କ ଦୋହାର ତତ୍ତ୍ୱ ବା ତାତ୍ତ୍ୱିକ ଦର୍ଶନ କେତେ ଗମ୍ଭୀର ଆଉ କେତେ ଗଭୀର ତାହା ବର୍ଣ୍ଣନା କରିବାକୁ ଯେତିକି ଯୋଗ୍ୟତା ଆବଶ୍ୟକ ସେତେ ମୋର ନିଶ୍ଚୟ ନାହିଁ। ବାମନ ହୋଇ ଚନ୍ଦ୍ରକୁ ହାତ ବଢାଇବା ପରି ଅଥବା ଗୋଟିଏ ଛୋଟ ଭେଳାରେ ଦୁସ୍ତର ସାଗର ଲଙ୍ଘନ କଲା ପରି ମୋ ପକ୍ଷେ ଏ କଥା। ଦୃଢ ସାହିତ୍ୟିକ ମୂଳଦୁଆ ନଥିଲେ ବରେଣ୍ୟ କବୀରଙ୍କର ଦୋହାର ନିଗୂଢ ତତ୍ତ୍ୱ ବିଶ୍ଳେଷଣ କରିବା ଏକ ସହଜ ବ୍ୟାପାର ନୁହେଁ। ଏଥିପାଇଁ ଈଶ୍ୱରୀୟ କୃପା ଏକାନ୍ତ ଅପରିହାର୍ଯ୍ୟ। ମୋର ଇଷ୍ଟଗୁରୁ ପରମପ୍ରେମମୟ ଶ୍ରୀଶ୍ରୀଠାକୁର ଅନୂକୁଳଚନ୍ଦ୍ରଙ୍କର ରାତୁଳ ଚରଣରେ ବିନମ୍ର ପ୍ରାର୍ଥନା ନିବେଦନ ପୂର୍ବକ ତାଙ୍କରି ଅଜଛଳ ଦୟା କରୁଣାକୁ ପାଥେୟ କରି ଦୋହାର ବ୍ୟାଖ୍ୟା କରିବାକୁ ମନସ୍ଥ କଲି। ପ୍ରକାଶିତ ଦୋହାଗୁଡ଼ିକ ମଧ୍ୟରୁ ଯେଉଁଗୁଡ଼ିକ ମଣିଷକୁ ମାର୍ଜିତ ଓ ସଂସ୍କାରୀ କରିବ, ଚରିତ୍ର ଗଠନରେ ସହାୟକ ହେବ ଏବଂ ଭୁଲ ଠିକ ବିଚାରକରିବାର ମାଧ୍ୟମ ହେବ ଏବଂ ସର୍ବୋପରି ଦୈହିକ, ମାନସିକ ଏବଂ ବୌଦ୍ଧିକ ଜ୍ଞାନରର ବିକାଶ ଘଟାଇବାକୁ ସେହିଭଳି କେତେକ ଦୋହାର ବ୍ୟାଖ୍ୟାନ ଉକ୍ତ ପୁସ୍ତକରେ ସନ୍ନିବେଶିତ ହୋଇଅଛି। ଅବସର ସମୟରେ ପାଠକ ପାଠିକା ପାଠକଲେ ଯଦି ସେମାନଙ୍କର ମନକୁ ଛୁଇଁପାରିବ ତେବେ ମୋର ଶ୍ରମସାର୍ଥକ ହେଲା ବୋଲି ମୁଁ ଜାଣିବି।

ଏ ପୁସ୍ତକ ପ୍ରକାଶିତ ହେବାରେ ମୋର ଜ୍ୟେଷ୍ଠ ପୁତ୍ର 'ନିହାର'ର ସହଯୋଗ, ସାହାଯ୍ୟ ଓ ପ୍ରେରଣା ପାଇନଥିଲେ ଏ ପୁସ୍ତକ ପ୍ରକାଶନ ସମ୍ଭବ ହୋଇନଥାନ୍ତା ସେଥିପାଇଁ ମୁଁ ତା'ର ଉତ୍ତରୋତ୍ତର ଉନ୍ନତି କାମନା କରୁଛି। ମୋର

ନାତୁଣୀ Naihara ଏବଂ ନାତି Ekansh ଏବଂ ଉଚ୍ଚତର ଶିକ୍ଷାପ୍ରାପ୍ତି ନିମନ୍ତେ ଆମେରିକାରେ ଅଧ୍ୟୟନରତ ମୋର ଜ୍ୟେଷ୍ଠ ନାତି Anshul (ଡାକ ନାଁ ଗୁନୁ)କୁ ମଧ୍ୟ ଧନ୍ୟବାଦ ଦେଉଛି, ସେମାନଙ୍କର ସମୟ ସମୟରେ ବିଭିନ୍ନ ପ୍ରକାର ସହଯୋଗ ପାଇଁ। ଏତଦଭିନ୍ନ ମୋର ପୁତ୍ରବଧୂ ରଞ୍ଜିତା, ପୁତ୍ର ସୌମ୍ୟରଞ୍ଜନ(ସିପୁନ) ଏବଂ ଆମ ସମସ୍ତଙ୍କର ଅତି ଆପଣାର ସୌମ୍ୟାଶ୍ରୀ ଆଶୀର୍ବାଦମ୍ (ବାପୁ) ଏମାନେ ପୁସ୍ତକ ପ୍ରକାଶନରେ ଯେଉଁ ଭୂମିକା ନିର୍ବାହ କରିଛନ୍ତି ସେଥିପାଇଁ ମୁଁ ସେମାନଙ୍କୁ ମଧ୍ୟ ଧନ୍ୟବାଦ ଦେବା ସଙ୍ଗେ ସଙ୍ଗେ ସେମାନଙ୍କର ଉତ୍ତରୋତ୍ତର ଉନ୍ନତି କାମନା କରୁଛି।

ପରିଶେଷରେ, ଏ ପୁସ୍ତକ ପ୍ରକାଶ ହେବାରେ, ମୋର ସହଧର୍ମିଣୀ ପ୍ରଭାମୟୀ ରାଉତଙ୍କ ଭୂମିକାକୁ ଉଲ୍ଲେଖ ନକରି ମୁଁ କେବେ ବି ନିଜକୁ କ୍ଷମା ଦେଇପାରିବି ନାହିଁ। ଦୀର୍ଘ ଏକ ବର୍ଷ ଧରି, ଦିନ ନାହିଁ ରାତି ନାହିଁ, ମୁଁ ଯେତେବେଳେ ପୁସ୍ତକ ଲେଖାରେ ବ୍ୟସ୍ତ ଥାଏ, ସିଏ ସବୁବେଳେ ସୁହୃଦୟରେ ମୋତେ ସବୁ ପ୍ରକାର ସାହାଯ୍ୟ ଏବଂ ସହଯୋଗ କରି ଅଛନ୍ତି। ତେଣୁ ମୁଁ ଈଶ୍ୱରଙ୍କ ପାଖରେ ତାଙ୍କର ଦୀର୍ଘାୟୁ କାମନା କରୁଛି।

- ଲେଖକ

Special Acknowledgement

My special Thanks to Sumitra Panda for her work in drawing all the pictures in this book. Her skill in portraying a concept into an art form is heart touching. Sumitra is currently pursuing her PhD in Plant Biotechnology, a field that combines her passion for science with her desire to contribute to solving global challenges in agriculture and sustainability.

Throughout her academic journey, Sumitra has received recognition for her hard work. In 2021, she was honored with the FMU Gold Medal for being the Best Graduate. She has received the "Subasini Chand" Memorial Gold Medal in Science for her achievements in the field of science. She is incredibly grateful for the unwavering support of her parents, whose encouragement has been a constant source of strength throughout her academic and personal life.

Alongside her academic endeavors, she has deep interest in writing, painting, and gardening. These creative outlets has provided her with a balance to the rigorous demands of her research and allowed her to express herself in different ways.

ମହାନ ସନ୍ଥ କବୀର ଜାତି-ଧର୍ମ-ବର୍ଣ୍ଣ ନିର୍ବିଶେଷରେ ସମସ୍ତଙ୍କର ନମସ୍ୟ। ଆଜିର ଏହି ବସ୍ତୁବାଦୀ ଦୁନିଆରେ ମନୁଷ୍ୟଙ୍କୁ ସୁସଂଯତ ସୁଗଠିତ କରିବା ନିମିତ୍ତ ସନ୍ଥ କବୀରଙ୍କ ରଚିତ ଦୋହାର ପ୍ରଭାବ କେତେ ଗଭୀର ତାହା ପ୍ରତ୍ୟେକ ବ୍ୟକ୍ତି ଅନୁଭବ କରିପାରନ୍ତି ନିଶ୍ଚୟ। ଶ୍ରୀଯୁକ୍ତ କୃତ୍ତିବାସ ରାଉତ, ଅବସର ପ୍ରାପ୍ତ ଶିକ୍ଷକଙ୍କ ଦ୍ୱାରା ପ୍ରକାଶିତ 'କହନ୍ତି କବୀର' ପୁସ୍ତକରେ ସ୍ଥାନିତ ହୋଇଥିବା ଅଠେଇଶି (୨୮) ଗୋଟି ଦୋହାର ଭାବ ବିନ୍ୟାସ ମୋର ହୃଦୟସ୍ପର୍ଶୀ ହୋଇପାରିଛି। ଅନ୍ୟ ପାଠକ ପାଠିକାମାନଙ୍କ ମହଲରେ ସେଗୁଡ଼ିକ ଆଦୃତ ହେବ ବୋଲି ମୋର ଆଶା।

ଡ. ରାଜକିଶୋର ନାୟକ
ଅଧ୍ୟାପକ, ଆର୍‌ଏମ୍‌ଆଇଟି ୟୁନିଭର୍‌ସିଟି

ମହାନ ସନ୍ଥ କବୀରଙ୍କ ସମ୍ବନ୍ଧରେ କିଛି...

ପବିତ୍ର ଭାରତ ଭୂମିରେ ମହାନ ସନ୍ଥ କବୀରଙ୍କ ଆବିର୍ଭାବ ସମ୍ବନ୍ଧରେ ବହୁ ରହସ୍ୟମୟ କିମ୍ବଦନ୍ତୀ ରହିଛି ଓ ସେଥି ମଧ୍ୟରୁ କେଉଁଟା ପ୍ରମାଣସିଦ୍ଧ ଆଉ କେଉଁଟା ପ୍ରମାଣସିଦ୍ଧ ନୁହେଁ ତାହା ନିର୍ଣ୍ଣୟ କରିବା ଏକ ଦୁରୂହ ବ୍ୟାପାର।

କେତେକ ସଂଗୃହୀତ ତଥ୍ୟାବଳୀରୁ ଯାହା ଜଣାଯାଏ ସନ୍ଥ କବୀରଙ୍କ ଆବିର୍ଭାବ ୧୪୪୦ ଖ୍ରୀଷ୍ଟାବ୍ଦରେ ହୋଇଥିଲା। ସେହିପରି ଆଉ କେତେକ ତଥ୍ୟରୁ କବିରଙ୍କ ଆବିର୍ଭାବ ୧୩୯୮ ଖ୍ରୀଷ୍ଟାବ୍ଦରେ ହୋଇଥିଲା ବୋଲି ଜାଣିବାକୁ ମିଳେ। ବାରଣାସୀ ନିକଟରେ ରହୁଥିବା ଏକ ବ୍ରାହ୍ମଣ କନ୍ୟାଙ୍କ ଗର୍ଭରୁ ସନ୍ଥ କବୀର ଭୂମିଷ୍ଠ ହୋଇଥିଲେ। କଥିତ ଅଛି - ବାରଣାସୀର ପ୍ରମୁଖ ଆଧ୍ୟାତ୍ମିକ ମହାତ୍ମା ରାମାନନ୍ଦଙ୍କର ଏକ ବ୍ରାହ୍ମଣ ଶିଷ୍ୟ ଥିଲେ। ସେହି ଶିଷ୍ୟଙ୍କର ଏକ ବାଳବିଧବା କନ୍ୟା ଥିଲା। ଦିନେ ଏହି ବାଳବିଧବା କନ୍ୟାଟି (ବ୍ରାହ୍ମଣୀକନ୍ୟା) ତାଙ୍କ ପିତାଙ୍କ ସାଙ୍ଗରେ ତାଙ୍କ ଇଷ୍ଟଗୁରୁ 'ରାମାନନ୍ଦ' ଙ୍କୁ ଦର୍ଶନ କରିବାକୁ ଯାଇଥିଲେ। ଗୁରୁ ରାମାନନ୍ଦ ସେହି ବ୍ରାହ୍ମଣୀକନ୍ୟାଟିର ଭକ୍ତିନିଷ୍ଠ ବ୍ୟବହାରରେ ମୁଗ୍ଧ ହୋଇ ତାଙ୍କର ପୁତ୍ରଟିଏ ହେଉ ବୋଲି ଆଶୀର୍ବାଦ କରିଥିଲେ। କାଳଚକ୍ର ଗଡିଚାଲିଲା। କିଛିଦିନ ଅନ୍ତେ, ସେହିପରି ଏକ ମାହେନ୍ଦ୍ର ମୁହୂର୍ତ୍ତ ଉପନୀତ ହେଲା। ତାଙ୍କ କନ୍ୟାର ଗର୍ଭରୁ ଏକ ପୁତ୍ର ସନ୍ତାନଟିଏ ଜାତ ହେଲା। ସାମାଜିକ ଲୋକଲଜ୍ଜା ଓ ସଙ୍କୋଚ ଭୟରେ ଜନ୍ମିତ ଶିଶୁଟିକୁ କାଶୀ ନିକଟରେ 'ଲହରତରା' (Lahartara Lake) ହ୍ରଦରେ ଥିବା ପଦ୍ମ ପତ୍ର ଉପରେ ଶୁଆଇ ଛାଡି ଚାଲି ଯାଇଥିଲେ ଓ ଏଥିରୁ ମନରେ ଏକ ସ୍ୱତଃ ଧାରଣା ହୁଏ ଯେ ମହାଭାରତରେ କର୍ଣ୍ଣଙ୍କ ଜନ୍ମ ଯେପରି ରହସ୍ୟମୟ କବୀରଙ୍କ ଜନ୍ମ ମଧ୍ୟ ସେହିପରି ରହସ୍ୟମୟ। ସେହି 'ଲହରତରା' ହ୍ରଦରେ ଥିବା ପଦ୍ମ ପତ୍ର ଉପରେ ଛୋଟ ଶିଶୁଟି ରହସ୍ୟମୟ ସ୍ଥିତିରେ ଶୋଇଥିବା ଅବସ୍ଥାରେ ସେହି ବାଟ ଦେଇ ଯାଉଥିବା ଜଣେ

ମୁସଲିମ ବୁଣାକାରର ଦୃଷ୍ଟି ସେହି ଛୋଟ ଶିଶୁଟି ଉପରେ ପଡିଲା । ସେହି ମୁସଲିମ ବୁଣାକାର ବ୍ୟକ୍ତିର ନାମ ଥିଲା 'ନିରୁ' । ନିରୁ ସେ ଶିଶୁଟିକୁ ସେପରି ଅବସ୍ଥାରେ ଶୋଇଥିବାର ଦେଖି ଆଶ୍ଚର୍ଯ୍ୟଚକିତ ହୋଇ ତତକ୍ଷଣାତ ସେଠାରୁ ଉଠାଇଆଣି ଘରକୁ ନେଇଗଲା । ଘରେ ପହଞ୍ଚି ନିଜ ସ୍ତ୍ରୀ 'ନିମା' କୁ ସବୁ କଥା କହିଲା । ଘରେ ନିରୁ-ନିମା (ସ୍ୱାମୀ - ସ୍ତ୍ରୀ) ବ୍ୟତୀତ ତାଙ୍କର ଅନ୍ୟ କୌଣସି ସନ୍ତାନ ସନ୍ତତି ନଥିଲେ । ତେଣୁ ଅତି ଆଦର ଯତ୍ନରେ ଶିଶୁଟିର ଲାଳନ ପାଳନ କଲେ । ଜନ୍ମ ପରଠାରୁ ପୁଣି ହେତୁ ହେବା ପର୍ଯ୍ୟନ୍ତ କବୀରଙ୍କର ସମସ୍ତ ଦାୟ ଦାୟିତ୍ୱ ସେହି ମୁସଲମାନ ଦମ୍ପତି ବହନ କରିଥିଲେ । ଏହାହିଁ ଥିଲା ସେହି ସର୍ବଶକ୍ତିମାନ ମହାକାଳର ନିର୍ଦ୍ଦେଶ । ମହାନ ସନ୍ଥ କବୀରଙ୍କ ଆବିର୍ଭାବ ଯେପରି ରହସ୍ୟମୟ ସେହିପରି ସ୍ୱତନ୍ତ୍ର ଲକ୍ଷଣଯୁକ୍ତ । ତୁଳସୀ ଦୁଇ ପତ୍ରରୁ ବାସିଲା ପରି କବୀରଙ୍କ ବାଲ୍ୟାବସ୍ଥାରୁ ତାଙ୍କ ଦିବ୍ୟ ଜୀବନର ପରିପ୍ରକାଶ ଘଟିଥିଲା । ସଭିଙ୍କ ମୁଖରୁ ବାହାରିଥିଲା ଏ ଶିଶୁ ଏକ ଅସଧାରଣ ଶିଶୁ । ଦିବ୍ୟସତ୍ତାରେ ପରିପୂର୍ଣ୍ଣ ଏହାର ଆତ୍ମା । ଏ ଶିଶୁର ନାମ ଦେଲେ - 'କବୀର' ଆରବୀୟ ଭାଷାରେ 'କବୀର'ର ଅର୍ଥ ହେଉଛି ମହାନ । ସ୍ୱାମୀ - ସ୍ତ୍ରୀ (ନିରୁ-ନିମା) ଦୁହେଁ ପିଲାଟିକୁ ନିଜର ପ୍ରାଣ ଠାରୁ ଅଧିକ ଭଲପାଇ, ଖୁଆଇପିଆଇ, କାଖେଇ କୋଳେଇ ଛୋଟରୁ ବଡ଼ କଲେ । ପିଲାଟି ଧୀରେ ଧୀରେ ବଡ ହୋଇ ଦୁନିଆ ଦେଖିଲା । ତାର ଜ୍ଞାନ ଚକ୍ଷୁ ଉନ୍ମିଳିତ ହେଲା । ଜୀବନର ଗତିପଥ ବଦଳିବାକୁ ଲାଗିଲା । ଏହି ମର୍ମରେ ଓଡ଼ିଆ କବି ଅତ୍ୟନ୍ତ ମାର୍ମିକ ଭାଷାରେ କହିଛନ୍ତି:-

"ଭବିତବ୍ୟ ଯାହା ଅବଶ୍ୟ ଘଟିବ
କିଏ ତା' କରିବ ଆନ
କାଳଚକ୍ର ଗତି ରୋଧିବାକୁ ଅଛି
କିଏ ଏଡ଼େ ଶକ୍ତିମାନ ?"

କବୀରଙ୍କ ପାରିବାରିକ ଜୀବନଚର୍ଯ୍ୟା:-

କବୀରଙ୍କ ମାତା ପିତା ଯେହେତୁ କପଡା ବୁଣାକାର (ଜାତିରେ ତନ୍ତି) ଥିଲେ, କବୀର ଛୋଟବେଳୁ ନିଜର କୁଳ ବ୍ୟବସାୟ ଯାହାକି ଲୁଗାବୁଣା ଥିଲା ତାକୁହିଁ ନିଜର ପେଶା କରିଥିଲେ । ବୁଣାକାମ ବ୍ୟତୀତ ଅଧିକାଂଶ ସମୟ ସେ ବିଭିନ୍ନ ଧର୍ମର ଧର୍ମଶାସ୍ତ୍ର ଯଥା - ଗୀତା, କୋରାନ, ବାଇବେଲ ଇତ୍ୟାଦି ପାଠ କରି ସବୁ ଧର୍ମର ସାରମର୍ମକୁ ନିଜ ହୃଦୟରେ ରଖୁଥିଲେ । କବୀରଙ୍କ ବିବାହଯୋଗ୍ୟ ବୟସ ହେବାରୁ ତାଙ୍କ ପିତା ମାତା (ନିରୁ, ନିମା) 'ଲୁଇ' ନାମ୍ନୀ ଏକ କନ୍ୟା ଯୁବତୀ ସହିତ ତାଙ୍କର ବୈବାହିକ

କର୍ମ ସମ୍ପାଦନ କରିଥିଲେ। 'ଲୁଇ'କୁ ସ୍ତ୍ରୀ ରୂପେ ବରଣ କରି ତାଙ୍କ ସହିତ କିଛିଦିନ ସାଂସାରିକ ଜୀବନ ବିତାଇଥିଲେ। କବୀରଙ୍କ ଔରସରୁ ଏବଂ ସ୍ତ୍ରୀ 'ଲୁଇ'ଙ୍କ ଗର୍ଭରୁ ତାଙ୍କର ଗୋଟିଏ ପୁଅ ଏବଂ ଗୋଟିଏ ଝିଅ ଜନ୍ମ ହୋଇଥିଲା। ସାଂସାରିକ ମୋହ ମାୟା ବନ୍ଧନ କବୀରଙ୍କୁ ବେଶୀଦିନ ବାନ୍ଧି ରଖିପାରିନଥିଲା। ପରିପୂର୍ଣ୍ଣ ଜୀବନ ଯାପନ ପାଇଁ ଗୁରୁ ଗ୍ରହଣ କରିବା ଏକାନ୍ତ ଅପରିହାର୍ଯ୍ୟ ବୋଲି ତାଙ୍କର ହୃଦବୋଧ ହେଲା। ସେ ମନେ ମନେ ସ୍ଥିର କଲେ ଜୀବନରେ ଜଣଙ୍କୁ ଗୁରୁ ରୂପେ ସ୍ୱୀକାର କରିବେ।

କବୀରଙ୍କ ଗୁରୁ ଗ୍ରହଣର ପୃଷ୍ଠ ଭୂମିରେ ଥିବା କିମ୍ବଦନ୍ତୀ:-

ଗୁରୁ ଗ୍ରହଣ କରିବାକୁ ସ୍ଥିର କରି ସେ ଚିନ୍ତା କରିବାକୁ ଲାଗିଲେ, କିଏ ସେ ଆପୂରଣୀୟମାନ ପରମ ପୁରୁଷ ଯାହାଙ୍କୁ କି ସେ ଗୁରୁ ରୂପେ ସ୍ୱୀକାର କରିବେ। ଯେହେତୁ ଗୁରୁ ରାମାନନ୍ଦ ଥିଲେ ବାରଣାସୀର ଖୁବ ବିଦ୍ୱାନ ଓ ଯଶସ୍ୱୀ ସନ୍ଥ, କବିର ତାଙ୍କୁ ନିଜ ଗୁରୁ ରୂପେ ବରଣ କରିବାକୁ ମନସ୍ଥ କଲେ । ପର ମୁହୂର୍ତ୍ତରେ ସେ ଚିନ୍ତା କଲେ, "ଗୁରୁ ରାମାନନ୍ଦ ତ ସନାତନ ଧର୍ମାବଲମ୍ବୀ ବ୍ୟତୀତ ଅନ୍ୟ ଧର୍ମାବଲମ୍ବୀ ମାନଙ୍କୁ ଶିଷ୍ୟ ରୂପେ ଗ୍ରହଣ କରନ୍ତି ନାହିଁ। କିନ୍ତୁ ମୋର ଜନ୍ମଦାତା ପିତା ଓ ଜନ୍ମଦାତ୍ରୀ ମାତାର ପରିଚୟ ନାହିଁ। ମୋତେ ଯିଏ ପାଳିଥିଲେ ସେ ମୁସଲିମ ଧର୍ମାବଲମ୍ବୀ। ମୁଁ ମୁସଲମାନ ଘରେ ଲାଳିତ ପାଳିତ। ଗୁରୁ ରାମାନନ୍ଦ ମୋତେ ଶିଷ୍ୟ ରୂପେ ଗ୍ରହଣ କରିବାକୁ ଚାହିଁବେ ନାହିଁ । କ'ଣ କରିବି ?"

ଏହିଭଳି ସ୍ଥିତିରେ, ତାଙ୍କ ମୁଣ୍ଡକୁ ଗୋଟେ ଉପାୟ ଢୁକିଲା। ସେ ସ୍ଥିର କଲେ ରାତି ଥାଉ ଥାଉ ଅନ୍ଧାରିଆ ଅନ୍ଧାରିଆ ଥିବାବେଳେ ସନ୍ଥ ରାମାନନ୍ଦ ପ୍ରତ୍ୟହ ଗଙ୍ଗା ନଦୀକୁ ଗାଧୋଇବାକୁ ଯାଆନ୍ତି। ଏଇଟା ତାଙ୍କ ପାଇଁ ଗୋଟିଏ ମୌକା ବୋଲି ଭାବିଲେ। ସବୁଦିନ ପରି ସେଦିନ ମଧ୍ୟ ସନ୍ଥ ରାମାନନ୍ଦ ରାତି ଥାଉ ଥାଉ ଗାଧୋଇ ଯାଇଛନ୍ତି। ଏହାର ସୁଯୋଗ ନେଇ କବୀର ରାମାନନ୍ଦଙ୍କ ଫେରିବା ମୁହୂର୍ତ୍ତକୁ ଅପେକ୍ଷା କରି ରହିଲେ। ରାମାନନ୍ଦ ଯଥାରୀତିରେ ଗଙ୍ଗାରେ ସ୍ନାନ କର୍ମ ସାରି ଗଙ୍ଗାଙ୍କ ସ୍ତୁତି ଗାନ କରି ଫେରୁଛନ୍ତି, ଅନ୍ଧାରିଆ ଅନ୍ଧାରିଆ ରାତି ଅଛି। ଇତ୍ୟବଶରରେ ଯେଉଁ ଅଣଓସାରିଆ ରାସ୍ତାରେ ରାମାନନ୍ଦ ଫେରିବେ କବୀର ସେହି ରାସ୍ତାରେ ଶୋଇପଡିଲେ। ରାମାନନ୍ଦ ଭାବପୂର୍ଣ୍ଣ ହୃଦୟରେ ଗଙ୍ଗା ସ୍ତୁତି ଗାନ କରି କରି ସେହି ରାସ୍ତାରେ ଫେରିବା ଅବସ୍ଥାରେ ଅନ୍ଧାରରେ ଦେଖି ପାରିଲେ ନାହିଁ। ତେଣୁ ତାଙ୍କ ପାଦ କବୀରଙ୍କ ଶରୀର ଉପରେ ପଡିଗଲା। ପାଦ ପଡିବା କ୍ଷଣି ରାମାନନ୍ଦ ଭାବପ୍ରବଣ ହୋଇ ରାମ ରାମ ଉଚ୍ଚାରଣ କଲେ। କବୀର ଉଠିପଡ଼ି କହିଲେ "ମୁଁ ପାଇଗଲି,

ମୋର ଗୁରୁମନ୍ତ୍ର ମୁଁ ପାଇଗଲି।” ରାମାନନ୍ଦ ପଚାରିଲେ, କିଏ ତୁମେ? କବୀର କହିଲେ ମୁଁ ହେଉଛି କବୀର। ମୋ ଉପରେ ପାଦ ପକାଇ ମୋତେ ଆପଣ ଦିବ୍ୟ ଗୁରୁମନ୍ତ୍ର ‘ରାମ ରାମ’ ପ୍ରଦାନ କଲେ। ଆପଣଙ୍କ ଶ୍ରୀମୁଖରୁ ଯାହା ବାହାରିଲା, ସେଇଟା ମୋ ପାଇଁ ଦୁର୍ଲ୍ଲଭ ଗୁରୁମନ୍ତ୍ର।”

କବୀରଙ୍କ ଗୁରୁ ଗ୍ରହଣ ଜନିତ ଭାବ, ଭକ୍ତି, ନିଷ୍ଠାରେ ସନ୍ତୁଷ୍ଟ ହୋଇ ସନ୍ଥ ରାମାନନ୍ଦ (କବୀରଙ୍କୁ) ମଧ୍ୟ ତାଙ୍କର ଶିଷ୍ୟ ରୂପେ ଗ୍ରହଣ କଲେ। କବୀର ମହାନ ସନ୍ଥ ପରମ ପୁରୁଷ ରାମାନନ୍ଦଙ୍କୁ ଗୁରୁ ରୂପେ ବରଣ କରି ନିଜକୁ ଧନ୍ୟ ମନେ କଲେ। ବାସ୍ତବିକ ଗୁରୁଙ୍କ ମହିମାରେ ପଟାନ୍ତର ନାହିଁ। ଜୀବନ ମରଣର ଚରମ ସଂଘର୍ଷରୁ ଉଦ୍ଧାର କର୍ତ୍ତା ହେଉଛନ୍ତି ପରମ ପୂଜ୍ୟ ଗୁରୁ ବା ସଦଗୁରୁ। ସେଥିପାଇଁ ଓଡ଼ିଆ କବି ଏହି ମର୍ମରେ ଲେଖିଛନ୍ତି:-

“ଗୁରୁହିଁ ପରମ ପିତା, ଗୁରୁ ଚିର ସୁନ୍ଦର,
ଆକାଶଠୁ ମହାନ, ସାଗରଠୁ ଗଭୀର,
ଗୁରୁହିଁ ପରମପିତା, ଗୁରୁ ଚିର ସୁନ୍ଦର,
ଗୁରୁ ମହାପୁଣ୍ୟଫଳ ଗୁରୁ ଗଙ୍ଗାନଦୀ ଜଳ,
ଜୀବନର ଶ୍ରେଷ୍ଠ ଫଳ ଭକତି ମୁକତିର ତୁଳ ।”

ସର୍ବ ଧର୍ମ ସମନ୍ୱୟ ନୀତି ଅବଲମ୍ବନ:-

ନିୟତିର ନିର୍ଦ୍ଦେଶରେ କବୀର ଗୋଟିଏ ମୁସଲିମ ପରିବାରରେ ପାଳିତ ହୋଇ ଛୋଟରୁ ବଡ ହୋଇଥିଲେ। ପରବର୍ତ୍ତୀ ପର୍ଯ୍ୟାୟରେ ସମୟର ଆହ୍ୱାନରେ କବୀର ସନାତନ ଧର୍ମାଚାରୀ ଏବଂ ବିଦ୍ୱାନ ସନ୍ଥ ‘ରାମାନନ୍ଦ’ଙ୍କୁ ଯଥାରୀତି ଗୁରୁ ରୂପେ ବରଣ କରି ତାଙ୍କଠାରୁ ଦୀକ୍ଷା ଗ୍ରହଣ କରିଥିଲେ। ଗୁରୁଙ୍କ ପ୍ରଦର୍ଶିତ ମାର୍ଗ ଅନୁସରଣ କରି ନିଜର ନିତ୍ୟ ନୈମିତ୍ତିକ କର୍ମ ସମେତ ପ୍ରତ୍ୟେକ କର୍ମ ସମ୍ପାଦନ କରୁଥିଲେ। ଅବସର ସମୟରେ ବିଭିନ୍ନ ଧର୍ମଗ୍ରନ୍ଥଗୁଡ଼ିକ ପାଠ କରିବା ପାଇଁ ପ୍ରବଳ ଆଗ୍ରହ ସୃଷ୍ଟି ହେବାରୁ ସେ ଧୀରେ ଧୀରେ ହିନ୍ଦୁ, ମୁସଲିମ, ଖ୍ରୀଷ୍ଟିଆନ, ବୌଦ୍ଧ, ଜୈନ, ଶିଖ, ଇସାଇ ଧର୍ମଗ୍ରନ୍ଥ ଗୁଡିକ ପାଠ କରିଥିଲେ। ସବୁ ଧର୍ମରେ ସମାନ କଥା ଉଲ୍ଲେଖ ଥିବାର ତାଙ୍କର ହୃଦବୋଧ ହୋଇଥିଲା। ସବୁ ଧର୍ମର ଲକ୍ଷ ଓ ଉଦ୍ଦେଶ୍ୟ ଏକ ବୋଲି ସେ ଜାଣିବାକୁ ପାଇଥିଲେ। ସବୁ ଧର୍ମର ନିଗୂଢ ତତ୍ତ୍ୱ ତାଙ୍କ ମନରେ ଭବାନ୍ତର ସୃଷ୍ଟି କଲା। ତେଣୁ ସେ ମନେ ମନେ ସ୍ଥିର କଲେ ଗୋଟିଏ ଧର୍ମର ନିର୍ଦ୍ଦିଷ୍ଟ ଧର୍ମୀୟ ସୀମାରେଖା ମଧ୍ୟରେ ଆବଦ୍ଧ ନହୋଇ ମନ ଓ ଶରୀରରୁ ହିନ୍ଦୁ ଓ ମୁସଲିମ

ଭାବଧାରାକୁ ପରିହାର କରି ହୃଦୟରେ ସର୍ବଧର୍ମ ସମନ୍ୱୟ ଭାବ ପୋଷଣ କରି ନିଜର ଦିନଚର୍ଯ୍ୟା କରିବେ ଏବଂ ତାହାହିଁ କଲେ।

ମଧ୍ୟ ଯୁଗରେ ବିଭିନ୍ନ ଧାର୍ମିକ ସମ୍ପ୍ରଦାୟର ଲୋକମାନେ ପ୍ରତ୍ୟେକ ସେମାନଙ୍କର ଧର୍ମର ରୀତିନୀତି ଅନ୍ୟ ଧର୍ମ ଠାରୁ ଶ୍ରେଷ୍ଠ ବୋଲି ପ୍ରଚାର ପ୍ରସାର କରିବାକୁ ଲାଗିଲେ। ରାମ, ରହିମ, ବୁଦ୍ଧ, ଯୀଶୁ ଇତ୍ୟାଦିଙ୍କୁ ନେଇ ଉପୁଜିଥିବା ଶ୍ରେଷ୍ଠତ୍ୱ ଲଢ଼େଇରେ ପ୍ରକୃତ ସତ୍ୟକୁ କେହି ଜାଣିପାରିନଥିଲେ। ଫଳରେ ସାମ୍ପ୍ରଦାୟିକ ମନୋଭାବକୁ ନେଇ ଗୋଷ୍ଠୀ କନ୍ଦଳ ସୃଷ୍ଟି ହେଲା। ଆନ୍ଦୋଳନ ତୀବ୍ରରୁ ତୀବ୍ରତର ହେବାକୁ ଲାଗିଲା। ଏଭଳି ସଙ୍କଟଜନକ ସ୍ଥିତିରେ କବୀର ଲୋକମାନଙ୍କୁ ଧର୍ମର ମୌଳିକ ନୀତି ନିୟମ ଓ ଆଚରଣ ସମ୍ପର୍କରେ ବିଶଦ ଭାବରେ ବୁଝାଇବାକୁ ଲାଗିଲେ।

ରାମ, ରହିମ, ଯୀଶୁ, ବୁଦ୍ଧଙ୍କ ଭଳି ଦିବ୍ୟ ପୁରୁଷ ହେଉଛନ୍ତି ସେହି ସର୍ବଶକ୍ତିମାନ ଈଶ୍ୱରଙ୍କ ପ୍ରେରୀତ ଅବତାର। ସେମାନେ ଭିନ୍ନ ଭିନ୍ନ ନୁହନ୍ତି। ସେମାନେ ହେଉଛନ୍ତି ଏକ ଓ ଅଭିନ୍ନ। ଏକ ନିର୍ଦ୍ଦିଷ୍ଟ ଲକ୍ଷ୍ୟ ହାସଲ ନିମିତ୍ତ ସେମାନେ ଭିନ୍ନ ଭିନ୍ନ ମାର୍ଗ ଦର୍ଶାଇଛନ୍ତି। ଯିଏ ଯେଉଁ ମାର୍ଗ ଅନୁସରଣ କଲେ ମଧ୍ୟ ସମସ୍ତେ ସେହି ନିର୍ଦ୍ଧାରିତ ଲକ୍ଷ୍ୟରେ ପହଞ୍ଚିବେ। କଣ କଲେ ଓ କିପରି କଲେ ଲକ୍ଷ୍ୟପ୍ରାପ୍ତିରେ ପହଞ୍ଚିହେବ ତାହା ଲୋକମାନଙ୍କୁ ପ୍ରାଞ୍ଜଳ ଭାବରେ ବୁଝାଇବା ନିମିତ୍ତ କବୀର ନିଜ ଜ୍ଞାନର ବ୍ରହ୍ମଜ୍ୟୋତି ବଳରେ ବିଭିନ୍ନ ଦୋହା ଓ ବାଣୀ ମାନ ରଚନା କରି ପ୍ରଚାର ଓ ପ୍ରସାର କରିଥିଲେ। ତାଙ୍କ ବାଣୀର ଗୂଢତତ୍ତ୍ୱ ଯେଉଁମାନେ ଠିକ ରୂପେ ବୁଝିପାରିଲେ ସେମାନେ କବୀରଙ୍କ ଅନୁଗାମୀ ହୋଇ ତାଙ୍କର ରୀତିନୀତିକୁ ଅନୁସରଣ କରିଚାଲିଲେ।

ଅପର ପକ୍ଷରେ ଯେଉଁମାନେ କବୀରଙ୍କୁ ଠିକ ରୂପେ ବୁଝିପାରିଲେ ନାହିଁ, ସେମାନେ ଭିନ୍ନ ମାର୍ଗରେ ଚାଲିଲେ। ମତି ଗତିର ବିଭେଦ ହେତୁ ସେମାନେ ତାଙ୍କ ସହିତ ଶତ୍ରୁତା ଆଚରଣ କରିବାକୁ ଲାଗିଲେ। ଏପରିକି କବୀରଙ୍କୁ ଜୀବନରୁ ମାରିଦେବାର ଉଦ୍ଦେଶ୍ୟ ନେଇ ସେମାନେ ତତ୍କାଳୀନ ମୋଗଲ ରାଜା ସିକନ୍ଦର ଲୋଦୀଙ୍କ ସହିତ ବିଭିନ୍ନ କୁମନ୍ତ୍ରଣା କଲେ। ରାଜା ଲୋଦୀ ସେମାନଙ୍କ କପଟତା ପୂର୍ଣ୍ଣ କଥାକୁ ବୁଝି ନପାରି ତାଙ୍କୁ କୋପ ଦୃଷ୍ଟିରେ ଦେଖିଲେ। ସେମାନଙ୍କ କଥାରେ ପରିଚାଳିତ ହୋଇ କବୀରଙ୍କୁ ଜୀବନରୁ ନିଃଶେଷ କରିଦେବାକୁ ପ୍ରୟାସ କଲେ। ଏଥିପାଇଁ ତାଙ୍କୁ (କବୀରଙ୍କୁ) ବହୁ କଷ୍ଟ ଓ ନିର୍ଯାତନା ସହିବା ସଙ୍ଗେ ସଙ୍ଗେ ଖଣ୍ଡା ଧାରରେ ଚାଲିବାକୁ ପଡିଥିଲା। ମାତ୍ର ସମୟ ସମସ୍ତଙ୍କ ପାଇଁ ସବୁଦିନ ସମାନ ନଥାଏ। ପର ମୁହୂର୍ତ୍ତରେ ଲୋଦୀ ସମସ୍ତ କଥାକୁ ହୃଦୟଙ୍ଗମ କରି ନିଜ ଭୁଲ ବୁଝିପାରିଥିଲେ। କବୀରଙ୍କ ପ୍ରତି ଦେଖାଇଥିବା ଆଚରଣ ପାଇଁ ତାଙ୍କୁ କ୍ଷମା ମାଗିଥିଲେ। ତାଙ୍କର ମହତ କାର୍ଯ୍ୟ ପାଇଁ ତାଙ୍କୁ 'ସନ୍ଥ' ଆଖ୍ୟା ଦେଇଥିଲେ

ଏବଂ କବୀର ସେବେଠାରୁ 'ସନ୍ଥ କବୀର' ନାମରେ ନାମିତ ହେଲେ ବୋଲି କିମ୍ବଦନ୍ତୀ ଅଛି । ଏହି ମର୍ମରେ ଓଡ଼ିଆ କବି ଯଥାର୍ଥରେ କହିଛନ୍ତି :-

"ନିୟତିର ଗତି କାଳର ବୈଚିତ୍ର୍ୟ ଯାହା କପାଳରେ ଥିଲା,
ବିଧାତା ଲେଖିଲା କପାଳର ଗାର ଆନ କିଏ କଲା ବାଲା ।"

ଯୋଗଜନ୍ମା କବୀର ଥିଲେ ଜଣେ ମହାନ ସନ୍ଥ, ମହାନ ତପସ୍ୱୀ । ସେ ତାଙ୍କର ଐଶୀ ଶକ୍ତି ବଳରେ ବିଶ୍ୱବାସୀଙ୍କୁ ଦିବ୍ୟ ଜୀବନର ମାର୍ଗ ପ୍ରଦର୍ଶନ କରାଇଛନ୍ତି । ନିୟତିର ନିଷ୍ଠୁର ନିର୍ଦ୍ଦେଶରେ ୧୫୧୮ ଖ୍ରୀଷ୍ଟାବ୍ଦରେ ଉତ୍ତରପ୍ରଦେଶର ମଘର (MAGHARA) ଠାରେ, ସେହି କାଳଜୟୀ ଆତ୍ମାର ମହାପ୍ରୟାଣ ଘଟିଥିଲା । ଏ ଦୁନିଆକୁ ଯିଏ ଆସିଥାଏ ତାର ଯିବାଟା ନିଶ୍ଚିତ । ସେ ସାଧୁ ହୁଅନ୍ତୁ କିମ୍ବା ସନ୍ଥ ହୁଅନ୍ତୁ କି ରାଜା କି ରଙ୍କ କି ଫକୀର ଯିଏ ବି ହୁଅନ୍ତୁନା କାହିଁକି ତାଙ୍କର ଯିବାଟା ଧ୍ରୁବସତ୍ୟ । ଏହା ସୃଷ୍ଟିର ମହାଜାଗତିକ ନିୟମ । ମାତ୍ର ଯେଉଁମାନେ ପର ଦୁଃଖ କାତର, ସର୍ବ ଭୂତେ ହିତ ରତ ଥାନ୍ତି ତାଙ୍କୁ ସମସ୍ତେ ଆପଣାର ମନେକରି ତାଙ୍କ ସ୍ମୃତିକୁ ଝୁରି ହୁଅନ୍ତି । ତାଙ୍କ ଜୀବନର ଏତେ ମୂଲ୍ୟ, ସମାଜ ଉପରେ ତାଙ୍କର ଏତେ ପ୍ରଭାବ, ତାଙ୍କ ଉପରେ ଅନେକଙ୍କର ଏତେ ନିର୍ଭରଶୀଳତା ଆଉ ତାଙ୍କ ଦେହାବସାନ ଯେ ସମାଜ ପାଇଁ କେତେ ଅପୂରଣୀୟ କ୍ଷତି ତାହା ବୁଝିବାକୁ ବାକି ନଥାଏ । କବୀର ଏହିଭଳି ସଦଗୁଣ ସମ୍ପନ୍ନ ସନ୍ଥ ଥିଲେ । କିନ୍ତୁ କାଳଚକ୍ରରେ ବନ୍ଧା ଏ ଜୀବନ । ଦଇବ ବଳ ଆଗରେ ସବୁ ବଳ ଅସାର । ସନ୍ଥ କବୀରଙ୍କ ଭଳି ମହାତ୍ମା, ମହାପୁରୁଷ ଜଗତରେ ବିରଳ, ଏହା ଅକାଟ୍ୟ ସତ୍ୟ । ଯଥାର୍ଥରେ ସେଦିନ ଓଡ଼ିଆ କବିଙ୍କ ଲେଖନୀରୁ ନିଃସୃତ ହୋଇଛି:-

"ତୁମ ଦେହ ସିନା ଗ୍ରାସିଛି ଶ୍ମଶାନ
ମାତ୍ର ଯଶୋଦେହେ ତୁମ୍ଭେ ଆୟୁଷ୍ମାନ ।"

ସନ୍ଥ ଚଳନ ଓ ମହାନ ଚିନ୍ତନର ଦିବ୍ୟ ପୁରୁଷ କବୀରଙ୍କୁ କେବଳ ଆମ ଦେଶ ଭାରତ ନୁହେଁ, ସମଗ୍ର ଦୁନିଆ ଆଜି ଖୋଜୁଛି ।

■

ଦୋହା – ୦୧

बड़ा हुआ तो क्या हुआ, जैसे पेड़ खजूर।
पंथी को छाया नहीं, फल लागे अति दूर ।।

Doha in English

Bada Hua To Kya Hua, Jaise Ped Khajoor,
Panthi Ko Chaya Nahin, Phal Laage Atidoor.

ଓଡ଼ିଆରେ ଦୋହା

ବଡା ହୁଆ ତୋ କ୍ୟା ହୁଆ, ଯେଶେ ପେଡ ଖଜୁର ।
ପନ୍ଥୀ କୋ ଚାୟା ନହିଁ, ଫଲ୍ ଲାଗେ ଅତିଦୂର ॥

ପରମ ଯୋଗୀ କବୀର ଉକ୍ତ ଦୋହର ଅବତାରଣା କରି ଖଜୁରୀ ଗଛର ଦୃଷ୍ଟାନ୍ତ ଦେବା ଛଳରେ ସମାଜରେ ବାସ କରୁଥିବା ଧନବାନ, ପ୍ରତିପତ୍ତି ସମ୍ପନ ଓ ଦାୟିତ୍ୱ ନ୍ୟସ୍ତ ପଦାଧିକାରୀ ମାନଙ୍କର ଜୀବନଶୈଳୀ ଓ ନୈତିକ କର୍ତ୍ତବ୍ୟ ସମ୍ବନ୍ଧରେ ଆଲୋକପାତ କରିଛନ୍ତି।

ସାଧାରଣତଃ ଖଜୁରୀ ଗଛ ଉଚ୍ଚତାରେ ବଡ ହୋଇଥାଏ। ବାହୁଙ୍ଗାଗୁଡ଼ିକ ମଧ କଣ୍ଟାଯୁକ୍ତ ହୋଇଥାଏ। ତାହାର ଫଳ ଗଛର ଅଗ୍ର ଭାଗରେ ଥାଏ। ଏହା ସମସ୍ତଙ୍କୁ ଜଣାଯେ - ବାଟୋଇଟିଏ ଦୀର୍ଘ ପଥ ଅତିକ୍ରମ କରି ଥକି ପଡ଼ିଲେ ଗଛଛାଇ ଦେଖି ଟିକିଏ ଆଶ୍ରା କରି ଥକ୍କା ମେଣ୍ଟାଏ। ଫଳନ୍ତି ଗଛ ହୋଇଥିଲେ ତାହାର ପାଚିଲା ଫଳ ଖାଇ ବାଟଚଲା ଜନିତ ଭୋକ ମେଣ୍ଟାଇ ଥାଏ। ଯଦିଓ ଖଜୁରୀ ଗଛରେ ଖଜୁରୀ କୋଳି ପାଚି ଝୁଲୁଥାଏ କିନ୍ତୁ ତାହା ହାତପାହାନ୍ତାରେ ନଥାଇ ବହୁ ଉଚ୍ଚରେ ଝୁଲୁଥାଏ। ବାଟୋଇର ହାତ ପାଏ ନାହିଁ କି ସେ କୋଳି ଖାଇବାକୁ ସକ୍ଷମ ହୁଏ ନାହିଁ। ଅପରପକ୍ଷରେ ବାହୁଙ୍ଗାଗୁଡ଼ିକ କଣ୍ଟାଯୁକ୍ତ ହୋଇ ବହୁ ଉଚ୍ଚରେ ଥିବାରୁ ତା'ର ଛାଇର ମଧ ଆଶ୍ରା ମିଳେ ନାହିଁ। ସୁତରାଂ ବାଟୋଇ ପାଇଁ ଖଜୁରୀ ଗଛର ବଡ଼ ପଣିଆର ଯାଏ କେତେ ନା ଆସେ କେତେ ? ଗଛରେ ବେଲ ପାଚିଲେ କୁଆର କି ଯାଏ, ନ୍ୟାୟରେ ବାଟୋଇ ଗଛରେ ଫଳ ଖାଇ କ୍ଷୁଧା ମେଣ୍ଟାଇ ପାରେ ନା ଛାଇର ସାନିଧ ଲାଭ କରି ପଥ ଶ୍ରମକୁ ଲାଘବ କରିପାରେ। ତା' ପାଇଁ ଖଜୁରୀ ଗଛ ସମ୍ପୂର୍ଣ୍ଣ ଅଲୋଡ଼ା ହୋଇ ରହେ। ଠିକ୍ ଏହିପରି ସମାଜରେ ଯିଏ ଯେତେ ବଡହେଲେ କଣ ହବ ସମାଜ ପ୍ରତି ତାର ଯଦି କିଛି ଅବଦାନ ନାହିଁ ତାର ବଡପଣିଆ ମୂଲ୍ୟହୀନ ଓ ନିରର୍ଥକ।

ଯଶସ୍ୱୀ କବୀର ଯେଉଁ ଦୃଷ୍ଟିଭଙ୍ଗୀ ନେଇ ଉକ୍ତ ଦୋହାରେ ଖଜୁରୀ ଗଛର ଦୃଷ୍ଟାନ୍ତ ରଖିଛନ୍ତି ସେ ସମ୍ବନ୍ଧରେ କିଛି ବାସ୍ତବ ତଥ୍ୟ ରଖିବା ସମୀଚୀନ ମନେ ହୁଏ। ଆମ ସମାଜରେ ତିନି କିସମର ଲୋକ ବାସ କରୁଥିବାର ଲକ୍ଷ୍ୟ କରାଯାଏ। ସେମାନଙ୍କ ମଧରୁ ପ୍ରଥମ କିସମର ଲୋକ ହେଲେ ଗରୀବ ଶ୍ରେଣୀର। ଏମାନେ ହେଲେ, ନିଜେ ବଞ୍ଚିବା ପାଇଁ ଅନବରତ ସଂଘର୍ଷରତ, ସ୍ୱଳ୍ପ ଆୟକାରୀ, ଗରୀବ ଚାଷୀ, କୁଲି, ମଜଦୁର ଓ ସମ୍ବଳ ହୀନ ଲୋକ, ଯେଉଁ ମାନଙ୍କର ଅତୀତ ନଥିଲା କି ଭବିଷ୍ୟତ ମଧ ଅନ୍ଧକାରାଚ୍ଛନ। କେବଳ ଟିକିଏ ବଞ୍ଚିବା ପାଇଁ ଅହରହ ମେହେନତ କରି ସାରା ଜୀବନ କଟାଇଦିଅନ୍ତି। ଦେହ ଅସୁସ୍ଥ ହେଲେ କେବଳ ସରକାରୀ ଡାକ୍ତରଖାନାହିଁ ଏମାନଙ୍କର ଭରସାର କ୍ଷେତ୍ର। ବାହାରୁ ଔଷଧ କିଣି ଖାଇବାକୁ ଏମାନଙ୍କର ସମ୍ବଳ ନଥାଏ। ଔଷଧ କଥା ଦୂରେ ଥାଉ ପେଟ ଚାଖଣ୍ଡକ ପୂରାଇବା ଓ ଦେହ ଘୋଡ଼ାଇବା ଏମାନଙ୍କ ପାଇଁ କାଠିକର ପାଠ ହୋଇଥାଏ। ହରି ରଖିଲେ ରଖିବେ ମାରିଲେ ମାରିବେ।

ଏପ୍ରକାର ଭାବନାରେ ବଶବର୍ତ୍ତୀ ହୋଇ ଭାଗ୍ୟକୁ ଆଦରି ପଡ଼ିରହିବା ବ୍ୟତୀତ ଏମାନଙ୍କର ଅନ୍ୟ କିଛି ଜୁ (ଉପାୟ) ନଥାଏ। ଏମାନେ ହେଲେ ଅସହାୟ ଓ ନିଃସ୍ୱ।

ଦ୍ୱିତୀୟ କିସମର ଲୋକ ହେଲେ ମଧ୍ୟବିତ୍ତ ଶ୍ରେଣୀର ଲୋକ। ଏମାନେ ଅୟସପୂର୍ଣ୍ଣ ଜୀବନଯାପନ ଯଦିଓ କରିନଥାନ୍ତି, ବିପଦ ଆପଦ ପଡ଼ିଲେ ଭାଙ୍ଗି ନପଡ଼ି ତାହାର ମୁକାବିଲା କରନ୍ତି। ସ୍ୱଳ୍ପ ବେତନଭୋଗୀ ସରକାରୀ ଓ ବେସରକାରୀ କର୍ମଚାରୀ, କ୍ଷୁଦ୍ର ଚାଷୀ, ମଧ୍ୟମ ଆୟକାରୀ ବ୍ୟକ୍ତି ବିଶେଷ ଏହି ଶ୍ରେଣୀରେ ଅନ୍ତର୍ଭୁକ୍ତ।

ତୃତୀୟ କିସମର ଲୋକ ହେଲେ ଧନୀକ ଶ୍ରେଣୀର। ଏମାନଙ୍କର ଆର୍ଥିକ ଅବସ୍ଥା ସ୍ୱଚ୍ଛଳ। ସଂଚୟ ମଧ୍ୟ ଭଲ। ଏମାନେ ଆରାମଦାୟକ ଜୀବନଯାପନ କରନ୍ତି। ରୋଗରେ ପଡିଲେ ଏମାନେ ଦେଶ ବିଦେଶରେ ନାମିଦାମୀ ଚିକିତ୍ସାଳୟରେ ଚିକିତ୍ସା ନିମିତ୍ତ ଏମାନଙ୍କର ସମ୍ବଳର ଅଭାବ ନଥାଏ। ଏମାନଙ୍କର ପିଲାମାନେ ଦେଶ ବିଦେଶରେ ଉଚ୍ଚତର ଶିକ୍ଷା ଲାଭ କରିବାର ସୁଯୋଗ ପାଇ ବଡ ହୁଅନ୍ତି। ଏମାନଙ୍କର ଆଦର୍ଶ ପୁରୁଷ ହେଲେ 'ମୁକେଶ ଅମ୍ବାନୀ', 'ଶାହରୁଖ ଖାନ', 'ଅମିତାଭ ବଚ୍ଚନ' କେବେହେଲେ ଗାନ୍ଧୀ, ଗୋପବନ୍ଧୁ ବା ମଧୁ ବାରିଷ୍ଟର ନୁହନ୍ତି। ଆଉ କିଛି ଲୋକ ଅଛନ୍ତି ଯେଉଁମାନେକି ପୁରୁଷାନୁକ୍ରମେ ଧନ ସମ୍ପତ୍ତିର ଅଧିକାରୀ ହୋଇ ବଡ ହୋଇଥାନ୍ତି। ଆଉ କିଛି ନିଜର ଅଧ୍ୟବସାୟ ବଳରେ ସମୟକ୍ରମେ ବଡ ହୋଇଥାନ୍ତି। ଆଉ କିଛି ସୁବିଧା ସୁଯୋଗ ଲାଭ କରି କିମ୍ବା ପରମ ସୌଭାଗ୍ୟକ୍ରମେ ଧନ ସମ୍ପତ୍ତି ଲାଭ କରି 'ଆବେ ପରଶୁ, ଯାବେ ପରଶୁରୁ ବାବୁ ପର୍ଶୁରାମ' ରୂପେ ଉନ୍ନୀତ ହୋଇ ବଡପଣିଆ ଜାହିର କରନ୍ତି।

ବର୍ତ୍ତମାନ କଥା ହେଉଛି ଯିଏ ଯେଉଁ ଉପାୟରେ ଧନସମ୍ପଦର ଅଧିକାରୀ ବା ବଡ଼ଲୋକ ହୋଇଥାନ୍ତୁନା କାହିଁକି ସେମାନଙ୍କର ଗଚ୍ଛିତ ଧନସମ୍ପଦର କିଛି ଅଂଶ ସମାଜରେ ବାସକରୁଥିବା ତଥାକଥିତ ଗରୀବ ଲୋକଙ୍କ ହିତ ପାଇଁ କିଛି ବିନିଯୋଗ ନହେଲା ବା ଅସହାୟ ଦିନ ଦୁଃଖୀଙ୍କ ସେବାରେ ନଲାଗିଲା, ସର୍ବୋପରି ସମାଜ ପ୍ରତି କିଛି ଅବଦାନ ନରହିଲା ତାହେଲେ ସେମାନଙ୍କ ବଡ଼ଲୋକ ପଣିଆର ମୂଲ୍ୟବୋଧ କଣ ରହିଲା ? ପଥଶ୍ରାନ୍ତ ପଥିକ ପାଇଁ ଖଜୁରୀ ଗଛର ଅବଦାନ ଯେପରି କିଛି ନାହିଁ, ସ୍ୱାର୍ଥ ସର୍ବସ୍ୱ ବଡ଼ ଲୋକମାନଙ୍କର ସମାଜ ପ୍ରତି ମଧ୍ୟ ସେପରି କିଛି ଅବଦାନ ନାହିଁ। ସେମାନଙ୍କର ଅମାପ ଧନ ସମ୍ପତ୍ତି ଥିଲେ ମଧ୍ୟ ସେଥିରେ ଅନ୍ୟମାନଙ୍କର ଯାଏ କେତେ ନା ଆସେ କେତେ ? ତାହା ଅଚଳ ଟଙ୍କା ସଦୃଶ ମୂଲ୍ୟହୀନ। ଇଏତ ଗଲା ଧନ ସମ୍ପଦ ଆଧାରରେ ବଡପଣିଆ କଥା। ଜୀବନକାଳର ଅବଧି ବିଚାର ଆଧାରରେ ସମାଜ ଆଖିରେ କିଏ ବଡ଼ ତାହାର ଅନୁଶୀଳନ ଏକାନ୍ତ ଅପରିହାର୍ଯ୍ୟ ମନେ ହୁଏ।

ଆମ ସମାଜରେ ଏପରି କିଛି ଲୋକ ଅଛନ୍ତି ଯେଉଁମାନଙ୍କ ମଧ୍ୟରୁ କିଛି ସ୍ୱଳ୍ପାୟୁ ନେଇ ବଞ୍ଚି ରହନ୍ତି ଆଉ କିଛି ଦୀର୍ଘାୟୁ ନେଇ ବଞ୍ଚି ରହିଥାନ୍ତି। ଯିଏ ଯେପରି ଆୟୁ ନେଇ ବଞ୍ଚି ରହୁନା କାହିଁକି ନିଜର ସାମର୍ଥ୍ୟ ଅନୁସାରେ ସମାଜ ପ୍ରତି କାହାର କି ପ୍ରକାର ଅବଦାନ ରହିଛି ସେଇଟା ମହତ୍ୱପୂର୍ଣ୍ଣ କଥା। ତୁଚ୍ଛାଟାରେ ଖାଲି ଖାଇ ପିଇ କିଏ କେତେଦିନ ବଞ୍ଚି ରହିଲା ସେଇଟା ଗୁରୁତ୍ୱପୂର୍ଣ୍ଣ ନୁହେଁ। ଆଦି ଶଙ୍କରାଚାର୍ଯ୍ୟ ଓ ସ୍ୱାମୀ ବିବେକାନନ୍ଦଙ୍କ ଭଳି କେତେକ ମହା ମନିଷୀଙ୍କ ନାମ ଇତିହାସ ପୃଷ୍ଠାରେ ସ୍ୱର୍ଣ୍ଣାକ୍ଷରରେ ଲିପିବଦ୍ଧ ହୋଇ ରହିଛି। ସେମାନେ ସ୍ୱଳ୍ପକାଳ ପାଇଁ ଏ ଧରାପୃଷ୍ଠରେ ଅବତୀର୍ଣ୍ଣ ହୋଇଥିଲେ। ଆଦି ଶଙ୍କରାଚାର୍ଯ୍ୟ ମାତ୍ର ୩୨ ବର୍ଷ ଜିଇଁଥିଲେ। ସ୍ୱାମୀ ବିବେକାନନ୍ଦ ମାତ୍ର ୩୯ ବର୍ଷ ବଞ୍ଚିଥିଲେ। ଦୀର୍ଘ ଜୀବନର ଆୟୁଷ ନେଇ ସମାଜରେ ବଞ୍ଚିରହିବା ସୌଭାଗ୍ୟ ସେମାନଙ୍କର ନଥିଲା। ଏହି ସ୍ୱଳ୍ପାୟୁ ମହାମନିଷୀ ମାନେ ସନାତନ ଧର୍ମର ପ୍ରଚାର ଓ ପ୍ରସାର ପାଇଁ ଯେଉଁ ଅବଦାନ ରଖିଯାଇଛନ୍ତି ଯାହାକି ସେମାନଙ୍କର ଦେହାନ୍ତର ଶତାଧିକ ବର୍ଷ ଅତିବାହିତ ହୋଇଥିଲେ ମଧ୍ୟ ତାଙ୍କର ସେହି ମହନୀୟ ଅବଦାନ ଓ ଆଦର୍ଶ ଜନମାନସରେ ଯୁଗ ଯୁଗକୁ ରହିଆସିଛି। ଆଗକୁ ମଧ୍ୟ ରହିଥିବ।

ସେହିପରି ବିଶ୍ୱ ପ୍ରସିଦ୍ଧ କୋଣାର୍କ ମନ୍ଦିରର ମୁଖ୍ୟ ପ୍ରସ୍ତର ଶିଳ୍ପୀ ବିଶୁ ମହାରଣାର ୧୨ ବର୍ଷର ଏକମାତ୍ର ବାଳୁତ ପିଲା ଧରମା (ଧର୍ମପଦ)ର ବଳିଦାନ କାଳକାଳକୁ ସ୍ୱର୍ଣ୍ଣକ୍ଷରରେ ଲିପିବଦ୍ଧ ହୋଇ ରହିଛି। ୧୨ ବର୍ଷ ବୟସର ବାଳକ ବାଜି ରାଉତ ଫିରିଙ୍ଗିମାନଙ୍କର ଧମକ ଚମକକୁ ଖାତିର ନକରି ଦେଶ ପାଇଁ ଜାତି ପାଇଁ ଛାତି ପତେଇ ବନ୍ଧୁକ ଗୁଳିରେ ଢେଙ୍କାନାଳର ବ୍ରାହ୍ମଣୀ ନଦୀ ଘାଟରେ ଟଳି ପଡ଼ିଛି। କଅଁଳ ବୟସରେ ଆତ୍ମ ବଳିଦାନର ଯେଉଁ ଉଜ୍ଜ୍ୱଳ ଦୃଷ୍ଟାନ୍ତ ରଖିଛି ତା'ର ପଟାନ୍ତର ନାହିଁ। ଆଦିବାସୀ ଯୁବକ ବିର୍ସା ମୁଣ୍ଡା ଗୋରା (ଇଂରେଜ)ମାନଙ୍କ ଅନ୍ୟାୟ ଅତ୍ୟାଚାର ବିରୋଧରେ ଲୋକମାନଙ୍କୁ ମେଳି କରି ସଂଗ୍ରାମକୁ ତୀବ୍ରତର କରିବାରୁ ତାଙ୍କୁ ଇଂରେଜ ମାନେ କୌଶଳରେ ବନ୍ଦୀ କରି ଜେଲରେ ଅକଥନୀୟ ନିର୍ଯାତନା ଦେଇଥିଲେ। ତାଙ୍କର ସେହି ଅମାନୁଷିକ ଅତ୍ୟାଚାର ଭୋଗି ଭୋଗି ମାତ୍ର ୨୫ ବର୍ଷ ବୟସରେ ସବୁଦିନ ପାଇଁ ଆଖି ବୁଜିଥିଲେ। ଦେଶ ଓ ଜାତି ପାଇଁ ଏକ ଉଦୀୟମାନ ସୂର୍ଯ୍ୟ ଅବେଳରେ ଅସ୍ତ ଯାଇଥିଲେ ସବୁଦିନ ପାଇଁ। ଗଙ୍ଗଶିଉଳି ଫୁଲ ରାତିରେ ଫୁଟି ତା'ର ସୁବାସିତ ମହକ ବିତରଣ କରି ସକାଳେ ମଉଳିଗଲା ପରି ଏମାନଙ୍କର (ଆଦି ଶଙ୍କରାଚାର୍ଯ୍ୟ, ସ୍ୱାମୀ ବିବେକାନନ୍ଦ, ଧର୍ମପଦ, ବାଜି ରାଉତ, ବିର୍ସା ମୁଣ୍ଡା) ଜୀବନର ଅବଧି ସ୍ୱଳ୍ପ ହେଉ ପଛେ ସାରା ବିଶ୍ୱରେ

ଜନକଲ୍ୟାଣ ମୂଳକ କାର୍ଯ୍ୟରେ ମହତ୍ୱପୂର୍ଣ୍ଣ ଭୂମିକା ନିର୍ବାହ କରି କାଳଜୟୀ ହୋଇପାରିଛନ୍ତି ।

ଭାରତର ଏକାଦଶତମ ରାଷ୍ଟ୍ରପତି ଏ.ପି.ଜେ. ଆବୁଲ କାଲାମ ଅତ୍ୟନ୍ତ ସରଳ ଓ ନିରାଡ଼ମ୍ବର ଜୀବନ ଯାପନ କରିବା ସହିତ ସମାଜକୁ ଜ୍ଞାନ ଓ ବିଜ୍ଞାନର ଆଲୋକରେ ଉଦ୍ଭାସିତ କରିବାକୁ ଜୀବନର ଶେଷ ମୁହୂର୍ତ୍ତ ପର୍ଯ୍ୟନ୍ତ ଚେଷ୍ଟିତ ଥିଲେ । କଳା, ସାହିତ୍ୟ, ବିଜ୍ଞାନଠାରୁ ଆରମ୍ଭ କରି ବ୍ୟବସାୟ ବାଣିଜ୍ୟ ପର୍ଯ୍ୟନ୍ତ ଯିଏ ଯେଉଁ କ୍ଷେତ୍ରରେ ବିଶେଷ ପାରଦର୍ଶିତା ହାସଲ କରିଥିଲେ ମଧ୍ୟ ସମାଜ ପ୍ରତି ଯଥାସମ୍ଭବ ସେମାନଙ୍କର ଅବଦାନ ରଖିପାରିବେ । ଏ କ୍ଷେତ୍ରରେ ଆମେରିକାର ବିଶିଷ୍ଟ ଉଦ୍ୟୋଗ ପତି 'ବିଲ ଗେଟସ' ନାମ ଆଗରେ ଅଛି । 'ଗେଟସ ଦମ୍ପତିଙ୍କ' ଦ୍ୱାରା ପ୍ରତିବର୍ଷ କୋଟିକୋଟି ଡଲାର ଦାନରେ ଅନେକ ସମାଜ ହିତକାରୀ ପ୍ରକଳ୍ପ କାର୍ଯ୍ୟକାରୀ ହେଉଛି । ଅନୁରୂପ ଭାବରେ ଭାରତର ଉଦ୍ୟୋଗପତି 'ଅଜିମ ପ୍ରେମଜୀ' ମଧ୍ୟ ସମାଜ କଲ୍ୟାଣ ନିମନ୍ତେ ପ୍ରାୟ ପ୍ରତିବର୍ଷ ବହୁ କୋଟି ଟଙ୍କା ପ୍ରଦାନ କରୁଛନ୍ତି । ଓଡ଼ିଶାର 'ସୁବ୍ରତ ବାଗଚି' ମଧ୍ୟ କିଛି ବର୍ଷ ପୂର୍ବେ ସମାଜର ହିତ ପାଇଁ ୩୫୦ କୋଟି ଟଙ୍କା ପ୍ରଦାନ କରିଛନ୍ତି । 'ବାଗଚି ଦମ୍ପତି'ଙ୍କ ପ୍ରଦତ୍ତ ଦାନରେ ଓଡ଼ିଶାରେ ଏକ ଆଦର୍ଶ କ୍ୟାନସର ହସ୍ପିଟାଲ ନିର୍ମାଣ କରାଯାଇଛି ।

ଉପରୋକ୍ତ କଥାବସ୍ତୁ ଏ ପ୍ରସଙ୍ଗରେ ଉଲ୍ଲେଖ କରିବାର ତାତ୍ପର୍ଯ୍ୟ ହେଉଛି, ଜଣେ ଯେତେ ଧନ, ମାନ, ଜ୍ଞାନ, ପ୍ରତିପତ୍ତି ଅର୍ଜନ କରିଥିଲେ କିମ୍ବା ବହୁ ଉଚ୍ଚ ପଦପଦବୀରେ ଅବସ୍ଥାପିତ ହୋଇଥିଲେ କିମ୍ବା ରାଜନୈତିକ ନେତାଙ୍କ ଭଳି ବିଧାୟକ, ମନ୍ତ୍ରୀ, ମୁଖ୍ୟମନ୍ତ୍ରୀ, ପ୍ରଧାନମନ୍ତ୍ରୀ ପଦରେ ଅଭିଷିକ୍ତ ହୋଇଥିଲେ ମଧ୍ୟ ଯଦି ସେମାନେ ସମାଜପ୍ରତି କିଛି ଆଖିଦୃଶିଆ ଅବଦାନ ନ ରଖନ୍ତି ତାହେଲେ ସେମାନଙ୍କର ସେ ଉଚ୍ଚ ପଦପଦବୀର ମୂଲ୍ୟ କଣ ? ସବୁକିଛି ନିରର୍ଥକ । ସମାଜର ଆଉ କିଛି ଆତ୍ମସ୍ୱାର୍ଥୀ ଲୋକ ଅଛନ୍ତି ଯେଉଁମାନେକି ସମାଜ ପାଇଁ କିଛି ଅବଦାନ ନରଖି ଖାଲି ନିଜ ପାଇଁ ଓ ନିଜ ପରିବାର ପାଇଁ ବହୁ ମହଲା ବିଶିଷ୍ଟ ଏକାଧିକ ଦାମୀ ଘର, ଦୁଇ ତିନିଟା ଦାମୀ ଗାଡି, ଗୋଟେ ଦୁଇଟା ଦାମୀ କୁକୁର ଆଉ କିଛି ବ୍ୟାଙ୍କ ବାଲାନ୍ସ ରଖି ନିଜକୁ ବଡ ବୋଲି ପରିଚୟ ଦିଅନ୍ତି । ପଥିକ ପାଇଁ ଖଜୁରୀ ଗଛ ଯେପରି କୌଣସି ଉପକାରରେ ଆସେ ନାହିଁ । ସେମାନଙ୍କର ସେହି ଅଗାଧ ଧନ ସମ୍ପତ୍ତି ସମାଜର କୌଣସି ହିତ କାର୍ଯ୍ୟରେ ଆସେ ନାହିଁ । ବଡ଼ପଣିଆ ମହତ୍ତ୍ୱ ପ୍ରତିପାଦିତ ହୁଏ, ସମାଜ ପ୍ରତି ଅବଦାନ ରଖିବା ମାନସିକତାରେ ଐଶ୍ୱର୍ଯ୍ୟ ପୂର୍ଣ୍ଣ ଜୀବନ ନିର୍ବାହରେ ନୁହେଁ । ବଦାନ୍ୟ ବ୍ୟକ୍ତି ବା ମହତ ବ୍ୟକ୍ତି ବିଶେଷଙ୍କ ଆଚରଣ

ଓ ଉଚ୍ଚତର ମାନବୀୟ ଗୁଣାବଳୀକୁ ନେଇ ଶ୍ରୀମଦ୍ ଭାଗବତର ସେହି ଅମୂଲ୍ୟ ପଂକ୍ତି ଆଜିର ମାନବ ସମାଜ ପାଇଁ ଅତ୍ୟନ୍ତ ଅପରିହାର୍ଯ୍ୟ ଯଥା;-

"ଦୁଃଖୁ ଯେ ପରିତ୍ରାଣ କରେ
ସଙ୍କଟୁ ପ୍ରାଣୀକୁ ଉଦ୍ଧରେ
ଯେ ରହେ ପରଉପକାରେ
ଧନ୍ୟ ତା ଜୀବନ ସଂସାରେ
ମନୁଷ୍ୟ ଦେହେ ଦିବ୍ୟ ଜ୍ଞାନ
ଦେଖି ସନ୍ତୋଷ ଭଗବାନ।"

ଯୋଗଜନ୍ମା ସନ୍ଥ କବୀର ଉକ୍ତ ଦୋହା ମାଧ୍ୟମରେ ମାନବବାଦର ଯେଉଁ ଗୁଢତତ୍ତ୍ୱ ପ୍ରଦାନ କରିଛନ୍ତି ତାହା ଅତ୍ୟନ୍ତ ଭବୋଉଦ୍ଦୀପକ ଏବଂ ମହତ୍ତ୍ୱପୂର୍ଣ୍ଣ।

■

ଦୋହା - ୦୨

साईं इतना दीजिये, जामे कुटुंब समाये।
मैं भी भूखा न रहूँ, साधु ना भूखा जाए।।

Doha in English

Sayeen Itna Deejiye, Ja Mein Kutumb Samaye,
Main Bhi Bhookha Na Rahun, Sadhu Na Bhookha Jaye.

ଓଡ଼ିଆରେ ଦୋହା

ସାଇଁ ଇତନା ଦିଜିଏ ଜୋ ମେ କୁଟୁମ୍ବ ସମାୟେ।
ମେଁ ଭୀ ଭୁଖା ନା ରହୁଁ, ସାଧୁ ନା ଭୁଖା ଜାଏ ॥

ପ୍ରତିଟି ମଣିଷ ନିଜ ଜୀବନର ଅଭିଳାଷ ଏବଂ ପ୍ରାପ୍ତିକୁ ମାତ୍ରାଧିକ ନକରି ଆବଶ୍ୟକ ଅନୁଯାୟୀ ନିଜ ଇଚ୍ଛା ଓ କାର୍ଯ୍ୟଧାରାକୁ ଏକ ସୀମା ମଧ୍ୟରେ ରଖି ନୀତି ଓ ନୀୟମ ନିଷ୍ଠ ଜୀବନ ନିର୍ବାହ କରିବାକୁ ଉକ୍ତ ଦୋହାର ଅବତାରଣା କରି ସନ୍ଥ ଶିରୋମଣୀ କବୀର ମାନବ ସମାଜକୁ ଦିଗଦର୍ଶନ ଦେଇଛନ୍ତି।

ଏ ଦୁନିଆର ମଣିଷ ଚାହେଁ ଶାନ୍ତି ଓ ସ୍ୱସ୍ତିରେ ବଞ୍ଚିବାକୁ ଓ ବଢିବାକୁ। ଏଥିପାଇଁ ମଣିଷର ମୌଳିକ ଆବଶ୍ୟକତା ହେଲା ଖାଦ୍ୟ, ବସ୍ତ୍ର ଓ ବାସଗୃହ ବା ରୋଟି, କପଡା ଓ ମକାନ। ଏହି ଆବଶ୍ୟକତାକୁ ପୂରଣ କରିବା ପାଇଁ ମଣିଷ ଦୈନନ୍ଦିନ ଜୀବନରେ ବିଭିନ୍ନ କ୍ଷେତ୍ରରେ ସର୍ବଦା ନିଜର କର୍ମ ମାଧ୍ୟମରେ କିଛି ଧନ ଉପାର୍ଜନ କରି ଚାଲିଛି। ଉପାର୍ଜନ ଲବ୍ଧ ଧନକୁ ନିଜ ପରିବାର ପ୍ରତିପୋଷଣ ଓ ଅନ୍ୟାନ୍ୟ ଗୁଜୁରାଣ ମେଣ୍ଟାଇବା ପରେ ବଳକା ସବୁକୁ ସଞ୍ଚୟ କରୁଛି ନିଜର ତଥା ପରବର୍ତ୍ତୀ ପିଢ଼ି ପାଇଁ। ଏହି ଧନ ଅର୍ଜନ ଭୋଗବିଳାସ ଓ ସଞ୍ଚୟର ଲାଳସା ଭିତରେ ତାର ଜୀବନ ଅତିବାହିତ କରୁଅଛି। ଏହାକୁ ହିଁ କୁହାଯାଏ ଭୋଗବାଦ ଓ ବସ୍ତୁବାଦର ଚିନ୍ତାଧାରା। ଏହି ଭୋଗବାଦର ଚିନ୍ତାଧାରାକୁ କାର୍ଯ୍ୟକାରୀ କରିବାକୁ ଯାଇ ଆବଶ୍ୟକ ସ୍ଥଳେ ମଣିଷ ବିଭିନ୍ନ ଅନୈତିକ ଉପାୟରେ ଜାଗତିକ ସମ୍ପଦ ଉପାର୍ଜନ କରି ଐଶ୍ୱର୍ଯ୍ୟପୂର୍ଣ୍ଣ ଜୀବନ ଓ ସାମାଜିକ ପ୍ରତିଷ୍ଠା ପ୍ରାପ୍ତିର ଇଚ୍ଛାକୁ ପୂରଣ କରୁଅଛି। ଏହି ପ୍ରସଙ୍ଗରେ ସମଗ୍ର ମାନବ ଜାତିକୁ ଚେତାଇବାକୁ ଯାଇ ବିଦ୍ୱାନ ଚାଣକ୍ୟ ଏକଦା କହିଥିଲେ, "ଆବଶ୍ୟକତା ଠାରୁ ଅଧିକ ମିଳୁଥିବା ପ୍ରତ୍ୟେକ ଜିନିଷ ହେଉଛି ବିଷ ସଦୃଶ। ଏହା କ୍ଷମତା, ଧନ, ପ୍ରତିପତ୍ତି, ଲୋଭ ବା ଅନ୍ୟକିଛି ହୋଇପାରେ। ତେଣୁ ଏ ସମସ୍ତ ଲାଳସାଠାରୁ ଦୂରେଇ ରହିବ ଉଚିତ୍।" ଇତିହାସ ପୃଷ୍ଠାରେ ଆମ ଆଗରେ ଜ୍ୱଳନ୍ତ ଦୃଷ୍ଟାନ୍ତ ରହିଛି। ଯାହାକୁ ସମସ୍ତେ ହେଜିବା ଦରକାର।

ଗ୍ରୀକ ବୀର ଆଲେକଜାଣ୍ଡାର ସମଗ୍ର ବିଶ୍ୱକୁ ଜୟ କରିବାର ଅଦମ୍ୟ ସାହସକୁ ପୁଞ୍ଜିକରି ରାଜ୍ୟ ପରେ ରାଜ୍ୟ ଜୟ କରିବାରେ ସଫଳ ହେଲାପରେ ସ୍ୱର୍ଣ୍ଣପ୍ରସ୍ୱ ଭାରତକୁ ଆକ୍ରମଣ କରି କିଛିଅଂଶ ଜୟ କରି ନିଜ ରାଜ୍ୟକୁ ଫେରିବା ବାଟରେ ମାତ୍ର ୩୩ ବର୍ଷ ବୟସରେ ପ୍ରାଣତ୍ୟାଗ କରିଥିଲେ। ଅକାଳ ବିୟୋଗ ପୂର୍ବରୁ ଜୀବନର ବାସ୍ତବତା ଓ ସ୍ଥାବର ଅସ୍ଥାବର ସମ୍ପତ୍ତିର ପ୍ରାସଙ୍ଗିକତା ସମ୍ବନ୍ଧରେ ନିଜ ପାଖ ଲୋକଙ୍କୁ ଡାକି କହିଥିଲେ – "ମୋ ଶବକୁ ସମାଧିସ୍ଥଳକୁ ନେବାବେଳେ ମୋର ଦୁଇ ହାତ ଦୁଇଟିକୁ ଦୁଇ ପଟକୁ ଝୁଲାଇ ଦେଇଥିବ। ଯେମିତି ସମଗ୍ର ବିଶ୍ୱବାସୀ ଦେଖିବେ ଆଲେକଜାଣ୍ଡାର ଶୂନ୍ୟ ହସ୍ତରେ ଆସିଥିଲା ଆଉ ମୃତ୍ୟୁପରେ ଖାଲି ହାତରେ ଫେରିଗଲା।" ଏହାକୁ କବିବର ରାଧନାଥ ବଡ ମାର୍ମିକ ଭାବରେ ଲେଖିଛନ୍ତି:-

'ମଲା ବେଳେ ବିଶ୍ୱବିଜୟୀ ସ୍କନ୍ଦର
କି କହିଥିଲେ ତାହା ହୃଦେ ଠାରେ ଧର।
ଯେତେବେଳେ ପିଣ୍ଡୁ ଜୀବ ପ୍ରାଣ ଛାଡି
ନେବ ଯେବେ ମୋତେ କୋକେଇରେ ଭିଡି
ଦେଇଥିବ ତହିଁ ମୋ ଶବ ଶୁଆଇ
ବେନି ପାଶେ ବେନି କରକୁ ଝୁଲାଇ।
ଯା ଦେଖି ଜଗତେ ଜାଣିବେ ସମସ୍ତେ
ଆସିଥିଲି ଫେରିଗଲି ଶୂନ୍ୟ ହସ୍ତେ।'

ଶେଷ ଅବସ୍ଥାରେ ଠିକ୍ ବୁଝିପାରିଥିଲା ଯେ, ଜୀବନକାଳ ମଧ୍ୟରେ ଯେତେ ଦୁର୍ମୂଲ୍ୟ ସମ୍ପତ୍ତି ଅର୍ଜନ କରିଛନ୍ତି, ସେସବୁ ତାଙ୍କର ଆବଶ୍ୟକତା ଠାରୁ ବହୁତ ଅଧିକ, ଯାହାକି ଗୋଡି ମାଟି ପରି ମୂଲ୍ୟହୀନ। ଏ ଘଟଣା ଘଟିବାର ବହୁବର୍ଷ ବିତିଗଲାଣି। ତଥାପି ଆଜିର ଲୋଭୀ ମଣିଷ ନୀତି, ନୈତିକ ମୂଲ୍ୟବୋଧ, ବିଚାର ଧାରା ଓ ମଣିଷ ପଣିଆକୁ ଜଳାଞ୍ଜଳି ଦେଇ ସାରା ଜୀବନ କେବଳ ସ୍ୱାର୍ଥନ୍ୱେଷୀ ହୋଇ ଧନ ସମ୍ପତ୍ତି ଠୁଳ କରିବାରେ ସର୍ବଦା ବ୍ୟସ୍ତ ଓ ତତ୍ପର ରହୁଛି। ସ୍ୱାର୍ଥ ପ୍ରଣୋଦିତ କାମନାର ବିନାଶ ପାଇଁ ମଣିଷକୁ ସଚେତନ କରିବା ଉଦ୍ଦେଶ୍ୟରେ କବି ଲେଖିଛନ୍ତି:-

'ବରଷା କାଳ ଅଟେ ଉଦ୍ଭିଦ ମିତ୍ର
ମାତ୍ର ପଙ୍କଜ ମଲା ନୁହେଁ ବିଚିତ୍ର
ଜଳ ଗହଳ ହେଲା ତା ପକ୍ଷେ ଯମ
ଅତି ସମ୍ପଦେ ବାଢ଼, ମହା ବିଷମ।'

ପଦ୍ମ କଇଁ ଆଦି ଫୁଲ ନଈ, ନାଳ, ଗାଡ଼ିଆ, ପୋଖରୀରେ ଫୁଟେ। ଗ୍ରୀଷ୍ମ ଦିନ ଜଳାଶୟ ଶୁଷ୍କ ଥିବାରୁ ସେ ଫୁଲ ସବୁ ଫୁଟେ ନାହିଁ। ବର୍ଷା ଋତୁରେ ଜଳାଶୟଗୁଡ଼ିକ ଜଳପୂର୍ଣ୍ଣ ହେଲେ ସେ ସବୁଥିରେ ପଦ୍ମ, କଇଁ ଫୁଟିବାର ଦେଖାଯାଏ। ମାତ୍ର ଅତ୍ୟଧିକ ବର୍ଷା ହେଲେ ବନ୍ୟାଜଳ ଆସି ଜଳାଶୟରେ ଫୁଟିଥିବା ଫୁଲ ଗଛକୁ ଭସାଇ ନିଏ। ଜଳର ଆଧିକ୍ୟ ହେତୁ ସେଗୁଡିକର ସତ୍ତା ହଜିଯାଏ। ଠିକ୍ ସେହିପରି ମଣିଷ ଆବଶ୍ୟକତା ଠାରୁ ଅଧିକ ଧନ ସମ୍ପତ୍ତି ସତ୍ ଉପାୟରେ ଅର୍ଜନ କରି ତାକୁ ସଠିକ ମାର୍ଗରେ ଉପଯୋଗ କରିବା ଉଚିତ୍। ତା' ନକରି ନିଜର ପିଲାଛୁଆ ଓ ପରିବାରର

ସମସ୍ତଙ୍କୁ ଭୋଗବିଳାସରେ ରଖିବା ଏବଂ ନିଜର ଉତ୍ତର ପିଢିଙ୍କ ନିମନ୍ତେ ଧନ ସଞ୍ଚୟ କରିବାର ମାନସିକତା ରଖିଲେ ତାର ପରିଣାମ ବିଷମୟ ହୋଇଥାଏ। ପ୍ରାଚୁର୍ଯ୍ୟ ମଧ୍ୟରେ ବୁଡି ରହିଲେ ମଣିଷର କଥାବାର୍ତ୍ତା, ଚାଲିଚଳନ, ଆଚାର ବ୍ୟବହାର ବଦଳି ଯାଏ। ସେ ଅହଙ୍କାରୀ, ଗର୍ବୀ, ଉଦ୍ଧତ, ଉଶୃଙ୍ଖଳ ହୋଇ ବିଭିନ୍ନ ଅପରାଧିକ କର୍ମ କରେ। ତାର ଚାରିତ୍ରିକ ସ୍ଖଳନ ଘଟେ। ସମୟ ଆସେ ସୁରା ସାକୀରେ ମସଗୁଲ ହୋଇ ବିଭିନ୍ନ ଅନୈତିକ କର୍ମରେ ଲିପ୍ତ ରହି ବ୍ୟକ୍ତିଗତ ଜୀବନ, ପାରିବାରିକ ଜୀବନ, ସାମାଜିକ ଜୀବନ ତଥା ରାଷ୍ଟ୍ରୀୟ ଜୀବନକୁ ଖିନ୍ ଭିନ୍ କରିଥାଏ। ତେଣୁ କୁହାଯାଏ Anything that excess is bad. ଏ ଦୁନିଆରେ ସେହିଁ ଭାଗ୍ୟବାନ ଯାହା ପାଖରେ ଧନ ସହିତ ଧର୍ମ ଅଛି, ନ୍ୟାୟ ଅଛି, ନୀତି ଅଛି, ସଂସ୍କାର ଅଛି, ବିବେକ ଅଛି ଏବଂ ସର୍ବୋପରି ସୁକର୍ମ ଅଛି। ଉକ୍ତ ମାନବିକ ମୂଲ୍ୟବୋଧର ନୀତିକୁ ଗ୍ରହଣ କରି ନିଜର ଜୀବନ ଶୈଳୀକୁ Plain living and high thinking ସରଳ ଜୀବନ ଓ ଉତ୍କୃଷ୍ଟ ଚିନ୍ତନ ମଧ୍ୟରେ ସୀମିତ ରଖି ପୁରୁଷାର୍ଥ କୁ ସତ୍ ମାର୍ଗରେ ବିନିଯୋଗ କରିବା ଉଚିତ୍। ଯେଉଁ ଜୀବନ ନିର୍ବାହରେ ଦେହ ପାଇଁ ସୁଖ, ମନ ପାଇଁ ଶାନ୍ତି ଓ ଆତ୍ମା ପାଇଁ ଆନନ୍ଦ ଥିବ, ସ୍ୱସ୍ତି ଥିବ ନିଜର ମଣିଷ ତଥା ସାଧୁ, ସନ୍ଥ, ସତଜନଙ୍କ ସହ ବ୍ୟକ୍ତିଗତ ସମୟ କଟାଇବାକୁ ଅବସର ଥିବ, ସମାଜ ଓ ପ୍ରକୃତିକୁ ପ୍ରତିଦାନ ଦେବା ଉଦ୍ଦେଶ୍ୟରେ ସାମାଜିକ କର୍ତ୍ତବ୍ୟବୋଧକୁ କିଛି ମାତ୍ରାରେ ନିର୍ବାହ କରିହେଉଥିବ, 'ଲୋକାଃ ସମସ୍ତା ସୁଖିନଃ ଭବନ୍ତୁ' ଭାବଧାରା ସମସ୍ତଙ୍କ ମନରେ ଉଦ୍ରେକ ହେଉଥିବ ତେବେ ଯାଇ ସମାଜରେ ମଙ୍ଗଳ ହେବା ସଙ୍ଗେ ସଙ୍ଗେ ନିଜର ମଧ୍ୟ ମଙ୍ଗଳ ହେବ।

ପଥଭ୍ରଷ୍ଟ ମଣିଷକୁ ସଚେତନ କରାଇ ନୀତିନିଷ୍ଠ ଜୀବନ ନିର୍ବାହ କରିବାକୁ ପରାମର୍ଶ ଦେବା ଛଳରେ ସନ୍ଥ କବୀର ଉକ୍ତ ଦୋହାରେ ଅବତାରଣା କରିଛନ୍ତି, ତାହା ଅତ୍ୟନ୍ତ ପ୍ରଣିଧାନଯୋଗ୍ୟ।

ଦୋହା - ୩

माटी कहे कुम्हार से, तु क्या रौंदे मोहे।
एक दिन ऐसा आएगा, मैं रौंदूंगी तोहे।।

Doha in English

Maati kahe kumbhar se Tu kya roonde mohe,
Ek din aisaa aayega Mai roondhoongi tohe.

ଓଡ଼ିଆରେ ଦୋହା

ମାଟି କହେ କୁମ୍ଭାର ସେ ତୁ କ୍ୟା ରୁନ୍ଦେ ମୋହେ।
ଏକ ଦିନ ଐସା ଆଏଗା ମେଁ ରୁନ୍ଧୁଙ୍ଗି ତୋହେ ?

ଉକ୍ତ ଦୋହାର ଅବତାରଣା କରି 'ସନ୍ଥ କବୀର' ଜନ ମାନସକୁ ଯେଉଁ ଦିବ୍ୟ ବାଣୀ ଦେଇଛନ୍ତି ତାହା ହେଲା- ମଣିଷ ନିଜର ପୁରୁଷାର୍ଥ ବଳରେ ବର୍ତ୍ତମାନକୁ ନିଜ ନିୟନ୍ତ୍ରଣରେ ରଖିପାରେ, ମାତ୍ର ଭବିଷ୍ୟତ ମଣିଷର ଆୟତ୍ତାଧୀନ ନୁହେଁ।

ମାଟିରେ ବିଭିନ୍ନ ପ୍ରକାର ପାତ୍ର ଗଢିବା ହେଉଛି କୁମ୍ଭାରର କୌଳିକ ବୃତ୍ତି। ଏଥିପାଇଁ ତାକୁ ବିଭିନ୍ନ ଆନୁସଙ୍ଗିକ କାର୍ଯ୍ୟ ସାଧନ କରିବାକୁ ପଡିଥାଏ। ପାତ୍ର ଗଢିବା ଉପଯୋଗୀ ମାଟି ଠୁଳ କରି ତାକୁ ପାଦରେ ଦଳିଚକଟି କାଦୁଅରେ ପରିଣତ କଲା ପରେ ସେହି କାଦୁଅକୁ ନେଇ ପାତ୍ର ଛାଞ୍ଚ ତିଆରି କରେ। ପରବର୍ତ୍ତୀ ପର୍ଯ୍ୟାୟରେ ସେହି ପାତ୍ରକୁ ନିଆଁରେ ପୋଡି ତାକୁ ବ୍ୟବହାର ଉପଯୋଗୀ ଜିନିଷରେ ପରିଣତ କରିଥାଏ। କୁମ୍ଭାର ନିଜର ସମସ୍ତ ଅଭିଜ୍ଞତା ଓ ଅନୁଭୂତିକୁ ଉପଯୋଗ କରି ମାଟିରେ ପାତ୍ର ଗଢେ ସତ କିନ୍ତୁ ମାଟିକୁ ଅନେକ କଷଣ ସହିବାକୁ ପଡିଥାଏ। ମାତ୍ର ସମୟ ବଡ ବଳବାନ। ଏ ଅନିତ୍ୟ ସଂସାରରରେ ସମସ୍ତେ ମୃତ୍ୟୁର ଅଧୀନ। ସମୟ ଆସେ, କୁମ୍ଭାରର ଦିନକାଳର ପରିସମାପ୍ତି ଘଟେ। ଏ ଦୁନିଆରୁ ସେ ବିଦାୟ ନିଏ। ତାର ଦେହାନ୍ତ ପରେ ପଞ୍ଚଭୂତରେ ତିଆରି ଶରୀର ମାଟିରେ ମିଶେ। ଜୀବଦଶାରେ ଯେଉଁ ମାଟିକୁ ନାନାଦି କଷଣ ଦେଇ ଜୀବିକା ନିର୍ବାହ କରିଥାଏ, ମୃତ୍ୟୁ ପରେ ତାର ମରଶରୀରକୁ ମାଟି କାଦୁଅରେ ଘୋଡାଇ ଦିଆଯାଏ। ସବୁଦିନ ପାଇଁ ସେହି ମାଟିର ଗହ୍ୱର ମଧ୍ୟରେ ସେ ଆଶ୍ରୟ ନିଏ।

ମହାକାଳର ଗତି କାହାକୁ କେତେବେଳେ କେଉଁ ସ୍ଥିତି ରେ ପହଞ୍ଚାଇଦିଏ ତାହା କେହି କହିପାରେନା। ପବିତ୍ର ଗ୍ରନ୍ଥ ରାମାୟଣରେ ବର୍ଣ୍ଣିତ ମର୍ଯ୍ୟାଦା ପୁରୁଷ ରଘୁକୁଳ ତିଳକ ଶ୍ରୀରାମ ରାତି ପାହିଥିଲେ ଅଯୋଧ୍ୟାର ରାଜା ହୋଇଥାନ୍ତେ କିନ୍ତୁ ସମୟର ନିଷ୍ଠୁର ନିର୍ଦ୍ଦେଶରେ ତାଙ୍କୁ ଚଉଦ ବର୍ଷ ପାଇଁ ବନବାସ କରିବାକୁ ପଡିଥିଲା। ସମୟର ଚକରେ ସଂସାର ରଥ ଉତ୍ଥାନ ପତନ ଦେଇ ଗଡିଚାଲିଛି। ସମୟ କେବେ କୁବେରକୁ ଭିକ୍ଷୁକ ସଜେଇଛି ତ ପୁଣି ପଙ୍ଗୁକୁ ଗିରି ଲଘିଂବାକୁ ସୁଯୋଗ ଦେଇଛି। ଏପରି ମଧ୍ୟ ଦେଖାଯାଏ, ଯେତେବେଳେ ନଦୀରେ ବନ୍ୟା ଆସେ ସେତେବେଳେ ପାଣିରେ ଭାସିଆସିଥିବା ପିମ୍ପୁଡି ମାନଙ୍କୁ ମାଛ ମାନେ ଖାଇଯାଆନ୍ତି, ଆଉ ଯେତେବେଳେ ନଦୀ ଶୁଖିଯାଏ ସେତେବେଳେ ଜଳ ବିହୁନେ ମାଛ ମାନେ ନଦୀରେ ମରି ପଡିଥିବାବେଳେ ପିମ୍ପୁଡି ସେମାନଙ୍କୁ ଖାଇଯାଆନ୍ତି। ଏହାକୁ ତର୍ଜମା କଲେ ଜଣାଯାଏ, ମାଛ ପିମ୍ପୁଡିକୁ ଖାଇବାକୁ ସୁଯୋଗ ଅପେକ୍ଷାରେ ନଥାଏ କି ମାଛକୁ ଖାଇବା ପାଇଁ ପିମ୍ପୁଡି ସୁଯୋଗ ଖୋଜୁନଥାଏ। ସମୟର ଗତି ଉଭୟଙ୍କୁ ସେ ପ୍ରକାର ସ୍ଥିତି ରେ ପହଞ୍ଚାଇଥାଏ। ଏହା ହେଉଛି ସମୟର ଖେଳ। କାହାଦ୍ୱାରା, କେଉଁଠି,

କେମିତି, କିପରି କଣ ଘଟିବ ଓ ତାର ରୂପରେଖ କଣ ହେବ, ସେ ସବୁ ପୂର୍ବନିର୍ଦ୍ଧାରିତ।

ମାଟି ଓ କୁମ୍ଭାର ଉଭୟଙ୍କ ମଧ୍ୟରେ ନିହିତ ଥିବା ବ୍ୟବହାରିକ ଦର୍ଶନତତ୍ତ୍ୱ ପରିପ୍ରେକ୍ଷୀରେ ଶ୍ରୀମଦ୍ ଭଗବତ୍ ଗୀତାରେ ଭଗବାନ କୃଷ୍ଣ ତୃତୀୟ ପାଣ୍ଡବ ଅର୍ଜୁନଙ୍କୁ ଉପଦେଶ ଛଳରେ ସେଦିନ କହିଥିବା କଥା ଏଠାରେ ପ୍ରଯୁଜ୍ୟ। ସେ କହିଥିଲେ 'ନିମିତ୍ତ ମାତ୍ର ଭବ ସାବ୍ୟଶାଚୀ। ହେ ! ଅର୍ଜୁନ ତୁମେ ନିଜକୁ ନିମିତ୍ତ ମାତ୍ର ବୋଲି ଅନୁଭବ କରି ନିଜର କର୍ମ କରିଚାଲ।' ଭଗବାନଙ୍କର କହିବାର ଭାବାର୍ଥ ହେଲା-: ବାସ୍ତବରେ ଆମେ କର୍ମ କରନ୍ତି ନାହିଁ। ସେ (ଭଗବାନ) ଆମ ଭିତରେ ରହି କର୍ମ କରିବାକୁ ସକ୍ଷମ କରାଇଥାନ୍ତି। ପ୍ରତ୍ୟେକ ମଣିଷ ଭିତରେ ଭଗବାନ ସ୍ୱୟଂ ଆତ୍ମା ରୂପରେ ଅବସ୍ଥାନ କରି ଆମର ଶ୍ୱାସ ପ୍ରଶ୍ୱାସକୁ ନିୟନ୍ତ୍ରଣ କରନ୍ତି। ଶ୍ୱାସ ପ୍ରଶ୍ୱାସର ସଠିକ ଚଳନ ଯୋଗୁଁ ଆମେ କ୍ରିୟାଶୀଳ ହୋଇ ବିଭିନ୍ନ ପ୍ରକାର କର୍ମ ସମ୍ପାଦନ କରିବାକୁ ସକ୍ଷମ ହୋଇଥାଉ। ସୁତରାଂ ଆତ୍ମା(ଭଗବାନ) କର୍ତ୍ତା ଶରୀର କର୍ତ୍ତୃକ। ଆତ୍ମାରୂପୀ ଭଗବାନ ହେଉଛନ୍ତି ଯନ୍ତ୍ରୀ, ଶରୀର ହେଉଛି ଯନ୍ତ୍ର ସଦୃଶ। ପୁନଶ୍ଚ ଟିକିଏ ଗଭୀର ଭାବେ ଅନୁଶୀଳନ କଲେ ଆତ୍ମାରୂପୀ ଭଗବାନ ହେଉଛନ୍ତି ପାୱାରହାଉସ ବା ଶକ୍ତି ର ଉତ୍ସ (ଯନ୍ତ୍ରୀ) ଦେହରେ ପ୍ରତ୍ୟେକ ଅଙ୍ଗପ୍ରତ୍ୟେଙ୍ଗ ସବୁ ଯନ୍ତ୍ର ସଦୃଶ। ପାୱାରହାଉସ ରୁ ବିଦ୍ୟୁତ (Electric current) ଯୋଗାଣ ବନ୍ଦ ହୋଇଗଲେ ଯେପରି ଘରେ ବଲ୍ବ ଜଳେ ନାହିଁ, ପଙ୍ଖା ଘୁରେ ନାହିଁ, ଫ୍ରିଜ ଚାଲେନାହିଁ। ଠିକ ଅନୁରୂପ ଭାବରେ ଆତ୍ମାରୂପୀ ପାୱାରହାଉସ ରୁ ଶକ୍ତି ରୂପୀ କରେଣ୍ଟ ସଂଯୋଗ ବନ୍ଦ ହୋଇଗଲେ ଦେହରୂପୀ ଯନ୍ତ୍ର ସକ୍ରିୟ ନହୋଇ ଜଡ଼ ପାଲଟିଯାଏ। ମାତ୍ର କେତୋଟି ମୁହୂର୍ତ୍ତ ଭିତରେ ଆମର ସବୁ ଗର୍ବ, ଅହଂକାର, ପାରିଲାପଣିଆ ଓ ଏ ମରଶରୀର ମଶାଣିର ସେହି ପବିତ୍ର ଭୂଇଁରେ ହଜିଯାଏ।

ଏହି ସତ୍ୟ ଅନୁଭବ ସିଦ୍ଧ ଯେ - ଜୀବନ, ଯୌବନ, ଧନ, ସମ୍ପତି, ପ୍ରତିପତ୍ତି, କ୍ଷମତା ସବୁମୂଳରେ ସେଇ ସମୟ ସବୁର ନିୟନ୍ତ୍ରକ। ସମସ୍ତଙ୍କ ଭାଗ୍ୟଡୋର ସେହି ସମୟ ହାତରେ ବନ୍ଧା। ସେହି ସମୟହିଁ ଆମର ଉତ୍ଥାନ-ପତନ, ସଫଳତା-ବିଫଳତା, ନ୍ୟାୟ-ଅନ୍ୟାୟ, ସୁଖ-ଦୁଃଖ, ପ୍ରାପ୍ତି-ଅପ୍ରାପ୍ତି ର ମଧ୍ୟ ନିୟାମକ। ସନ୍ଥ ଶିରୋମଣୀ ପରମ ଯୋଗୀ କବୀର ଏହି ମହାନ ବାଣୀ ବିଶ୍ୱବାସୀଙ୍କୁ ଦେବା ଉଦ୍ଦେଶ୍ୟରେ ଉକ୍ତ ଦୋହରା ଅବତାରଣା କରିଛନ୍ତି। ବାସ୍ତବିକ ତାହା ଅତ୍ୟନ୍ତ ସମ୍ବେଦନଶୀଳ।

■

ଦୋହା – ୪

गुरु गोविंद दोऊ खड़े, काके लागूं पाँय।
बलिहारी गुरु आपने, गोविंद दियो बताय।।

Doha in English

Guru govind dou khade kaake laagun paayein,
Balihari guru aapne govind diyo bataye.

ଓଡ଼ିଆରେ ଦୋହା

ଗୁରୁ ଗୋବିନ୍ଦ ଦୌ ଖଡେ କାକେ ଲାଗୁଁ ପାଏଁ।
ବଲିହାରୀ ଗୁରୁ ଅପନେ ଗୋବିନ୍ଦ ଦିୟୋ ବତାଏ ॥

ଉକ୍ତ ଦୋହାରେ ସନ୍ଥ ଶିରୋମଣି କବୀର ଗୁରୁ ଏବଂ ଗୋବିନ୍ଦ ଉଭୟଙ୍କ ମଧ୍ୟରୁ ଗୁରୁଙ୍କର ସ୍ଥାନ, ମାନ ଓ ଅବଦାନ ସମ୍ପର୍କରେ ଆଲୋକପାତ କରିଛନ୍ତି।

'ଗୁରୁ' ଆଉ 'ଗୋବିନ୍ଦ' ଏ ଶବ୍ଦ ଦୁଇଟିର ତତ୍ତ୍ୱ ଅତ୍ୟନ୍ତ ମହତ୍ତ୍ୱପୂର୍ଣ୍ଣ। ପବିତ୍ର ଶବ୍ଦ ଗୋବିନ୍ଦ ର ଅର୍ଥ ଭଗବାନ। ଭଗବାନଙ୍କ ସତ୍ତା ନିରୂପଣ କରିବାକୁ ଯାଇ କୁହାଯାଇଛି 'ଭଗ' ଅର୍ଥ ପ୍ରାଚୁର୍ଯ୍ୟ ବା ସମ୍ପଦ। 'ବାନ'ର ଅର୍ଥ ମାଲିକ, ଅଧିକାରୀ ବା ଅଧୀଶ୍ୱର। ଭଗବାନ ହେଉଛନ୍ତି ଷଡ ସମ୍ପଦ ଯଥା ଐଶ୍ୱର୍ଯ୍ୟ, ପରାକ୍ରମ, ଯଶ ସୌନ୍ଦର୍ଯ୍ୟ, ଜ୍ଞାନ, ତ୍ୟାଗ ଏହି ଛଅଟି ସମ୍ପଦର ମାଲିକ। ସିଏ ହେଉଛନ୍ତି ସର୍ବଶକ୍ତିମାନ ସର୍ବତ୍ର ବିଦ୍ୟମାନ ଓ ସର୍ବଜ୍ଞ। Omniscient, Omnipresent and Omnipotent. ସେହିଭଳି ଗୁରୁଙ୍କର ସଂଜ୍ଞା ଭିନ୍ନ ଭାବାର୍ଥରେ ନିରୂପଣ କରାଯାଇ କୁହାଯାଇଛି - 'ଗୁ' କହିଲେ ଅନ୍ଧକାର, 'ରୁ' କହିଲେ ଆଲୋକ, ଯିଏ ମଣିଷକୁ ଅନ୍ଧକାରରୁ ଆଲୋକ ଆଡକୁ ନେଇଯାଆନ୍ତି ତାହାଙ୍କୁ 'ଗୁରୁ' କୁହାଯାଏ। ଅନ୍ୟ ଅର୍ଥରେ 'ଗୁରୁ' ଶବ୍ଦର ଅର୍ଥକୁ ମଧ୍ୟ ବ୍ୟାଖ୍ୟା କରାଯାଇଛି। ତାହାହେଲା - 'ଗୁ' କହିଲେ ଗୁଣାତୀତ, 'ରୁ' କହିଲେ ରୂପାତୀତ। ଯିଏ ତ୍ରିଗୁଣ ଯଥା - ସତ୍ତ୍ୱ, ରଜ, ତମ ଏହି ତିନି ଗୁଣର ଅତୀତ ବା ସମସ୍ତ ପ୍ରକାର ରୂପର ଉର୍ଦ୍ଧ୍ୱରେ ତାଙ୍କୁ ଗୁରୁ କୁହାଯାଏ। ଭିନ୍ନ ଏକ ଅର୍ଥରେ 'ଗୁରୁ' ଶବ୍ଦର ସଂଜ୍ଞା ହେଲା - ଗୁରୁ ଅର୍ଥ ଭାରି ବା ଓଜନିଆ। ସଂସାରର ସମସ୍ତ ପ୍ରକାର ଗୁରୁଦାୟିତ୍ୱ ବହନ କରନ୍ତି ବୋଲି ତାଙ୍କୁ 'ଗୁରୁ' କୁହାଯାଏ।

ଭାରତୀୟ ସଂସ୍କୃତିରେ ଭଗବାନ ଓ ଗୁରୁ ଉଭୟଙ୍କ ମଧ୍ୟରେ ଗୁରୁଙ୍କର ଆସନ ଓ ମର୍ଯ୍ୟାଦା କିଛି କମ୍ ନୁହେଁ ବୋଲି ଦର୍ଶାଯାଇଛି। ସଂସାରରେ ଏମିତି ଲୋକ ଅଛନ୍ତି ସେମାନେ ଭଗବାନଙ୍କୁ ପୂଜା କରନ୍ତି ମାତ୍ର ଗୁରୁ ଗ୍ରହଣ କରିନାହାନ୍ତି। ଭଗବାନଙ୍କ ଠାରୁ ଗୁରୁ ବଡ ବୋଲି ସେମାନେ ଶୁଣିଛନ୍ତି ମାତ୍ର ଏହାର ତତ୍ତ୍ୱ ବୁଝିନଥିବାରୁ ଅଗ୍ରାହ୍ୟ କରିଥାନ୍ତି। ସେମାନଙ୍କ ବିଚାରରେ ଗୁରୁ ହେଉଛନ୍ତି ଜଣେ ମଣିଷ, ଜଣେ ମଣିଷ କଣ ଭଗବାନଙ୍କ ଠାରୁ ବଡ ହୋଇପାରିବ? ସେମାନଙ୍କ ପାଇଁ ଭଗବାନ ଏକ ଶବ୍ଦ ମାତ୍ର। ସେମାନେ ଭଗବାନଙ୍କ ଭଗବତ୍ୱକୁ ଠିକ୍ ଭାବେ ବୁଝିନଥାନ୍ତି। ଭଗବାନ ହେଉଛନ୍ତି ଅବୋଧ୍ୟ ଭଗବାନଙ୍କୁ ବୋଧକରିବାର ଶକ୍ତି ବା ଜ୍ଞାନ ସାଧାରଣ ମଣିଷର ନଥାଏ। ଭଗବାନଙ୍କ ଦ୍ୱାରା ରଚିତ ସୃଷ୍ଟିକୁ ସମସ୍ତେ ଦେଖିପାରନ୍ତି କିନ୍ତୁ ସୃଷ୍ଟିର ରହସ୍ୟକୁ ଭେଦ କରିବା ସମସ୍ତଙ୍କ ପକ୍ଷେ ସମ୍ଭବ ହୋଇନଥାଏ। ସୃଷ୍ଟିର ରଚୟିତା ଅଦୃଶ୍ୟରେ ଥାଇ ଯେଉଁସବୁ ସର୍ଜନା କରିଛନ୍ତି ତାହାକୁ ମଣିଷ ସହଜରେ ଗ୍ରହଣ କରିପାରେ ନାହିଁ। ସୃଷ୍ଟି ଆଉ ସ୍ରଷ୍ଟାଙ୍କୁ ବୋଧକରିବା ପାଇଁ ଗୁରୁ ଶିଷ୍ୟକୁ ମାର୍ଗଦର୍ଶନ କରାନ୍ତି। ଜ୍ଞାନ ଚକ୍ଷୁ ଉନ୍ମୋଚିତ କରନ୍ତି। ନିରାକାର ଈଶ୍ୱର ସମ୍ବନ୍ଧରେ ଜ୍ଞାନାର୍ଜନ କରିବା ନିମନ୍ତେ

ଜ୍ଞାନାଲୋକ ପ୍ରଦାନ କରି ତାର ସମସ୍ତ ଅଜ୍ଞାନରୂପକ ଅନ୍ଧକାରକୁ ଦୂରକରନ୍ତି। ତେଣୁ ଶିଷ୍ୟ ପାଇଁ ଗୁରୁ ବଡ ନା ଶିଷ୍ୟ ବଡ ଏହା ବିଚାର ସାପେକ୍ଷ।

ଭଗବାନ ତ ସୃଷ୍ଟିର ସବୁଠାରୁ ବଡ଼। ସେ ଯେତେ ବଡ ହେଲେ ମଧ୍ୟ ଶିଷ୍ୟ ପାଇଁ ଅପହଞ୍ଚ। ଶିଷ୍ୟର ତାଙ୍କର (ଭଗବାନଙ୍କ) ସମ୍ବନ୍ଧରେ କୌଣସି ଜ୍ଞାନ ନଥାଏ। ତାଙ୍କୁ ଜାଣିବା ପାଇଁ ଗୁରୁ ଯେଉଁ ମାର୍ଗ ବତାଇଥାନ୍ତି ସେହି ମାର୍ଗରେ ଶିଷ୍ୟ ଯେତେବେଳେ ଭଗବାନଙ୍କ ରହସ୍ୟ ବୁଝେ ଓ ଅନୁଭବ କରେ ଏତେବଡ ସୃଷ୍ଟିକୁ ନିର୍ମାଣ କରିବାବାଲା ଜଣେ ସେତେବେଳେ ସେ ସୃଷ୍ଟିର ରହସ୍ୟ ଏବଂ ଭଗବତ୍ୱକୁ ବୋଧ କରେ। ସ୍ରଷ୍ଟାଙ୍କ ରହସ୍ୟ ସମ୍ବନ୍ଧରେ ଶିଷ୍ୟର ଅଜ୍ଞାନତା ଦୂର ହେଲାପରେ ଭଗବାନ ତା ପାଖରେ ଗୁରୁତ୍ୱପୂର୍ଣ୍ଣ ହୋଇଯାଆନ୍ତି। ଈଶ୍ୱରଙ୍କ ମହିମା ଅପାର। ସେ ହେଉଛନ୍ତି ସମସ୍ତ ଶକ୍ତିର ଆଧାର। ଏହିତତ୍ତ୍ୱ ଜଣାଇବାରେ ଗୁରୁଙ୍କ ଭୂମିକା ଅତ୍ୟନ୍ତ ଗୁରୁତ୍ୱପୂର୍ଣ୍ଣ। ଆଗରୁ ଶିଷ୍ୟର ଦୃଷ୍ଟିଶକ୍ତି ଥିଲା କିନ୍ତୁ ଦୃଷ୍ଟିଭଙ୍ଗୀ ନଥିଲା। ଗୁରୁକୃପା କରି ତାର ଦୃଷ୍ଟିଭଙ୍ଗୀରେ ଉନ୍ମେଷ ସାଧନ କରାଇ ହୃଦୟର ଦିବ୍ୟ ଚେତନା ଭରିଦିଅନ୍ତି। ଏହି ଚିରନ୍ତନ ସତ୍ୟକୁ ବୁଝିବା ପରେ ଗୁରୁଙ୍କର ଗୁରୁତ୍ୱ ଶିଷ୍ୟର ହୃଦୟରେ ଗଭୀର ଭାବରେ ରେଖାପାତ କରେ। ମନଭିତରେ ଥିବା ଦୀର୍ଘଦିନର ଅଜ୍ଞାନ ରୂପକ ଅନ୍ଧକାର ଅପସରି ଯାଏ। ମନରେ ଗୁରୁଙ୍କ ଶ୍ରଦ୍ଧା ଅତୁଟ ଭାବ ଓ ଅକାଟ୍ୟ ଭକ୍ତିଭାବ ସଞ୍ଚାର ହୁଏ। ଏହିପରିପ୍ରେକ୍ଷୀରେ ଗୀତାରେ ଉପଦେଶ ଛଳରେ ଭଗବାନ ଶ୍ରୀକୃଷ୍ଣ ତାଙ୍କର ପ୍ରିୟ ଶିଷ୍ୟ ଅର୍ଜୁନଙ୍କୁ କହିଛନ୍ତି: –

"ଗୁରୁ ନଧରି ଅର୍ଜୁନ, କାହୁଁ ପାଇବ ସଦଜ୍ଞାନ।"

ଶାସ୍ତ୍ରରେ ଅଛି, ଗୁରୁ ବଶିଷ୍ଠ ଥିଲେ ରଘୁବଂଶର କୁଳଗୁରୁ, ଅଯୋଧ୍ୟାର ରାଜା ଦଶରଥ ମଧ୍ୟ କୁଳଗୁରୁ ବଶିଷ୍ଠଙ୍କ ଠାରୁ ଶିକ୍ଷା ଗ୍ରହଣ କରିଥିଲେ। କଥିତ ଅଛି:- ଦଶରଥ ରାଜ-ପଦରେ ଅଭିଷିକ୍ତ ହେବାର ଅବ୍ୟବହିତ ପୂର୍ବରୁ ଗୁରୁ ବଶିଷ୍ଠଙ୍କ ଆଶ୍ରମରେ ପହଞ୍ଚିଥିଲେ। ଗୁରୁ ବଶିଷ୍ଠ ଅତ୍ୟନ୍ତ ଆଶ୍ଚର୍ଯ୍ୟ ଚକିତ ହୋଇ ତାଙ୍କର ଆଗମନର କାରଣ ପଚାରନ୍ତେ ଦଶରଥ ଉତ୍ତର ଦେବାକୁ ଯାଇ କହିଥିଲେ 'ଏକ ଗୁରୁତ୍ୱପୂର୍ଣ୍ଣ କାର୍ଯ୍ୟଭାର ଗ୍ରହଣ କରିବା ପୂର୍ବରୁ ମୋତେ ଆପଣଙ୍କ ପାଖକୁ ଆସିବାକୁ ପଡିଲା।' ଗୁରୁ ବଶିଷ୍ଠ କହିଲେ, 'ଆପଣ ଅଯୋଧ୍ୟାର ସର୍ବମୟ କର୍ତ୍ତା ହେବାକୁ ଯାଉଛନ୍ତି, ଯେକୌଣସି ନିଷ୍ପତ୍ତି ନେବା ଆପଣଙ୍କର ଇଚ୍ଛାଧୀନ ବ୍ୟାପାର, ସେଥିରେ ପୁଣି ମୋର ଭୂମିକା କଣ ?' ଦଶରଥ ପୁଣି ଉତ୍ତରରେ କହିଥିଲେ, "ଆପଣ ହେଉଛନ୍ତି ରଘୁବଂଶର ମର୍ଯ୍ୟାଦାବନ୍ତ କୁଳଗୁରୁ ଏବଂ ଶୁଭଚିନ୍ତକ। ବିଧିଅନୁସାରେ ଆପଣଙ୍କ ଶୁଭ ଆଶୀର୍ବାଦ ନନେଇ ମୁଁ ରାଜଗାଦିରେ ବସିଲେ ପ୍ରଜାମାନଙ୍କର ପୋଷକ ନହୋଇ ଶୋଷକ

ହୋଇଯିବି। ତେଣୁ ଆପଣଙ୍କ ଦିବ୍ୟ ଆଶୀର୍ବାଦ ମୋର କାମ୍ୟ।" ଗୁରୁ ବଶିଷ୍ଠଙ୍କ ଶୁଭଆଶୀର୍ବାଦ ଏବଂ ତାଙ୍କ ପଦରେଣୁକୁ ମୁଣ୍ଡରେ ମାରି ଦଶରଥ ରାଜଗାଦିରେ ବସିଥିଲେ।

ଅବତାର ବାଦର ପୃଷ୍ଠା ଉନ୍ମୋଚନ କଲେ ଜଣାଯାଏ, ତ୍ରେତୟା ଯୁଗରେ ଅତ୍ୟାଚାରୀ ରାବଣର ନିଧନ ପାଇଁ ଭଗବାନ ବିଷ୍ଣୁ ରାମଅବତାର ଧାରଣ କରି ପୃଥିବୀପୃଷ୍ଠରେ ଅବତରିତ ହୋଇ ତାଙ୍କର ପ୍ରାରମ୍ଭିକ ଶିକ୍ଷା, ଗୁରୁ ବଶିଷ୍ଠଙ୍କ ଆଶ୍ରମରେ ରହି ଲାଭ କରିଥିଲେ। ପରବର୍ତ୍ତୀ ସମୟରେ ଧନୁର୍ବିଦ୍ୟାରେ ଅଧିକ ଜ୍ଞାନଲାଭ ପାଇଁ ମହର୍ଷି ବିଶ୍ୱାମିତ୍ରଙ୍କ ଆଶ୍ରମରେ ରହି ଧନୁର୍ବିଦ୍ୟାର ଜ୍ଞାନାର୍ଜ୍ଜନ କରିଥିଲେ। ଆହୁରି ମଧ୍ୟ କଥିତ ଅଛି, ରାମ ବନବାସ ଗମନର ପୂର୍ବକଥା, ଅଯୋଧ୍ୟାରେ ରାଜାଭିଷେକର ସମସ୍ତ ପ୍ରକାର ଆୟୋଜନର ପରିସମାପ୍ତି ଘଟିଥାଏ। ପାରିଷଦବର୍ଗ ତଥା ଶହ ଶହ ପ୍ରଜାବର୍ଗଙ୍କ ସମେତ କୁଳଗୁରୁ ବଶିଷ୍ଠ ମଧ୍ୟ ଉପସ୍ଥିତ ଥିଲେ। ଏତାଦୃଶ ଭବ୍ୟ ପରିବେଶ ମଧ୍ୟରେ ଅଭିଷେକ ପର୍ବର ଅନ୍ତିମ ପର୍ଯ୍ୟାୟରେ ରଘୁକୁଳ ତିଳକ ରାମ ରାଜସିଂହାସନରେ ଅଭିଷିକ୍ତ ହେବା ପୂର୍ବରୁ ଗୁରୁ ଆଶୀର୍ବାଦ ଭିକ୍ଷା କରି ନିବିଷ୍ଟ ଚିତ୍ତରେ ଷୋଡଶ ଉପଚାର ପୂଜା କରି ବଶିଷ୍ଠଙ୍କର ଆଶୀର୍ବାଦ ଲୋଡ଼ିଥିଲେ। ଏହାହିଁ ତ୍ରେତୟା ଯୁଗର ଗୁରୁଭକ୍ତିର ଶ୍ରେଷ୍ଠ ନିଦର୍ଶନ। ଏଥିପାଇଁ ଯଥାର୍ଥରେ କୁହାଯାଇଛି:-

"ଗୁରୁଙ୍କୁ ନମଣିବ ନର
ଗୁରୁହିଁ ସାକ୍ଷାତ ଈଶ୍ୱର।"

ଦ୍ୱାପର ଯୁଗରେ ଧର୍ମର ଉତ୍ଥାନ ପାଇଁ ଭଗବାନ ବିଷ୍ଣୁ ଶ୍ରୀକୃଷ୍ଣ ରୂପରେ ଅବତୀର୍ଣ୍ଣ ହୋଇ ଗୁରୁ ସନ୍ଦୀପନିଙ୍କ ଆଶ୍ରମରେ ରହି ତାଙ୍କୁ ଗୁରୁରୂପେ ବରଣକରି ବିଦ୍ୟାଶିକ୍ଷା କରିଥିଲେ। ଶାସ୍ତ୍ରରେ ଅଛି:-

"ବସୁଦେବ ସୁତଂଦେବ କୃଷ୍ଣ ଚାରୁଣ ମର୍ଦ୍ଦନମ
ଦେବକୀ ପରମାନନ୍ଦଂ କୃଷ୍ଣ ବନ୍ଦେ ଜଗତ ଗୁରୁମ୍।"

ଏଠାରେ ପ୍ରଶ୍ନ ଉଠେ, ସ୍ୱୟଂ ଭଗବାନ କୃଷ୍ଣ ନିଜେ ଜଗତର ସର୍ବକାଳୀନ ଗୁରୁ। ତାଙ୍କୁ ପୁଣି ଗୁରୁ ସନ୍ଦୀପନିଙ୍କ ଆଶ୍ରମରେ ରହି ଶିକ୍ଷାଗ୍ରହଣ କରିବାର ଆବଶ୍ୟକତା କଣ ଥିଲା ? ଏହାର ଉତ୍ତରରେ କେବଳ ଗୁରୁଙ୍କର ଗୁରୁତ୍ୱକୁ ସମାଜ ଆଗରେ ଉପସ୍ଥାନ କରିବାପାଇଁ ଗୁରୁ ଗ୍ରହଣ କରିଥିଲେ। ଗୁରୁ ହେଉଛନ୍ତି ଧର୍ମର ଅବତାର। ଭଗବାନଙ୍କ ମୂର୍ତ୍ତିମନ୍ତ ବିଗ୍ରହ। ଏହି ସତ୍ୟକୁ ପରିପାଳନ କରିବା ପାଇଁ ଭାଗବତରେ କୁହାଯାଇଛି-

'ମୋତେ ପୂଜିବ ଗୁରୁ ଦେହେ
ମୋ ବିନୁ ଗୁରୁ ଭିନ୍ନ ନୁହେଁ।'

ଗୁରୁଶିଷ୍ୟ ପରମ୍ପରା କ୍ରମରେ ଯେଉଁ ଗୁରୁ ଶିଷ୍ୟଙ୍କ ନାମ ଅଗ୍ରଗଣ୍ୟ। ସେମାନେ ହେଉଛନ୍ତି ଗୁରୁ ଧୌମ୍ୟଙ୍କ ଶିଷ୍ୟ ଆରୁଣୀ, ଉପମନ୍ୟୁ। ଗୁରୁ ଦ୍ରୋଣାଚାର୍ଯ୍ୟଙ୍କ ଶିଷ୍ୟ ଏକଲବ୍ୟ, ଅର୍ଜୁନ। ଗୁରୁ ରାମକୃଷ୍ଣ ପରମହଂସଙ୍କ ଶିଷ୍ୟ ସ୍ୱାମୀ ବିବେକାନନ୍ଦ। ଏମାନଙ୍କ ମଧ୍ୟରେ ଥିବା ଗୁରୁଶିଷ୍ୟ ସମ୍ପର୍କର ପଟାନ୍ତର ନାହିଁ। ତାହା କାଳକାଳକୁ ସ୍ୱର୍ଣ୍ଣାକ୍ଷରରେ ଲିପିବଦ୍ଧ ହୋଇ ରହିଛି। ସ୍ୱାମୀ ବିବେକାନନ୍ଦ ତାଙ୍କ ବାଣୀରେ କହିଛନ୍ତି - To carry out the commands of Guru without any doubt or hesitation is the secret of success of religious life. There is no other way to follow. ଭଗବାନ ଯୀଶୁ ମଧ୍ୟ ତାଙ୍କ ବାଣୀରେ କହିଛନ୍ତି- I am the way to truth. No One can come to FATHER but through me.

ଉଲ୍ଲିଖିତ କଥାବସ୍ତୁକୁ ନେଇ ବିଶ୍ଳେଷଣ କଲେ ଜଣାଯାଏ, ଗୁରୁ ଶିଷ୍ୟକୁ ମଣିଷପଣିଆର ସୂତ୍ର ବତାଇଥାନ୍ତି। ଭଲ କର୍ମ କରିବାର କୌଶଳ ଶିଖାଇ ପଥଚ୍ୟୁତ, ନୀତିସ୍ଖଳିତ ସାଧାରଣ ଜନତାକୁ ସତ୍ ପଥରେ ପରିଚାଳିତ ହେବାପାଇଁ ପ୍ରେରଣା ଦିଅନ୍ତି। ଉତ୍ସାହ ଦିଅନ୍ତି। ମନରେ ଆଗ୍ରହ ସୃଷ୍ଟି କରନ୍ତି। ଗୁରୁ ଦୁଷ୍ଟକୁ ଶିଷ୍ଟ, ପାପିଷ୍ଠକୁ ଧର୍ମନିଷ୍ଠ, ଅସଦାଚାରୀକୁ ସଦାଚାରୀ କରି ସମାଜରେ ଅଶେଷ କଲ୍ୟାଣ ସାଧନ କରନ୍ତି। ଗୁରୁ ହେଉଛନ୍ତି ସେହି ଅମୃତର ସାକାରରୂପ। ଆମେ ହେଉଛୁଁ ସେହି ଅମୃତର ବିନ୍ଦୁ। ଭଗବାନ ହେଉଛନ୍ତି ସେହି ଅମୃତର ସିନ୍ଧୁ। ସେହି ଅମୃତର ସିନ୍ଧୁକୁ ବୁଝିବା ପାଇଁ ଓ ସେହି ଅମୃତର ସିନ୍ଧୁରେ ଗାଧୋଇବା ପାଇଁ ଗୁରୁ ବାଟ ବତେଇ ଦିଅନ୍ତି। ଗୁରୁ ହେଉଛନ୍ତି ପରମାତ୍ମା ପରଂବ୍ରହ୍ମଙ୍କର ମୂର୍ତ୍ତିମନ୍ତ ବିଗ୍ରହ। ତେଣୁ ଏହି ଜାଗତିକ ଦୁନିଆରେ ଗୁରୁଙ୍କର ଗୁରୁତ୍ୱ ଏବଂ ଗୁରୁଙ୍କର ଭୂମିକା ଶିଷ୍ୟ ପାଖରେ କେତେ ମହାନ। ଏହାର ବିଚାରରେ ଗୁରୁ ଓ ଗୋବିନ୍ଦ ଉଭୟଙ୍କ ଉପସ୍ଥିତିରେ କାହାକୁ ପ୍ରଥମେ ପ୍ରଣାମ କରିବା ଆମମାନଙ୍କର ନୈତିକ କର୍ତ୍ତବ୍ୟ ତାହାର ନିଷ୍ପତ୍ତି ଆପଣମାନଙ୍କର।

ବାସ୍ତବିକ୍ ପରମଯୋଗୀ କବୀର ଗୁରୁ ଓ ଗୋବିନ୍ଦଙ୍କ ଭୂମିକାକୁ ନେଇ ଯେଉଁ ତାତ୍ତ୍ୱିକ ଦର୍ଶନ ଉପସ୍ଥାପନ କରିଛନ୍ତି ତାହା ଅତ୍ୟନ୍ତ ଉଚ୍ଚକୋଟିର ଏବଂ ହୃଦୟସ୍ପର୍ଶୀ।

■

ଦୋହା - ୫

बुरा जो देखन मैं चला, बुरा न मिलिया कोय।
जो दिल खोजा आपना, मुझसे बुरा न कोय।।

Doha in English

Bura Jo Dekhan Main Chala, Bura Naa Milya Koye,
Jo Dil Khoja Apnaa, Mujhse Bura Naa Koye.

ଓଡ଼ିଆରେ ଦୋହା

ବୁରା ଜୋ ଦେଖନ ମେଁ ଚଲା, ବୁରା ନା ମିଲୟା କୋଏ।
ଜୋ ଦିଲ୍ ଖୋଜା ଅପନା, ମୁଝସେ ବୁରା ନା କୋଏ ?

ସଦଗୁରୁ କବୀର ଉକ୍ତ ଦୋହର ଅବତାରଣା କରି ଜନ ମାନସକୁ ସଚେତନ କରାଇବାର ଦୃଷ୍ଟିଭଙ୍ଗୀ ନେଇ ସୂଚାଇଛନ୍ତି ଯେ, କୌଣସି କାର୍ଯ୍ୟର ବିଫଳତା ପାଇଁ ସମ୍ପୃକ୍ତ କାର୍ଯ୍ୟର ନିୟୋଜିତ ବ୍ୟକ୍ତିଙ୍କୁ ଦୋଷାରୋପ କରିବା ପୂର୍ବରୁ ନିଜ ତରଫରୁ କିଛି ଭୁଲ ତ୍ରୁଟି ରହିଛିକି ନାହିଁ ସେ ସମ୍ବନ୍ଧରେ ଗଭୀର ଭାବେ ଅନୁଶୀଳନ କରିବା ଉଚିତ୍।

ଅନ୍ୟର ଦୋଷଦର୍ଶୀ ହବା ଅଜ୍ଞାନ ମଣିଷର ଗୋଟେ ସହଜାତ ପ୍ରବୃତ୍ତି। କୌଣସି କାର୍ଯ୍ୟରେ କିଛି ବ୍ୟତିକ୍ରମ ଦେଖାଦେଲେ କିମ୍ବା ସମ୍ପୂର୍ଣ୍ଣ ମାତ୍ରାରେ ବିଫଳ ହେଲେ କାର୍ଯ୍ୟ ସମ୍ପାଦନକାରୀ ବ୍ୟକ୍ତିଙ୍କ ଉପରେ ଆମେ ଦୋଷ ଲଦିଦେଉ। ମାତ୍ର କାର୍ଯ୍ୟକର୍ତ୍ତା ହିସାବରେ ଆମ ନିଜଆଡୁ କିଛି ଅବହେଳା ବା ଭୁଲ ତ୍ରୁଟି ରହିଛି କି ନାହିଁ ସେ ବାବଦରେ କିଛି ତର୍ଜମା କରିନଥାଉ। ସେଥିପାଇଁ କୁହାଯାଏ କୌଣସି ପ୍ରସଙ୍ଗରେ ଦେଖାଦେଇଥିବା ସମସ୍ୟା ପାଇଁ ଅନ୍ୟକୁ ଆଙ୍ଗୁଳି ନିର୍ଦ୍ଦେଶ କରି ଆକ୍ଷେପ କଲେ ନିଜ ଆଡକୁ ଚାରୋଟି ଆଙ୍ଗୁଳି ରହିଥାଏ। ଏ କଥାର ମର୍ମ ହେଲା ଯେକୌଣସି କାର୍ଯ୍ୟର ସଫଳତା ସାଉଣ୍ଟିବାକୁ ହେଲେ ନିଜଆଡୁ ଯେପରି କିଛି ତ୍ରୁଟି ବିଚ୍ୟୁତି ନରୁହେ ସେଥିପ୍ରତି ସଚେତନ ହେବା ଦରକାର। ଏହି ପରିପ୍ରେକ୍ଷୀରେ କେତକ ରୋଚକ କଥାବସ୍ତୁ ଏଠାରେ ପ୍ରଯୁଜ୍ୟ।

ଇତିହାସର କଥାବସ୍ତୁ ଉପରେ ଆଧାରିତ ଏକ ଉପାଖ୍ୟାନ:-

ଏକଦା ପଞ୍ଜାବକେଶରୀ ରାଜା ରଣଜିତ ସିଂହ ତାଙ୍କ ସୈନ୍ୟ ସାମନ୍ତଙ୍କ ସହ ରାଜ୍ୟ ପରିକ୍ରମା କରୁଥିଲେ। ରାସ୍ତାରେ ଯାଉଥିବା ସମୟରେ ହଠାତ୍ ଏକ ପଥର ଟେକା ଆସି ତାଙ୍କ (ରାଜାଙ୍କ) ମୁଣ୍ଡର କପାଳରେ ବାଜି ରକ୍ତସ୍ରାବ ହେବାକୁ ଲାଗିଲା। ରାଜା ରଣଜିତ ସିଂହ ଯନ୍ତ୍ରଣା ଅନୁଭବ କରି ଅସୁସ୍ଥ ହୋଇପଡିଲେ। କିଏ ଏପରି ଜଘନ୍ୟ କାର୍ଯ୍ୟ କଲା, ତାକୁ ଧରିବା ପାଇଁ ତାଙ୍କ ସୈନ୍ୟ ସାମନ୍ତ ଚାରିଆଡେ ଖୋଜିବାରେ ଲାଗିଲେ। ପରିଶେଷରେ ଉକ୍ତ କାର୍ଯ୍ୟରେ ସମ୍ପୃକ୍ତ ଥିବା ଏକ ସ୍ତ୍ରୀ ଲୋକଟିକୁ ଧରି ରାଜାଙ୍କ ସମ୍ମୁଖକୁ ନେଇଆସି ରାଜାଙ୍କୁ ପଥରଟେକା ଫିଙ୍ଗିବାର କାରଣ ସମ୍ବନ୍ଧରେ ପଚାରିଲେ। ସ୍ତ୍ରୀ ଲୋକଟି ଅତ୍ୟନ୍ତ କାକୁସ୍ଥ ହୋଇ ନମ୍ର ଭାବେ ହାତ ଯୋଡି କହିଲା:- 'ହଜୁର! ମୁ ଅତି ଦରିଦ୍ର ଦୀନହୀନ ଲୋକ। ଆଜିକୁ ତିନି ଦିନ ହେଲା ମୋ ପିଲାମାନେ କିଛି ଖାଇବାକୁ ନପାଇ ଭୋକରେ ଓହଳ ବିକଳ ହେଉଥିଲେ। ସେମାନଙ୍କ ପାଇଁ କିଛି ଆହାର ଯୋଗାଡକରି ତାଙ୍କ ଭୋକର ଦାଉକୁ ମେଣ୍ଟାଇବା ପାଇଁ ଏଠାକୁ ଆସିଥିଲି। ଗଛରେ କିଛି ପାଚିଲା ଫଳ ଝୁଲୁଥିବାର ଦେଖି ତାକୁ ଝଡାଇବା ପାଇଁ ପଥର ଟେକା ଫିଙ୍ଗୁଥିଲି। ଫିଙ୍ଗିଥିବା ଟେକା ଲକ୍ଷ୍ୟହୀନ ହୋଇ

ଫଳରେ ନବାଜି, ରାଜା ସେହିସମୟରେ ସେହିବାଟେ ଯାଉଥିବାରୁ ତାଙ୍କ କପାଳରେ ବାଜିଲା। ମୁଁ ଉଦ୍ଦେଶ୍ୟମୂଳକ ଭାବେ ଏଭଳି ଜଘନ୍ୟ କାର୍ଯ୍ୟ କରିନାହିଁ। ଭୁଲବଶତଃ ଏପରି ଘଟିଲା। ତେଣୁ ହଜୁର, ମୋତେ କ୍ଷମା କରିଦିଅନ୍ତୁ।'

ସ୍ତ୍ରୀ ଲୋକଟିର ଏପରି ଦୁରାବସ୍ଥା ଏବଂ ଦୁଃଖଦ କଥା ରାଜାଙ୍କ ମନରେ ଗଭୀରଭାବେ ରେଖାପାତ କଲା। ସ୍ତ୍ରୀଲୋକଟିର ସେଭଳି ଦୁରାବସ୍ଥା ପାଇଁ ରାଜା ପ୍ରତ୍ୟକ୍ଷ ଭାବେ ଦାୟୀ ନହେଲେ ମଧ୍ୟ ପରୋକ୍ଷ ଭାବେ ଦାୟୀ ବୋଲି ତାଙ୍କର ହୃଦ୍-ବୋଧ ହେଲା, ଉକ୍ତ ସ୍ତ୍ରୀଲୋକଟିର ଅଭାବ ଅନାଟନ ମେଣ୍ଟାଇବା ନିମନ୍ତେ ଧନଧାନ୍ୟ ଦେବାକୁ ନିର୍ଦ୍ଦେଶ ଦେଇଥିଲେ। ଏଠାରେ ରାଜା ରଣଜିତ ସିଂହ ନିଜର ଏବଂ ରାଜ୍ୟଶାସନ ମଧ୍ୟରେ ଥିବା ତ୍ରୁଟି ବିଚ୍ୟୁତିକୁ ଖୋଜିବା ସହିତ ସେଗୁଡିକୁ ସୁଧାରିବାର ମହତ ଆକାଂକ୍ଷା ତାଙ୍କୁ ଜଣେ ଆଦର୍ଶ ରାଜାର ମାନ୍ୟତା ଦେଇଥିଲା। ମଣିଷ ଅନ୍ୟ ଉପରେ ଦୋଷ ଲଦିଦେଇ ନିଜକୁ ଶୁଦ୍ଧ ସୁବର୍ଣ୍ଣ ପରିଚୟ ଦେବାର ପ୍ରୟାସ ତାର ଅପୂରଣୀୟ କ୍ଷତି ସାଧନ କରିଥାଏ। ଏହାହିଁ ଉକ୍ତ ଦୋହରା ସାରମର୍ମ।

ଉକ୍ତ ଦୋହାର ପ୍ରସଙ୍ଗକୁ ଭିତ୍ତି କରି ଭିନ୍ନ ଏକ କାହାଣୀର ଉପସ୍ଥାପନା ପ୍ରାସଙ୍ଗିକ ମନେହୁଏ।

କୌଣସି ଏକ ସହରରେ ଥିବା ଗୋଟିଏ Apartmentରେ ସଦ୍ୟ ବିବାହିତ ଦମ୍ପତି ନୂତନ ଭାବେ ଘର ନେଇ ରହିଲେ। ପରଦିନ ସକାଳେ ତାଙ୍କ ଘର ନିକଟରେ ପୂର୍ବରୁ ରହିଥିବା ପଡୋଶୀ ତାଙ୍କ ବ୍ୟବହୃତ ପୋଷାକ ଧୋଇ ତାଙ୍କ ନିଜ ଜାଗାରେ ଶୁଖାଇଥିଲେ। ନୂଆକରି ଘରନେଇଥିବା ଦମ୍ପତିଙ୍କ ମଧ୍ୟରୁ ପତ୍ନୀଙ୍କର ଦୃଷ୍ଟି ତାଙ୍କ ଝରକା ବାଟେ ପଡୋଶୀ ଶୁଖାଇଥିବା ଲୁଗା ଉପରେ ପଡିଲା। ଧୁଆଯାଇ ଶୁଖାଯାଇଥିବା ପୋଷାକ ଗୁଡିକ ଅପରିଷ୍କାର ଅବସ୍ଥାରେ ଶୁଖୁଥିବାର ତାଙ୍କ ଆଖିକୁ ଦେଖାଗଲା। ଏହିପରି କ୍ରମାଗତ ଭାବେ ଦୁଇଦିନ ଧରି ଉକ୍ତ ନବାଗତା ପତ୍ନୀ ତାଙ୍କ ଝରକା ବାଟେ ପଡୋଶୀଙ୍କ ପୋଷାକ ଧୋଇବାର ଢଙ୍ଗକୁ ଲକ୍ଷ୍ୟ କରି ନିଜର ପତିଙ୍କୁ କହିଲେ, ତାଙ୍କର ପଡୋଶୀ ଠିକ୍ ରୂପେ ପୋଷାକ କିପରି ଧୋଇବାକୁ ହୁଏ ଜାଣନ୍ତି ନାହିଁ। ତୃତୀୟଦିନ ପୂର୍ବପରି ପତ୍ନୀ ଜଣଙ୍କ ତାଙ୍କ ଝରକାବାଟେ ଲକ୍ଷ୍ୟ କଲାରୁ ଶୁଖୁଥିବା ପୋଷାକ ଗୁଡିକ ପରିଷ୍କାର ଏବଂ ଦାଗହୀନ ଦେଖାଗଲା। ଏହାଦେଖି ପତ୍ନୀ ଜଣଙ୍କ ପତିଙ୍କୁ କହିଲେ:- 'ହଇଯେ! ଆଜି ମୁଁ ଗୋଟେ କଥା ଦେଖି ଜାଣିଲିଯେ ଆମ ପଡୋଶୀ ଏବେ ଠିକ୍ ଢଙ୍ଗରେ ପୋଷାକ ଧୋଇବା ଶିଖିଲେଣି।' ଏହା ଶୁଣି ତାଙ୍କ ପତି କହିଲେ:- 'ବୁଝିଲ, କଥାଟା ସେୟା ନୁହେଁ ଆଜି ଆମ ଝରକା କାଚ ଗୁଡିକ ଭଲଭାବରେ ସଫା କରିଦେବାରୁ କାଚରେ ଲାଗିଥିବା ମଇଳା ଗୁଡ଼ିକ ବାହାରିଗଲା

ପରେ ପଡୋଶୀ ଶୁଖାଉଥିବା ପୋଷାକର ଠିକ୍ ରୂପ ତୁମକୁ ଦେଖାଗଲା।' ପତ୍ନୀ ଜଣକ ସେତେବେଳେ କଥାଟା ହେଜିଲେ।

ଏଥିରୁ ବୁଝାଗଲା, ନବାଗତା ପତ୍ନୀ ଜଣକ ନିଜଆଡୁ ଦେଖିବାରେ କିଛି ତ୍ରୁଟି ବିଚ୍ୟୁତି ଅଛିକି ନାହିଁ ସେ ବିଷୟରେ ତର୍ଜମା ନକରି ପଡୋଶୀଙ୍କ ଲୁଗାଧୁଆ ପ୍ରତି ଆଙ୍ଗୁଳି ନିର୍ଦ୍ଦେଶ କରିବା ହାସ୍ୟାସ୍ପଦ ଅଟେ।

ରୋଗୀକୁ ନେଇ ଡାକ୍ତରଙ୍କ ଚିକିତ୍ସା ଉପାଖ୍ୟାନ:-

ଆମ ଦେହ ଖରାପ ହେଲେ ଆମେ ଡାକ୍ତରଙ୍କ ପାଖକୁ ଯାଉ। ଡାକ୍ତର ରୋଗର ଲକ୍ଷଣ ଦେଖି ଔଷଧ ଲେଖନ୍ତି। ଆମେ ସେହି ଔଷଧକୁ ଆଣି ସେବନ କଲାପରେ ଯଦି ରୋଗ ଭଲ ନହେଲା ଆମେ ଡାକ୍ତରଙ୍କୁ ଦୋଷାରୋପ କରି କହୁ ସେ ଡାକ୍ତର ଭଲ ନୁହଁନ୍ତି। ତାଙ୍କ ଔଷଧ କିଛି କାମ କଲା ନାହିଁ। ଏ କ୍ଷେତ୍ରରେ ଆମେ ଦେଖିବା କଥା ନିୟମିତ ବ୍ୟବଧାନରେ ଆମେ ଔଷଧ ସେବନ କରିଛୁ କି ନାହିଁ। ଯେତିକି ଭାଗମାପ (Dose) ରେ ସେବନ କରିବା କଥା ସେହି ଅନୁସାରେ କରିଛୁ କି ନାହିଁ। ପାନୀୟ ଠିକ୍ ଭାବେ ନେଇଛୁ କି ନାହିଁ। ଖାଦ୍ୟପେୟ ଠିକ୍ ଭାବେ ଗ୍ରହଣ କରିଛୁ କି ନାହିଁ। ଏସବୁ କଥାକୁ ଭଲଭାବେ ତର୍ଜମା ନକରି ଖାଲି ଡାକ୍ତରଙ୍କୁ ଦୋଷ ଦେଲେ "A bad workman quarrels with his tools or blames his tools." ଭଳି କଥା ହୋଇଥାଏ। ତେଣୁ ନିଜକୁ ଆଗ ସମୀକ୍ଷା କରିବା ବିଜ୍ଞତାର ପରିଚୟ।

ପାଠପଢାକୁ ନେଇ ଶିକ୍ଷକଙ୍କୁ ଦୋଷାରୋପ କରିବା:-

ପିଲା ପାଠ ପଢ଼ିବା ପାଇଁ ସ୍କୁଲକୁ ଯାଏ। ଶିକ୍ଷକ ଶିକ୍ଷୟିତ୍ରୀ ସବୁ ପିଲାଙ୍କୁ ସମାନ ଭାବରେ ପାଠ ପଢ଼ାନ୍ତି। ପରୀକ୍ଷାରେ ଭଲ ନକଲେ ବା ଅକୃତକାର୍ଯ୍ୟ ହେଲେ ଅବିଭାବକମାନେ ଶିକ୍ଷକମାନଙ୍କ ଉପରେ ଦୋଷ ଦିଅନ୍ତି, କହନ୍ତି ସ୍କୁଲରେ ଭଲ ପାଠ ପଢା ହେଉନାହିଁ। ମାଷ୍ଟର ମାନେ ପାଠ ଭଲ ପଢାଉନାହାନ୍ତି। ଏମିତି ନାନାଦି କଥା କହିଥାନ୍ତି। ପିଲାକୁ ସ୍କୁଲକୁ ପଠାଇ ଅଭିଭାବକମାନେ ନିଶ୍ଚିନ୍ତ ହୋଇଥାନ୍ତି। ସେପରି କଲେ ତ ଲକ୍ଷ୍ୟ ସାଧନ ହୁଏ ନାହିଁ। ପିଲା ନିୟମିତ ସ୍କୁଲକୁ ଆସୁଛିକି ଖରାପ ସାଙ୍ଗ କଥାରେ ପଡି ସ୍କୁଲକୁ ଆସିବା ବାହାନା କରି ଅନ୍ୟ କେଉଁଠିକୁ ଯାଉଛି ସେଥିପ୍ରତି ଲକ୍ଷ୍ୟ ଦେବା କଥା। ସ୍କୁଲର ଶିକ୍ଷକ ପିଲାଙ୍କୁ ଘରୁ ପାଠ କରି ଆଣିବା ପାଇଁ task ଦିଅନ୍ତି କି ନାହିଁ। ଘରକୁ task ଦିଆଯାଉଥିଲେ ପିଲା ନିୟମିତ task ଗୁଡିକ କରି ନିଏକି ନାହିଁ, ପାଠ୍ୟୋପକରଣ (ବହି, ଖାତା, କଲମ ଇତ୍ୟାଦି) ଯୋଗାଇବାରେ

କିଛି ଅବହେଳା ଅଛିକି, ଶ୍ରେଣୀରେ ଶିକ୍ଷକ ପଢ଼ାଉଥିବାବେଳେ ପିଲା ଅମନଯୋଗୀ ରହୁଛିକି, ଏହିଭଳି ପାଠ୍ୟ ସମ୍ବନ୍ଧୀୟ ବିଭିନ୍ନ ତଥ୍ୟ ସଂଗ୍ରହ କରି ସ୍ଥଳ ବିଶେଷରେ ତା'ର ପ୍ରତିକାର କରିବା ଅଭିଭାବକଙ୍କର ନୈତିକ ଦାୟିତ୍ୱ ଓ କର୍ତ୍ତବ୍ୟ ମଧ୍ୟ। ତାହା ନକରି ସ୍କୁଲରେ ଭଲ ପଢ଼ା ହେଉନାହିଁ ବୋଲି ଅଭିଯୋଗ କରିବା କେତେଦୂର ଠିକ୍ ଏହାର ବିଚାର ଆପଣମାନଙ୍କର।

ବିଫଳତା ଦେଖାଦେଲେ ମଣିଷ ପ୍ରଥମେ ନିଜକୁ ଅନୁଶୀଳନ କରିବା ଦରକାର। ମଣିଷ ସ୍ଥିରଚିତ୍ତରେ ନିଜର କାର୍ଯ୍ୟାବଳୀକୁ ବିଶ୍ଳେଷଣ କଲେ ନିଜକୁ ଜାଣିପାରିବ। ନହେଲେ ଚାଲି ନଜାଣି ବାଟର ଦୋଷ ବୋଲି କହିବା ଗ୍ରହଣୀୟ ନୁହେଁ। ନିଜର ଭୁଲକୁ ବୁଝିପାରିନଥିବା ମଣିଷ ସମୟ ଓ ପରିସ୍ଥିତିର ଜଟିଳ ଛନ୍ଦରେ ପଡ଼ି ଦୁଃସ୍ଥିତିର ମୁକାବିଲା ଠିକ୍ ଢଙ୍ଗରେ କରିପାରେ ନାହିଁ କି ନିଜକୁ ସମୃଦ୍ଧ କରି ଗଢ଼ି ତୋଳିପାରେ ନାହିଁ। ସନ୍ଥ କବୀରଙ୍କର ଏତାଦୃଶ ମହନୀୟ ଦିଗ୍‌ଦର୍ଶନ ଅତ୍ୟନ୍ତ ସୁଦୂର ପ୍ରସାରୀ।

■

ଦୋହା - ୦୬

चिंता ऐसी डाकिनी, काट कलेजा खाए।
वैद्य बेचारा क्या करे, कहां तक दवा लगाए।।

Doha in English

Chinta aisi dakini kat kaleja khaye,
Vaid bechara kya kare Kahan tak dawa lagaye.

ଓଡ଼ିଆରେ ଦୋହା

ଚିନ୍ତା ଐସୀ ଡାକିନୀ କାଟ କଲେଜା ଖାଏ।
ବଇଦ ବେଚାରା କ୍ୟା କରେ କାହା ତକ୍ ଦଓାି ଲଗାଏ ॥

ପରମଯୋଗୀ 'କବୀର' ଉକ୍ତ ଦୋହାରେ ଅବତାରଣା କରି ଜନ ମାନସକୁ ସଚେତନ କରାଇବାର ଅଭିପ୍ରାୟ ନେଇ ସୂଚାଇଛନ୍ତି ଯେ, ସମସ୍ୟା ର ସମାଧାନ ନିମନ୍ତେ ଅତିଶୟ ଚିନ୍ତାଗ୍ରସ୍ତ ନହୋଇ ଧୈର୍ଯ୍ୟର ସହ ନିଜର ବୁଦ୍ଧି, ବିବେକ ଓ ଦୂରଦୃଷ୍ଟିକୁ ବିନିଯୋଗ କରି ତାର ମୁକାବିଲା କରିବା ବିଜ୍ଞତାର ପରିଚୟ ଅଟେ।

ଏ ଦୁନିଆରେ ଏପରି କେହି ନାହାନ୍ତି ଯାହାର ଜୀବନରେ କୌଣସି ଚିନ୍ତା ନାହିଁ। ଖାଦ ନଥାଇ ସୁନା ଅଳଙ୍କାର ନାହିଁ କି ଚିନ୍ତା ନଥାଇ ଜୀବନ ନାହିଁ। ପ୍ରତ୍ୟେକଙ୍କ ଜୀବନରେ କିଛି ନା କିଛି ଚିନ୍ତା ନିଶ୍ଚୟ ଅଛି। ପ୍ରଥମେ ସମସ୍ୟା ସୃଷ୍ଟି ହୁଏ ତାପରେ ଉତ୍ତମ ଚିନ୍ତା ଓ ଚେତନା ଆଧାରରେ ସମାଧାନର ମାର୍ଗ ଖୋଜାଯାଏ। ଚିନ୍ତା ମଣିଷର ଚେତନା କୁ ଉଜ୍ଜୀବିତ କରାଏ। ମତି ଓ ଶକ୍ତିର ଉତ୍ତରଣ ଘଟାଏ। ଉନ୍ନତି ଓ ପ୍ରଗତିର ମାର୍ଗକୁ ସମୃଦ୍ଧ କରେ। ଚିନ୍ତାକୁ ପୁଞ୍ଜି କରି ମଣିଷ ତା ଜୀବନରେ ଆସୁଥିବା ବାଧା ବିଘ୍ନକୁ ଆହ୍ୱାନ ରୂପେ ଗ୍ରହଣ କରି ଆଗକୁ ବଢେ। ଅନୁସନ୍ଧିତ୍ସୁ ହୋଇ ବିଭିନ୍ନ ମାର୍ଗ ଖୋଜି ସର୍ବୋତ୍ତମ ମାର୍ଗ ପ୍ରାପ୍ତିରେ ଉପନୀତ ହୁଏ। ସେହି ପ୍ରାୟୋଜିତ ମାର୍ଗରେ ପରିଚାଳିତ ହୋଇ ଜୀବନର ଦୁଃସ୍ଥିତି କୁ ସୁସ୍ଥିତିରେ ପରିଣତ କରିବାକୁ ସମର୍ଥ ହୁଏ।

ଏହା ସତ୍ୟଯେ, ମଣିଷକୁ ତାର ଜୀବଦଶା ମଧ୍ୟରେ ବିଭିନ୍ନ ପ୍ରକାର ଅବେଗାତ୍ମକ ଚିନ୍ତା ଭାରାକ୍ରାନ୍ତ କରିଥାଏ। ତନ୍ମଧ୍ୟରୁ କେତେକ ପ୍ରକୃତିଦତ୍ତ ଆଉ କେତେକ ମନୁଷ୍ୟକୃତ। ପ୍ରକୃତିଦତ୍ତ ସମସ୍ୟା ମଧ୍ୟରୁ ଉତ୍ପନ ହେଉଥିବା ଚିନ୍ତନ ମଧ୍ୟରେ ପ୍ରାକୃତିକ ବିପର୍ଯ୍ୟୟ ଓ ଶାରୀରିକ ଗୁଣ ଜନିତ ଚିନ୍ତା। ମନୁଷ୍ୟକୃତ ସମସ୍ୟାରୁ ସୃଷ୍ଟି ହେଉଥିବା ଚିନ୍ତା ଗୁଡିକ ମଧ୍ୟରେ ପାରିବାରିକ, ସାମାଜିକ ତଥା ବ୍ୟକ୍ତିଗତ ଚିନ୍ତା। ସେ ପ୍ରକୃତିଗତ ହେଉ କି ମନୁଷ୍ୟକୃତ ହେଉ ପ୍ରତ୍ୟେକ ସମସ୍ୟାରୁ ଉଭଟ ଚିନ୍ତନକୁ ଠିକ୍ ଢଙ୍ଗରେ ବା ଉଚିତ୍ ମାର୍ଗରେ ସମାଧାନ କରି ନପାରିଲେ ଆହୁରି ଅନେକ ଗୁଡିଏ ଅବାଞ୍ଛିତ ନକାରାତ୍ମକ ଚିନ୍ତନ ସୃଷ୍ଟି ହୋଇ ମଣିଷକୁ ବ୍ୟାଧିଗ୍ରସ୍ତ କରିଥାଏ। ଦୀର୍ଘ ଦିନ ଧରି ବ୍ୟାଧିର ଭଉଁରୀ ମଧ୍ୟରେ ମଣିଷ ଫସିଯାଇ ସେଥିରୁ ମୁକୁଳିବାର ରାହା ଖୋଜେ।

କାଠ ବା ବାଉଁଶରେ ଘୁଣପୋକ ଲାଗିଲେ ତାକୁ ଯେପରି ଧୀରେ ଧୀରେ ଖାଇ ଦୁର୍ବଳକରେ। କିଛିଦିନ ପରେ ସେହି କାଠ ବା ବାଉଁଶର ସତ୍ତା ହଜିଯାଏ। ଠିକ୍ ସେହିପରି ନକାରାତ୍ମକ ଚିନ୍ତନ ମଣିଷକୁ ଅବଶ କରି ତାର ଶରୀରକୁ କ୍ଷୀଣ କରିଦିଏ। ତାକୁ ଶକ୍ତିହୀନ କରିବା ସଙ୍ଗେ ସଙ୍ଗେ ଆସ୍ତେ ଆସ୍ତେ ମୃତ୍ୟୁର ନିକଟବର୍ତ୍ତୀ କରାଏ। ଡାକ୍ତର ବା ବଇଦ ମାନଙ୍କର ସକଳ ଚେଷ୍ଟା ବ୍ୟର୍ଥ ହୁଏ। ଚିନ୍ତାରେ ମାନସିକ ଭାରସାମ୍ୟ ନହରାଇ ବା ଭାଙ୍ଗିନପଡି ଧୈର୍ଯ୍ୟର ସହିତ ନିର୍ଦ୍ଧାରିତ ମାର୍ଗକୁ ଅବଲମ୍ବନ

କରି ମଣିଷ କିପରି ସଫଳତାର ଶିଖରରେ ପହଞ୍ଚି ନିଜର ପୁରୁଷାର୍ଥକୁ ସାର୍ଥକ କରିଛି ତାହାର କେତେକ ତଥ୍ୟ ଏଠାରେ ଉପସ୍ଥାପନା କରିବା ପ୍ରାସଙ୍ଗିକ ମନେହୁଏ।

ଥୋମାସ ଏଡିସନଙ୍କ ସଫଳତାର ଅନ୍ତରାଳେ:-

ବାଲ୍ୟାବସ୍ଥାରେ ଥୋମାସ ଏଡିସନ ବିଦ୍ୟାଳୟରେ ଅଧ୍ୟୟନ କରୁଥିବା ସମୟରେ ବିଦ୍ୟାଳୟର ପ୍ରଧାନଶିକ୍ଷକ ଏଡିସନଙ୍କୁ ମାନ୍ଦା ଓ ସ୍ୱଳ୍ପବୁଦ୍ଧି ସମ୍ପନ୍ନ ବାଳକ ଆଖ୍ୟାଦେଇ ଚିଠିଟିଏ ସହିତ ସ୍କୁଲରୁ ଘରକୁ ପଠାଇଦେଲେ। ଏଡିସନଙ୍କ ମା ଉକ୍ତ ଚିଠିକୁ ପାଠ କରି ଚିଠିରେ ଉଲ୍ଲେଖ ଥିବା ପ୍ରଧାନଶିକ୍ଷକଙ୍କ ଅପମାନ ସୂଚକ ମନ୍ତବ୍ୟକୁ ଏକ ଆହ୍ୱାନରୂପେ ଗ୍ରହଣ କରିଥିଲେ। ଏଥିପାଇଁ ସେ ବିବ୍ରତ ବା ବିଚଳିତ ନହୋଇ ଧୈର୍ଯ୍ୟର ସହିତ ଏଡିସନଙ୍କ ପଢ଼ାର ଦାୟିତ୍ୱ ନିଜେ ବହନ କରି ପାଠପଢ଼ାର ଅଗ୍ରଗତି ନିମନ୍ତେ ସୁଚିନ୍ତିତ ବ୍ୟବସ୍ଥା କରିଥିଲେ। କିଛିଦିନ ଘରୋଇ ଶିକ୍ଷା ପ୍ରାପ୍ତି ପରେ ଏଡିସନଙ୍କ ଧୀଶକ୍ତିରେ ଯେଉଁ ଉତ୍କର୍ଷ ସାଧନ ହୋଇଥିଲା ତାହା ସମସ୍ତଙ୍କୁ ଚକିତ କରିଥିଲା। ଅଯୋଗ୍ୟ, ଅପାରଗ ଓ ନିର୍ବୋଧ ବାଳକ ଆଖ୍ୟା ଦେଇ ଅପମାନ ଜନକ ଚିଠି ସହ ଯେଉଁ ପ୍ରଧାନଶିକ୍ଷକ ଏଡିସନଙ୍କୁ ବିଦ୍ୟାଳୟରୁ ଫେରାଇ ଦେଇଥିଲେ ଏଡିସନଙ୍କ ମା ତାହାକୁ ଚ୍ୟାଲେଞ୍ଜ ରୂପେ ଗ୍ରହଣ କରି ଏକ ନୂତନ ଅଧ୍ୟାୟ ସୃଷ୍ଟି କଲେ। ଯେଉଁଥିପାଇଁ କି ଏଡିସନ ବିଜୁଳି ବଲବ ଭଳି ୧୦୦୦ ଜିନିଷ ଉଦ୍ଭାବନ କରି ଇତିହାସ ସୃଷ୍ଟି କଲେ।

କଠିନ ପରିସ୍ଥିତିରେ ଆସିଲେ ମଣିଷ ଚିନ୍ତାଗ୍ରସ୍ତ ହୋଇ ମାନସିକ ଭାରସାମ୍ୟ ହରାଇବସେ। ସେତେବେଳେ ସେ ବୁଝିପାରେନା ପରିସ୍ଥିତିର ଅନ୍ତରାଳରେ ଥିବା ଈଶ୍ୱରଙ୍କ ମହତ୍ ଉଦ୍ଦେଶ୍ୟକୁ। କାରଣ ଅନୁକୂଳ ପରିସ୍ଥିତି, ପ୍ରତିକୂଳ ପରିସ୍ଥିତିର ଛଦ୍ମ ବେଶରେ ଆସେ। ଯାହାର ପ୍ରଭାବରେ ଅପମାନ ନିମନ୍ତ୍ରଣ କରିଆଣେ ସମ୍ମାନକୁ, ତିରସ୍କାର ପାଲଟିଯାଏ ପୁରସ୍କାର। ଯାହାକି ଥୋମାସ ଏଡିସନଙ୍କ ଜୀବନରେ ଘଟିଥିଲା।

ନେପୋଲିୟନଙ୍କ ସୁଦୂର ପ୍ରସାରୀ ଚିନ୍ତନର ପ୍ରଭାବ:-

ଦୀର୍ଘଦିନର ସାଇତା ଚିନ୍ତାଧାରାକୁ ପୁଞ୍ଜି କରି ଫ୍ରାନ୍ସର ଏକଛତ୍ରବାଦୀ ସମ୍ରାଟ ନେପୋଲିୟନ ବୋନାପାର୍ଟ ସେଦିନ ଦୁର୍ଭେଦ୍ୟ ଆଲପସ୍ ପର୍ବତର ପାଦଦେଶରେ ପହଞ୍ଚି ଯାଇଥିଲେ ନିଜର ବିଶାଳ ସେନାବାହିନୀ ସହ। ଏହି ପର୍ବତକୁ ଅତିକ୍ରମ କରି ଶତ୍ରୁ ରାଜ୍ୟ ଜୟ କରିବାଥିଲା ତାଙ୍କର ଏକମାତ୍ର ଲକ୍ଷ ?। ଉକ୍ତ ପର୍ବତମାଳାର ପାଦଦେଶରେ ରହୁଥିଲେ ଜଣେ ବୃଦ୍ଧା। ତାଙ୍କ ନିକଟକୁ ଯାଇ ନେପୋଲିୟନ ପର୍ବତ ଅତିକ୍ରମ କରିବାର ମାର୍ଗ ପଚାରିଥିଲେ। ନେପୋଲିୟନଙ୍କ ଠାରୁ ଏହା ଶୁଣି ବୃଦ୍ଧା

ହସିହସି କହିଥିଲେ 'ପୁଅରେ ! ତୋ ପୂର୍ବରୁ ବେଶ କିଛି ଲୋକ ଏହି ଦୁର୍ଗମ ପର୍ବତମାଳାକୁ ଅତିକ୍ରମ କରିବାର ଅଭିଳାଷ ପୋଷଣ କରି ଆଗକୁ ବଢିବାର ଚିନ୍ତାଧାରା ନେଇ ନିଜର ମୂଲ୍ୟବାନ ଜୀବନ ହରାଇ ଦେଇଛନ୍ତି। କେହି ଜଣେବି ସଫଳ ହୋଇନାହାଁନ୍ତି, ଆଉ ତୁ? ତୁ ଆଜି ଏହି ପ୍ରଶ୍ନ ପଚାରୁଛୁ? ଏଭଳି ଅସମ୍ଭବ କାମନା ମନରୁ ଦୂର କରିଦେ। ବରଂ ଭଲ ହବ ଯେଉଁ ବାଟରେ ଆସିଛୁ ସେହି ବାଟରେ ଫେରିଯା।' ବୃଦ୍ଧା ଠାରୁ ଏପରି ନାସ୍ତିସୂଚକ ବାଣୀ ଶୁଣି ନେପୋଲିୟନ ନିରାଶ ହୋଇନଥିଲେ ବରଂ ଦ୍ୱିଗୁଣ ଉତ୍ସାହ ହୋଇ କହିଥିଲେ ମା ! ତୁମର ଏ ଉପଦେଶ ମୋର ଆତ୍ମବିଶ୍ୱାସକୁ ଢେର ବଢ଼ାଇ ଦେଇଛି। ମୁଁ ତୁମର ଉପଦେଶକୁ ଗୁରୁତ୍ୱ ଦେଇ ଅଧିକ ସାବଧାନତାର ସହିତ ଯୋଜନା ପ୍ରସ୍ତୁତ କରି ଏ ଦୁର୍ଗମ ପର୍ବତମାଳା ଉପରେ ବିଜୟ ହାସଲ କରିବାକୁ ଚେଷ୍ଟା କରିବି। ମୋ ପାଖରେ ଅସମ୍ଭବ ବୋଲି କିଛି ନାହିଁ। ଯଦି ମୁଁ ଏହାକୁ ଅତିକ୍ରମ କରିପାରିଲି ତେବେ ମୋର ଦୀର୍ଘଦିନର ଚିନ୍ତାଧାରା ସଫଳ ହେବ। ଆଉ ବିଫଳ ହେଲେ ତୁମେହିଁ ଏକମାତ୍ର ସାକ୍ଷୀ ରହିବ।

ନେପୋଲିୟନଙ୍କ ଠାରେ ଏପରି ଚିନ୍ତା ଚେତନା ଓ ଦୃଢ ବିଶ୍ୱାସ ଲକ୍ଷ୍ୟ କରି ବୃଦ୍ଧା ଚକିତ ହୋଇଯାଇଥିଲେ। ଆଶୀର୍ବାଦ ଦେଇ କହିଥିଲେ, ପୁଅରେ! ମୋତେ ଲାଗୁଛି ତୋ ଭଳି ସାହସୀ ଯୋଦ୍ଧା ପାଖରେ ପୃଥିବୀ ର କିଛିବି ଅସମ୍ଭବ ନୁହେଁ। ତୁ ନିଶ୍ଚୟ ଏହାକୁ ଅତିକ୍ରମ କରିବାରେ ସଫଳ ହେବୁ ବୋଲି ମୋର ଦୃଢ ବିଶ୍ୱାସ ହେଉଛି। ବୃଦ୍ଧାଙ୍କର ଆଶୀର୍ବାଦ ଫଳବତୀ ହୋଇଥିଲା। ନେପୋଲିୟନ ଏହି ପର୍ବତ ଅତିକ୍ରମ କରିବାରେ ସକ୍ଷମ ହୋଇଥିଲେ।

ଓଡ଼ିଆ ଭାଗବତ ରଚନାର ପୃଷ୍ଠଭୂମିରେ ଥିବା ଚିନ୍ତନର ପ୍ରଭାବ:-

କିମ୍ବଦନ୍ତୀ ଅଛି ଯେ - ଭକ୍ତ କବି ଜଗନ୍ନାଥ ଦାସଙ୍କ ଧର୍ମପରାୟଣା ମାଆ ପଦ୍ମାବତୀ କାର୍ତ୍ତିକ ମାସ ହବିଷ ସମୟରେ ଥରେ ଜନୈକ ପୁରାଣ ପଣ୍ଡାଙ୍କ ଠାରୁ ସଂସ୍କୃତ ଭାଗବତ ଶ୍ରବଣ କରୁଥିଲେ। ଏହି ସମୟରେ ସେ ଏକ ଶ୍ଳୋକକୁ ଭଲ ଭାବରେ ବୁଝି ନପାରିବାରୁ ପୁରାଣ ପଣ୍ଡାଙ୍କୁ ତାର ଅର୍ଥ ବିଶଦ ଭାବରେ ବୁଝାଇବାକୁ ଅନୁରୋଧ କଲେ। ମାତ୍ର ବକ୍ତା (ଉକ୍ତ ପୁରାଣ ପଣ୍ଡା) ପଦ୍ମାବତୀଙ୍କୁ ବୁଝାଇବା ପରିବର୍ତ୍ତେ ତାଙ୍କୁ ଜଣେ ସାଧାରଣ ମୂଢ଼ା ନାରୀ ବୋଲି ଭାବି କେଇ ପଦ କଟୁ ମନ୍ତବ୍ୟ ବା ତିରସ୍କାର ପୂର୍ଣ୍ଣ ବାଣୀ ଶୁଣାଇଥିଲେ।

ପଦ୍ମାବତୀଙ୍କ ପତି 'ଭଗବାନ ଦାସ' (ଜଗନ୍ନାଥ ଦାସଙ୍କ ପିତା) ଥିଲେ ପୂର୍ବତନ ପୁରାଣ ପଣ୍ଡା। ତେଣୁ ପୁରାଣ ପଣ୍ଡାଙ୍କ ସେଦିନର କଟୁକ୍ତି ତାଙ୍କୁ (ପଦ୍ମାବତୀ) ବିଶେଷ ଭାବରେ ଆଘାତ ଦେଲା। ଘରକୁ ଫେରିଆସି ପୁତ୍ର ଜଗନ୍ନାଥଙ୍କ ନିକଟରେ ନିଜର

ମନୋବେଦନା ପ୍ରକାଶ କରି କହିଲେ, 'ପୁଅରେ ! ତୁ ଏତେ ପାଠ ପଢ଼ିଛୁ, ଭାଗବତକୁ କଣ ଆମେ ବୁଝିବା ଭଳି ଭାଷାରେ ଲେଖିପାରିବୁ ନାହିଁ ? ତୁ ଯଦି ଏତିକି କରିପାରନ୍ତୁ ତେବେ ସେ ପୁରାଣ ପଣ୍ଡା ପାଖକୁ ମୁଁ ଆଉ ଭାଗବତ ଶୁଣିବା ପାଇଁ ଯାଆନ୍ତି ନାହିଁ।' ଯେଉଁ ଜଗନ୍ନାଥଙ୍କୁ ସେ ବଂଶ ରକ୍ଷା ପାଇଁ ପ୍ରଭୁ ଜଗନ୍ନାଥଙ୍କୁ କାତର ଭାବରେ ଡାକି ଡାକି ପାଇଥିଲେ ସେ (ପୁତ୍ର) ମାଆଙ୍କର ବେଦନାପୂର୍ଣ୍ଣ କଥା ଶୁଣି ଅତ୍ୟନ୍ତ ବ୍ୟଥିତ ହେଲେ। ମାଆ ପଦ୍ମାବତୀଙ୍କ ଭାବପୂର୍ଣ୍ଣ କଥାରୁ ଉତ୍କଳର ଅଗଣିତ ନରନାରୀଙ୍କ ହୃଦୟର ବ୍ୟାକୁଳତାକୁ ସେ ଭଲ ଭାବରେ ହୃଦୟଙ୍ଗମ କରିପାରିଥିଲେ। ଯାହା କୁହାଯାଏ, ମହତ କାର୍ଯ୍ୟର ପ୍ରଚ୍ଛଦପଟରେ ଏକ ନାରୀର ଭୂମିକା ଥାଏ ତାହା ଏଠାରେ ସ୍ପଷ୍ଟ ଭାବରେ ପ୍ରମାଣିତ ହେଲା। ଜଗନ୍ନାଥ ଦାସଙ୍କୁ ଏହା ବିଶୁଦ୍ଧ ଓଡ଼ିଆ ଭାଷାରେ ଲେଖିବାର ପ୍ରେରଣା ଯୋଗାଇଥିଲା। ଏତେବଡ ଦୁରୂହ କାର୍ଯ୍ୟ ପାଇଁ ସେ ତାଙ୍କର ଅସାମର୍ଥ୍ୟ ଭଗବାନଙ୍କ ନିକଟରେ ବ୍ୟକ୍ତ କରି ତାଙ୍କରି କୃପା ପ୍ରାର୍ଥୀ ହୋଇ ଅନୁନୟ ବିନୟ ସହକାରେ ଭଗବାନଙ୍କୁ ପ୍ରାର୍ଥନା କରିବାରୁ ଭଗବାନ (ପ୍ରଭୁ ଜଗନ୍ନାଥ) ସ୍ୱପ୍ନରେ କହିଲେ, 'ତୁମେ ଭୟ କରନାହିଁ। ତାଳପତ୍ର ଲେଖନୀ ଧରି ଲେଖିବା ଆରମ୍ଭ କର। ମୁଁ ତୁମ ହୃଦୟ ପଦ୍ମରେ ବିରାଜିତ ହୋଇ ପଦ ପରେ ପଦ କହିଦେବି।' ଏଥର ଧର୍ମପରାୟଣା ମାତା ଓ ଭଗବାନଙ୍କ ଆଶୀର୍ବାଦର ସମନ୍ୱୟରେ ଭକ୍ତକବି ଜଗନ୍ନାଥ ନବାକ୍ଷରୀ ବୃତ୍ତରେ ବ୍ୟାସଦେବ କୃତ ସଂସ୍କୃତ ଭାଗବତର ଓଡ଼ିଆ ପଦ୍ୟାନୁବାଦ ଅଧ୍ୟାୟେ ଅଧ୍ୟାୟେ କରି ସେ ମାଆ (ପଦ୍ମାବତୀଙ୍କୁ) ଶୁଣାଇଥିଲେ। ଏହି ରଚନା ପାଇଁ ତାଙ୍କୁ ପାଞ୍ଚ ବର୍ଷ ଲାଗିଥିଲା। ସଂସ୍କୃତ ଜାଣିନଥିବା ନରନାରୀ ନିଜ ଭାଷାରେ ସୁଶ୍ରାବ୍ୟ ଓ ସୁଲଳିତ ଛନ୍ଦରେ ଭାଗବତ ଶୁଣି ନିଜକୁ କୃତାର୍ଥ ମନେ କଲେ। ଆଜିର ଉପଲବ୍ଧ ଓଡ଼ିଆ ଭାଗବତ ହେଉଛି ଭକ୍ତ କବି ଜଗନ୍ନାଥ ଦାସଙ୍କ ଭକ୍ତିମତୀ ମାଆ ଧର୍ମପରାୟଣା ପଦ୍ମାବତୀଙ୍କ ଚିନ୍ତନର ଫଳଶ୍ରୁତି।

ଏପରି ଅନେକ ଦୃଷ୍ଟାନ୍ତ ଥାଇବି ଆମେ ସାମାନ୍ୟ ବାଧା, ବିଘ୍ନ ବା ଆଘାତର ସମ୍ମୁଖୀନ ହୋଇ ନପାରି ହୋଇପଡୁଛେ ହତୋତ୍ସାହିତ ମାତ୍ର ସେ ବାଧା ବିଘ୍ନକୁ ଖାତିର ନକରି ଆମ ମନରେ ସର୍ବଦା ହେବ, ହଉଛି, ନିଶ୍ଚିତ ସମ୍ଭବ ଏହିପରି ସକାରାତ୍ମକ ଚିନ୍ତନ ରଖି ଆତ୍ମବିଶ୍ୱାସର ସହ ଜୀବନ ଯାତ୍ରାରେ ଅଗ୍ରସର ହେଲେ ନିଶ୍ଚୟ ସଫଳ ହୋଇପାରିବା। ଏହି ଦୋହାର ଅବତାରଣା କରି ସନ୍ଥ କବୀର ସମଗ୍ର ମାନବ ଜାତିକୁ ଯେଉଁ ମୂଲ୍ୟବାନ ପରାମର୍ଶ ଦେଇଛନ୍ତି ତାହା ହେଲା, ସଙ୍କଟ ସମୟରେ ଭାଙ୍ଗିନପଡି ଅପୂର୍ବ ସାହସ ଓ ଧୈର୍ଯ୍ୟର ସହିତ ବୁଦ୍ଧି ଲଗାଇ ତା'ର ମୁକାବିଲା କରିବା ଉଚିତ୍
"Be a warrior not a worrier."

ବାସ୍ତବିକ ସନ୍ଥ କବୀରଙ୍କ ଦାର୍ଶନିକ ତତ୍ତ୍ୱ ଅତ୍ୟନ୍ତ ହୃଦୟସ୍ପର୍ଶୀ।

ଦୋହା – ୦୭

करता था तो क्यूं रहया, जब करि क्यूं पछिताय
बोये पेड़ बबूल का, अम्ब कहाँ ते खाय

Doha in English

Karata tha to kyoon rahaya, jab kari kyoon pachhitaay,
Boye ped babool ka, aamb kahaan te khaay.

ଓଡ଼ିଆରେ ଦୋହା

କରତା ଥା ତୋ କ୍ୟୁଁ ରହୟା, ଜବ କରି କ୍ୟୁଁ ପଛିତାଏ ।
ବୋଏ ପେଡ୍ ବବୂଲ କା, ଆମ୍ବ କାହାଁ ତେ ଖାଏ ॥

କୌଣସି କାର୍ଯ୍ୟକୁ କରିବା ପୂର୍ବରୁ କିମ୍ବା ତୁଣ୍ଡ ଖୋଲି କୌଣସି କଥା କହିବା ପୂର୍ବରୁ କିମ୍ବା କୌଣସି ନିଷ୍ପତ୍ତି ନେବା ପୂର୍ବରୁ ଗଭୀର ଭାବେ ଭାବିଚିନ୍ତି କରିବା, କହିବା କେତେ ଜରୁରୀ ସେ ସମ୍ପର୍କରେ ସମଗ୍ର ଜନମାନସକୁ ଗୁରୁତ୍ୱପୂର୍ଣ୍ଣ ଦିଗଦର୍ଶନ ଦେବା ଉଦ୍ଦେଶ୍ୟରେ ସନ୍ଥ କବୀର ଉକ୍ତ ଦୋହାର ଅବତାରଣା କରିଛନ୍ତି।

ଇଂରାଜୀରେ ଗୋଟିଏ କିମ୍ବଦନ୍ତୀ (Proverb) ଅଛି – As you show, so shall you reap. ଅର୍ଥାତ ଆମେ ଯେଉଁ ବିହନ ବୁଣିବା ସେହି ଫସଲ ଅମଳ କରିବା, ମୁଗ ବିହନ ବୁଣି ବିରି ଅମଳ କରିବାର ଆଶା ରଖିବା ହାସ୍ୟାସ୍ପଦ କଥା। ସେହି ପରି ଆମେ ଅନ୍ୟକୁ ଯେପରି ବ୍ୟବହାର ଦେଖାଇବା ତାଙ୍କ ଠାରୁ ସେମିତି ବ୍ୟବହାର ଆଶା କରିବା ଏକ ସାଧାରଣ କଥା। ଜୀବନରେ ଅନେକ ସମୟରେ କୌଣସି ପ୍ରସଙ୍ଗକୁ କେନ୍ଦ୍ରକରି ତୁଣ୍ଡ ଖୋଲି କିଛି କହିବାକୁ ପଡେ। କେତେକ କ୍ଷେତ୍ରରେ ତୁନି ରହିବାକୁ ବି ହୁଏ। ନୀରବ ରହିବା ଓ କିଛି କହିବା ଏକ ପରିସ୍ଥିତି ଜନିତ ବ୍ୟାପାର। କେଉଁ କ୍ଷେତ୍ରରେ ଜଣେ ନୀରବ ରହିବ ଆଉ କେଉଁ କ୍ଷେତ୍ରରେ ଜଣେ କିଛି କହିବା ଉଚିତ ହେବ ଏପ୍ରକାର ବିଚାର ସମସ୍ତଙ୍କର ନଥାଏ। ସେଥିପାଇଁ କୁହାଯାଏ ନିଜ ତୁଣ୍ଡହିଁ ନିଜର ସବୁଠାରୁ ବଡ ଶତ୍ରୁ ନିଜ ମୁଁହର ଭାଷାରେ ମଣିଷ ନିଜେ ନିଜର ଶତ୍ରୁ ସୃଷ୍ଟିକରେ। ଠିକ ସେହିପରି ନିଜର ଭାଷାରେ ନିଜ ପାଇଁ ବନ୍ଧୁ ସୃଷ୍ଟିକରେ। ଏହି ପରିପ୍ରେକ୍ଷୀରେ ମନେପଡେ ମହାଭାରତ ଯୁଦ୍ଧର ପୂର୍ବବର୍ତ୍ତୀ ଘଟଣା ପ୍ରବାହ। ଦ୍ରୌପଦୀଙ୍କ ତୁଣ୍ଡରୁ ବାହାରିଥିବା ଗୋଟିଏ ଶବ୍ଦ 'ଅନ୍ଧର ପୁତ୍ର ଅନ୍ଧ' ସେହି ଗୋଟିଏ ଶବ୍ଦ ଦୁର୍ଯ୍ୟୋଧନଙ୍କ ମନରେ ଏପରି ପ୍ରତିକ୍ରିୟା ସୃଷ୍ଟିକରିଥିଲା ଯେ ବାଲ୍ୟକାଳରେ ଅନାବିଳ ସ୍ନେହରେ ବନ୍ଧା ପାଣ୍ଡବ ଭ୍ରାତାଙ୍କ ପ୍ରତି ପ୍ରତିହିଂସା ପରାୟଣ ହୋଇ ବିଷ ଲଡୁ ଦାନ, ଜତୁଗୃହ ଦାହ, କପଟ ପାଶାଖେଳ ଆଦି ରଚନା କରି ସେମାନଙ୍କ ରାଜ୍ୟ, ଧନହରଣ, ପାଣ୍ଡବପତ୍ନୀ ଦ୍ରୌପଦୀଙ୍କ ବସ୍ତ୍ରହରଣ ଭଳି ଲଜ୍ଜା ଜନକ କର୍ମ ଯୋଗେ ମହାଭାରତ ଯୁଦ୍ଧର ସୂତ୍ରପାତ ହୋଇଥିଲା କଥିତ ଅଛି - ଅସ୍ତ୍ର, ଶସ୍ତ୍ର, ପୋଡାଜଳା କ୍ଷତ ସମୟକ୍ରମେ ଶୁଖିଯାଏ, ମାତ୍ର ବାକ୍ୟ ବାଣର କ୍ଷତ ସାରା ଜୀବନ ଅଶୁଖା ହୋଇରହିଯାଏ। ମଣିଷର ବାକ ସଂଯମତା ନ ରହିଲେ ବିଭିନ୍ନ ପ୍ରକାର ସମସ୍ୟା ସୃଷ୍ଟି ହୁଏ। ଆଚରଣ ଓ ଭାଷା ମଧ୍ୟ ବ୍ୟକ୍ତିର ପରିଚୟ ପ୍ରଦାନ କରେ। କେତେ ପଦ କଥା ମାଧ୍ୟମରେ ଜଣେ ବ୍ୟକ୍ତିର ଜ୍ଞାନର ଗଭୀରତା ଓ ପୂର୍ବାଜିତ ଅଭିଜ୍ଞତାକୁ ମାପିହୁଏ। ଯେ କୌଣସି ସମସ୍ୟାର ସ୍ଥାୟୀ ସମାଧାନ ନିମନ୍ତେ ଗଭୀର ଭାବେ ଚିନ୍ତାକରି, ବିଭିନ୍ନ କଥାକୁ ବିବେଚନା କରି ସୁହାଇଲା ଭଳି ନିଷ୍ପତ୍ତି ନେବା ଜରୁରୀ। ଏହାର ବ୍ୟତିକ୍ରମ ହେଲେ ତାହାର ପରିଣତି କ'ଣ ହୁଏ ସେ

ସମ୍ବନ୍ଧରେ ମହାଭାରତର କଥା ବସ୍ତୁକୁ ଆଧାର କରି ରୋଚକ ତଥ୍ୟର ଉପସ୍ଥାପନା ଏଠାରେ ପ୍ରାସଙ୍ଗିକ ମନେହୁଏ।

ମହାଭାରତର ପୂର୍ବବର୍ତ୍ତୀ ଘଟଣା, କୌରବ ଓ ପାଣ୍ଡବଙ୍କ ମଧ୍ୟରେ ଭାଇ ଭାଗକୁ କେନ୍ଦ୍ର କରି ଉପୁଜିଥିବା ଦ୍ୱନ୍ଦର ଅବସାନ ପାଇଁ ଭଗବାନ ଶ୍ରୀକୃଷ୍ଣ ଉଭୟଙ୍କ ପକ୍ଷରୁ ସ୍ୱତଃ ପ୍ରବୃତ୍ତଭାବେ ଶାନ୍ତିର ପ୍ରସ୍ତାବ ନେଇ ମଧ୍ୟସ୍ଥତା କରିଥିଲେ। ଏକଦା ସ୍ୱୟଂ ଭଗବାନ କୃଷ୍ଣ କୌରବ ମାନଙ୍କ ଶିବିରରେ ପହଞ୍ଚି କୁରୁରାଜ ଧୃତରାଷ୍ଟ୍ର ଓ କୁରୁଶ୍ରେଷ୍ଠ ଦୁର୍ଯ୍ୟୋଧନ ସମେତ ଅନ୍ୟମାନଙ୍କୁ ବସାଇ ସେମାନଙ୍କ ମଧ୍ୟରେ ଦେଖାଦେଇଥିବା ଅଶାନ୍ତି ଓ ଅସନ୍ତୋଷର ଅବସାନ ନିମନ୍ତେ ନେଇ ଆସିଥିବା ଶାନ୍ତି ପ୍ରସ୍ତାବ ସମ୍ବନ୍ଧରେ ଆଲୋଚନା କରି ପାଣ୍ଡବ ମାନଙ୍କୁ ମାତ୍ର ପାଞ୍ଚ ଖଣ୍ଡ ପଡା ଦେବାକୁ ପ୍ରସ୍ତାବ ରଖିଥିଲେ। ପରିସ୍ଥିତିର ଗୁରୁତ୍ୱଦୃଷ୍ଟିରୁ ଉକ୍ତ ପ୍ରସ୍ତାବକୁ ଅଗ୍ରାହ୍ୟ ନକରି ଗ୍ରହଣ କରିବା ନିମନ୍ତେ ଯୋଗେଶ୍ୱର କୃଷ୍ଣ ଧୃତରାଷ୍ଟ୍ର ଦୁର୍ଯ୍ୟୋଧନ ଆଦିଙ୍କୁ ବହୁତ ବୁଝାଇଥିଲେ। ମାତ୍ର ସେମାନେ ଉକ୍ତ ପ୍ରସ୍ତାବକୁ ଗ୍ରହଣ କରିବା ତ ଦୂରରକଥା କୁରୁଶ୍ରେଷ୍ଠ ଦୁର୍ଯ୍ୟୋଧନ ସଗର୍ବେ ସଦର୍ପେ କହିଥିଲେ, 'ବିନା ଯୁଦ୍ଧେ ନଦେବୁ ସୂଚ୍ୟଗ୍ର ମେଦିନୀ'। ଏଭଳି ଆସ୍ପର୍ଦ୍ଧାପୂର୍ଣ୍ଣ କଥାରୁ ସେମାନେ ତିଳେ ହେଲେ ଓହରିନଥିଲେ। ପରିଶେଷରେ ଯୋଗେଶ୍ୱର କୃଷ୍ଣ ବିଫଳ ମନୋରଥରେ ଫେରିଆସିଲେ। ସମୟ ଉପନୀତ ହେଲା। କୁରୁକ୍ଷେତ୍ର ରଣାଙ୍ଗନରେ ପରିଣତ ହେଲା। ମହାଭାରତ ଯୁଦ୍ଧ ଚାଲିଲା, ପରିଣତି କଣ ହେଲା ତାହା ଆପଣମାନେ ସମସ୍ତେ ଅବଗତ।

ଏହାର ନିଷ୍କର୍ଷ ଏୟା ଯେ - ଦୁଇ ପକ୍ଷଙ୍କ ମଧ୍ୟରେ ଉପୁଜିଥିବା ସମସ୍ୟାର ସମାଧାନ ପାଇଁ ମଧ୍ୟସ୍ଥତା କରୁଥିବା ବ୍ୟକ୍ତିର ପ୍ରସ୍ତାବକୁ ଗ୍ରହଣ କରିବା କିମ୍ବା ଅଗ୍ରାହ୍ୟ କରିବା ଏହା ସମ୍ପୃକ୍ତ ପକ୍ଷର ବ୍ୟାପାର। ମାତ୍ର ସେ ସମ୍ବନ୍ଧରେ କୌଣସି ନିଷ୍ପତ୍ତି ନେବା ପୂର୍ବରୁ ତାହାର ପରିଣାମ ସମ୍ପର୍କରେ ଗଭୀର ଭାବେ ଚିନ୍ତା କରିବା ବୁଦ୍ଧିମତାର ପରିଚୟ। ତାହା ନକରି ବେପରୁଆ ଭାବରେ କୌଣସି ନିଷ୍ପତ୍ତି ନେଲେ ତାର ଶେଷ ପରିଣତି ପାଇଁ ପଶ୍ଚାତାପ କରିବାକୁ ପଡେ। ସେତେବେଳେ ନେଡିଗୋଡ କହୁଣୀକି ବହିଯାଇଥାଏ। ସେଥିପାଇଁ ଜ୍ଞାନୀମାନେ କହିଛନ୍ତି:- Think before you ink, or think many times before taking any decision . As you show, so shall you reap. ଏହି ଉକ୍ତିର ଭାବାର୍ଥକୁ କେନ୍ଦ୍ର କରି ପ୍ରକୃତି ଉପରେ ମାତ୍ରାଧିକ ହସ୍ତକ୍ଷେପ କରିବା ଫଳରେ ତାହାର କ'ଣ ପ୍ରଭାବ ଅନୁଭୂତ ହେଉଛି ସେ ସମ୍ବନ୍ଧରେ ସମ୍ୟକ ଆଲୋଚନା ଏଠାରେ ସାପେକ୍ଷ :-

ବିଜ୍ଞାନର ଅଗ୍ରଗତି ଫଳରେ ମଣିଷ ଆଜି ପ୍ରକୃତିକୁ ଦୁରୁପଯୋଗ କରି ମନମୁଖୀ

କାର୍ଯ୍ୟ ସାଧନ କରିଚାଲିଛି। ଏହା ସତ୍ୟ ଯେ -ପ୍ରକୃତିର ସ୍ୱାଭାବିକ ଗତିଶୀଳତାରେ ଯେତେବେଳେ ପ୍ରତିବନ୍ଧକ ଦେଖାଦିଏ, ସେତେବେଳେ ପ୍ରକୃତି ତାଣ୍ଡବ ରଚେ। ଏସବୁ ଜାଣିମଧ୍ୟ ମଣିଷ ନିର୍ବିଚାର ଭାବେ ଯେଉଁ ସବୁ ନକରାତ୍ମକ କାର୍ଯ୍ୟମାନ କରୁଛି ସେଥି ମଧ୍ୟରୁ କେତେକ ଏଠାରେ ବର୍ଣ୍ଣନା କରାଯାଇପାରେ। ଯଥା - ଜନସଂଖ୍ୟା ବିସ୍ଫୋରଣ, କଳକାରଖାନାର ଦ୍ରୁତ ଅଭିବୃଦ୍ଧି, ଶୀତତାପ ନିୟନ୍ତ୍ରଣ ଯନ୍ତ୍ରର ବ୍ୟବହାର, ଅତ୍ୟଧିକ ରାସାୟନିକ ସାର ଓ କୀଟନାଶକ ଔଷଧର ପ୍ରୟୋଗ, ଟେଲିଫୋନ ଟାୱାରର ବହୁଳ ବ୍ୟବହାର, ଜଙ୍ଗଲ କ୍ଷୟ, ବିଜ୍ଞାନ ଓ ପ୍ରଯୁକ୍ତି ବିଦ୍ୟାର ମାତ୍ରାଧିକ ବ୍ୟବହାର କରି ନୂତନତ୍ୱ ସନ୍ଧାନରେ ମତୁଆଲା ହୋଇ ମନୁଷ୍ୟ ସମାଜ ପ୍ରକୃତିର ସ୍ୱାଭାବିକତାକୁ ନଷ୍ଟ କରୁଛି। ପରନ୍ତୁ ଏ କାର୍ଯ୍ୟ ସମଗ୍ର ମଣିଷ ସମାଜ ପାଇଁ ବୁମେରା ଭଳି ପ୍ରାଣଘାତୀ ସାଜିଛି। ନିଉଟନଙ୍କ ନିୟମ ଅନୁସାରେ ପ୍ରତ୍ୟେକ କ୍ରିୟାର ସମାନ ଓ ବିପରୀତ ପ୍ରତିକ୍ରିୟା ପରି ପ୍ରକୃତି ତାର ପ୍ରତିକ୍ରିୟା ଦେଖାଉଛି। ଫଳରେ ଅନୀୟମିତ ବର୍ଷା, ରୌଦ୍ରତାପ, ଭୂସ୍ଖଳନ, ହିମ ଝଡ଼, ଭୂମିକମ୍ପ, ସୁନାମି, ମନୁଷ୍ୟକୃତ ଯୁଦ୍ଧ ବିଭୀଷିକା ଆଦିରେ ମଣିଷ ଆଜି ସଂଘର୍ଷ କରୁଛି। ଜୀବନ ଦୁର୍ବିସହ ହୋଇପଡିଛି। ମନୁଷ୍ୟ ନିଜ ଗୋଡ଼ରେ ନିଜେ କୁରାଢ଼ୀ ମାରୁଛି। ଏତାଦୃଶ ଅବସ୍ଥା ପାଇଁ ମଣିଷ ନିଜେ ଦାୟୀ ହେଲେ ମଧ୍ୟ ପରିଣାମ ଭୋଗୁଛି ସମଗ୍ର ଜୀବ ଜଗତ। ପ୍ରକୃତିର ଭାରସାମ୍ୟ ରକ୍ଷା ନକଲେ ତାର ପରିଣତି ଭୋଗିବା ବ୍ୟତୀତ ଅନ୍ୟକିଛି ବିକଳ୍ପ ନଥାଏ। ଜୀବଜଗତ ସାମ୍ପ୍ରତିକ ସମୟରେ ତାହାହିଁ ଭୋଗୁଛି।

ଜୀବନରେ ଯେବେବି ଆମେ ଭୁଲ କରିବା, ଅନ୍ୟାୟ କରିବା ତାର ଫଳ ଆମକୁ ଭୋଗିବାକୁ ପଡିବ। ଯାହାବି ଆମେ ବୁଣିଥାଉ ସେ ଫଳ ଆମକୁ ହିଁ କାଟିବାକୁ ପଡିଥାଏ। ଉକ୍ତ ବିଲକ୍ଷଣ ଦୋହାର ଅବତାରଣା କରି ସନ୍ଥ କବୀର ଜୀବନର ଗୁରୁତ୍ୱପୂର୍ଣ୍ଣ ଉପଲବ୍ଧି ସମ୍ପର୍କରେ ଆମ୍ଭ ମାନଙ୍କୁ ଯେଉଁ ମୂଲ୍ୟବାନ ସଦୁପଦେଶ ପ୍ରଦାନ କରିଛନ୍ତି ତାହା ଅତ୍ୟନ୍ତ ପ୍ରଣିଧାନ ଯୋଗ୍ୟ।

■

ଦୋହା - ୮

काल करे सो आज कर, आज करे सो अब
पलमें प्रलय होएगी बहुरि करेगा कब

Doha in English

Kaal Kare So Aaj Kar, Aaj Kare So Ab,
Pal Mein Pralaya Hoyegi, Bahuri Karega Kab.

ଓଡ଼ିଆରେ ଦୋହା

କାଲ୍ କରେ ସୋ ଆଜ କର, ଆଜ କରେ ସୋ ଅବ।
ପଲ୍ ମେ ପ୍ରଳୟ ହୋଏଗି, ବହୁରୀ କରେଗା କବ ॥

ସମୟର ସଦ୍ ବିନିଯୋଗ ସମ୍ବନ୍ଧରେ ସମଗ୍ର ଜନସମାଜକୁ ସଚେତନ କରାଇବା ଛଳରେ ମହାତ୍ମା କବୀର ଉକ୍ତ ଦୋହାର ଅବତାରଣା କରିଛନ୍ତି।

ପ୍ରବାଦ ଅଛି – 'ଆଜି କଥା କାଲିକୁ ନାହିଁ।' ଏହି ଉକ୍ତିକୁ ଧ୍ୟାନରେ ରଖି ସମୟର ସଦୁପଯୋଗ ପାଇଁ ଆମେ ହାତରେ ଘଣ୍ଟା କିମ୍ବା ମୋବାଇଲକୁ ସାଥିରେ ନେଇଚାଲିଛନ୍ତି। କିନ୍ତୁ ଆମର ନଜର ସମୟ ପ୍ରତି ନଥାଇ ଅନ୍ୟ ଆଡେ ରହିଥିବାର କେତେକ କ୍ଷେତ୍ରରେ ଦେଖାଯାଏ। ନିତିଦିନିଆ ଜୀବନରେ ନିଜର ନିତ୍ୟକର୍ମ କରିବା ଠାରୁ ଖାଇବା, ପିଇବା କରିବାରେ ଅଧିକାଂଶ ସମୟ ପ୍ରାୟ ଚାଲିଯାଇଥାଏ। ଆଉ ଯେତିକି ସମୟ ମିଳେ ତାହାର ସଦବିନିଯୋଗ ଆମେ କରିପାରନ୍ତି ନାହିଁ। ଯେଉଁ ସମୟରେ ଯେଉଁ କାମ ନିହାତି କରିବା ଦରକାର ସେତେବେଳେ ତାହା ନକରି ସାଙ୍ଗ ସାଥି ମେଳରେ, ମୋବାଇଲି ଦେଖିବାରେ, ଅଯଥା ଗୁଲି ଖଟି ଗପ ବା ଖେଳାଖେଳି କରି ସମୟକୁ ବିତେଇ ଦେଉ। ଆମେ ସମୟର ମୂଲ୍ୟ ନବୁଝି ତୁଚ୍ଛାଟାରେ ସମୟକୁ ବରବାଦ କରିଥାଉ। ଏପ୍ରକାର କାର୍ଯ୍ୟଧାରା ଆମର ପତନକୁ ଆମନ୍ତ୍ରଣ କରିଥାଏ। ସାଧାରଣତଃ ଲକ୍ଷ୍ୟ କରାଯାଏ, ବ୍ୟବହାରିକ ଜୀବନରେ ପ୍ରତ୍ୟେକ ଜିନିଷର ବ୍ୟବହାରକୁ ନେଇ ତାର ସ୍ଥାୟୀତ୍ୱର ସୀମାରେଖା ଆକଳନ କରାଯାଇଥାଏ। କିନ୍ତୁ ମଣିଷ ଜୀବନର ସ୍ଥାୟୀତ୍ୱ ସମ୍ପର୍କରେ କୌଣସି ନିର୍ଦ୍ଦିଷ୍ଟ ସୀମାରେଖା ନଥାଏ। କିଏ କେତେଦିନ ଏ ଦୁନିଆରେ ବଞ୍ଚିରହିବ ତାର ଗ୍ୟାରେଣ୍ଟି କେହି ଦେଇପାରନ୍ତି ନାହିଁ। ସେଥିପାଇଁ କୁହାଯାଏ:-

ଜନମ, ମରଣ, ବରଷା,
କହି ନପାରଇ ପୁରୁଷା।

ଅନେକ ଲୋକ ଅଛନ୍ତି ସେମାନେ ଆଜିର କାମକୁ ଆଜି କରିବାରେ ଗୁରୁତ୍ୱ ନଦେଇ ଆସନ୍ତାକାଲି କରିବେ ବୋଲି ଭାବି ହେଳାରେ ରଖିଦେଇଥାନ୍ତି। ହେଲେ କେତେକ କ୍ଷେତ୍ରରେ ଦେଖାଯାଏ ସେ କାମଟି ବହୁଦିନ ପର୍ଯ୍ୟନ୍ତ ପଡିରହିଥାଏ। କରୋନା ମହାମାରୀ ସମସ୍ତଙ୍କୁ ସୂଚାଇ ଦେଇଛି ଜୀବନ କେତେ ଅନିଶ୍ଚିତ। ସମସ୍ତଙ୍କ ଜୀବନରେ ସବୁବେଳେ ଆସନ୍ତାକାଲି ଯେ ଆସିବ ତାହାର କିଛି ଗ୍ୟାରେଣ୍ଟି ନଥାଏ। ଆସନ୍ତାକାଲିତ ଦୂରର କଥା ପରମୁହୂର୍ତ୍ତରେ କଣ ଘଟିବ ତାହାର ପୂର୍ବାନୁମାନ କେହି କରିପାରନ୍ତି ନାହିଁ। ଆକସ୍ମିକ ଦୁର୍ଘଟଣା ବା ହୃଦଘାତରେ ପ୍ରାଣ ହରାଇଥିବା କୌଣସି ବ୍ୟକ୍ତିର ପାରିବାରିକ ସଦସ୍ୟଙ୍କୁ ପଚାରିଲେ ଆମେ ଭଲଭାବରେ ବୁଝିପାରିବ ଯେ ଅନାଗତ ମୁହୂର୍ତ୍ତ ଉପରେ ଆମର କିଛି କର୍ତ୍ତୃତ୍ୱ ନାହିଁ। କାହା ଜୀବନରେ କେତେବେଳେ କେଉଁ ସ୍ଥିତିରେ କଣ ଘଟିବ ତାହା ମଣିଷର କଳ୍ପନା ବାହାରେ। ଏ ସଂସାରରେ କୌଣସି ଅବସ୍ଥା ବ୍ୟବସ୍ଥା ଓ ପରିସ୍ଥିତି ସ୍ଥାୟୀ ନୁହେଁ।

ଏକଦା ଜଣେ ବିଦ୍ୱାନ କହିଥିଲେ ମଣିଷର ସବୁଠାରୁ ବଡ ଭୁଲ ହେଉଛି ସେ ଭାବେ ତା ପାଇଁ ଆଗକୁ ବହୁତ ସମୟ ଅଛି। ଏ ପ୍ରକାର ଭାବନା ଆମ ସମସ୍ତଙ୍କର ଉଣାଅଧିକେ ଥାଏ। ହେଲେ ଦେଖାଯାଏ ଆମର ପରମାୟୁ ଏତେ ଶୀଘ୍ର ନିଃଶେଷ ହୋଇଆସେ, ତାହା ଆମେ ଜାଣିପାରନ୍ତି ନାହିଁ। ଜନ୍ମ ଠାରୁ ଅଦ୍ୟାବଧି ଯେତିକି ବର୍ଷ, ଯେତିକି ମାସ, ଯେତିକି ଦିନ ଆମେ ଅତିବାହିତ କରିସାରିଲୁଣି ସେସବୁ କେବେବି ଆଉ ଫେରିବ ନାହିଁ। ସେଥିପାଇଁ କୁହାଯାଏ:- 'Let by gone be by gone' ଯାହା ଚାଲିଯାଇଛି ତାହାକୁ ଯିବାକୁ ଦିଅ। ଅତୀତ ସିନା ଆଉ ଫେରିବ ନାହିଁ କିନ୍ତୁ ଭବିଷ୍ୟତ ତ ଆମ ହାତରେ ଅଛି। ବର୍ତ୍ତମାନକୁ ନେଇ ଭବିଷ୍ୟତର ପ୍ରତ୍ୟେକ ମୁହୂର୍ତ୍ତକୁ ଆମେ କିପରି ସଦୁପଯୋଗ କରିବା ତାହା ଆମ ପାଇଁ ଗୁରୁତ୍ୱପୂର୍ଣ୍ଣ ଅଟେ। କାରଣ - ବର୍ତ୍ତମାନର ପୃଷ୍ଠଭୂମିରେ ଆମ ଭବିଷ୍ୟତ ଜୀବନର ସଫଳତା ବା ବିଫଳତା ସମ୍ପୂର୍ଣ୍ଣ ମାତ୍ରାରେ ନିର୍ଭରଶୀଳ। ସୁତରାଂ ଭବିଷ୍ୟତ ପାଇଁ ଚିନ୍ତା କରିବା ଏବଂ ତାକୁ ହାସଲ କରିବା ନିମିତ୍ତ ଯୋଜନା କରିବା ଦରକାର। ଅପରପକ୍ଷରେ ବର୍ତ୍ତମାନର ମୁଖ୍ୟ ସମସ୍ୟାର ସମାଧାନକୁ ଗୁରୁତ୍ୱ ଦେଇ ତାହାର ନିରାକରଣ ଦିଗରେ ଯତ୍ନବାନ ହେବା ଉଚିତ। ଆମେ ସମୟର ଚାଳକ ନୁହନ୍ତି କି ସମୟ ଆମ ନିୟନ୍ତ୍ରଣରେ ନାହିଁ। ଆମେ ସମୟର ଅଧୀନ। ଏଥିପାଇଁ ସତର୍କତା ଅବଲମ୍ବନ କରିବା ଏକାନ୍ତ ଜରୁରୀ। ଅଜ୍ଞାନ ମଣିଷ ସମୟର ମୂଲ୍ୟ ବୁଝିପାରେ ନାହିଁ। ମଣିଷ ବୁଝିବା ଦରକାର - ଯେପରି ସୂର୍ଯ୍ୟ ଅସ୍ତ ହେଲେ ସନ୍ଧ୍ୟା ନଇଁ ଆସେ ଏବଂ ଗୋଟିଏ ଦିବସର ଅବସାନ ଘଟେ, ସେହିପରି ପ୍ରତିଦିନର ସୂର୍ଯ୍ୟଙ୍କ ଉଦୟ ଓ ଅସ୍ତ ଆମକୁ ସୂଚନା ଦିଏ ଯେ ଜନ୍ମଠାରୁ ମୃତ୍ୟୁ ପର୍ଯ୍ୟନ୍ତ ସମୟର ଅବଧିରୁ ଗୋଟିଏ ଦିନ ଅନ୍ତର୍ହିତ ହୋଇଗଲା। ଆମ ପାଇଁ ସମୟର ମୂଲ୍ୟ କେତେ ତାହା ଏଥିରୁ ଜଣାଯାଏ।

ଏହି ସମୟକୁ କେବଳ ନିଜର ଓ ନିଜ ପରିବାର ପାଇଁ ନୁହେଁ ସମାଜର କଲ୍ୟାଣ ପାଇଁ ମଧ୍ୟ ଆମେ ବିନିଯୋଗ କରିପାରିବା। କିପରି ବିନିଯୋଗ କରିବା ତାହା ଆମର ଇଚ୍ଛାଧୀନ। ଆମେ ରୋଜଗାର କରୁଥିବା ଧନ କୁ ବଦ ଖର୍ଚ୍ଚ ନକରି ଠିକ ବାଟରେ ଖର୍ଚ୍ଚ କରିବା ପାଇଁ ଆମେ ସୁଚିନ୍ତିତ ଯୋଜନା କରନ୍ତି ହେଲେ ସମୟର ମୂଲ୍ୟ ତା ଠାରୁ କେତେ ଯେ ବେଶୀ ଏଥି ପାଇଁ ଆମେ ଗଭୀର ଭାବେ ଚିନ୍ତା କରନ୍ତି ନାହିଁ। ଟଙ୍କା ପଇସା ଆସେ ଓ ଯାଏ, କିନ୍ତୁ ସମୟ ଥରେ ଗଲେ ଆଉ ଜୀବନରେ କେବେବି ଫେରେନା। ସେଥିପାଇଁ କୁହାଯାଏ ଗୋଟିଏ ବର୍ଷର ମୂଲ୍ୟ କେତେ ତାହା କେବଳ ପରୀକ୍ଷାରେ ଅକୃତକାର୍ଯ୍ୟ ହୋଇ ପୁନର୍ବାର ପଢୁଥିବା ପିଲାଟିଏ କହିପାରିବ। ଏକ ମାସର ସମୟ ର ମୂଲ୍ୟ କେତେ ତାହା ବେତନଭୋଗୀ କର୍ମଚାରୀଟିଏ କହିପାରିବ।

ଏକ ଦିନର ସମୟର ମୂଲ୍ୟ କେତେ କେବଳ ସେହିଁ କହିପାରିବ ଯିଏ ଦୈନିକ ମଜୁରୀ ଲାଗି କୁଟୁମ୍ବ ପ୍ରତିପୋଷଣ କରୁଥାଏ। ଏକ ଘଣ୍ଟାର ସମୟର ମୂଲ୍ୟ କେତେ କେବଳ ସେହିଁ କହିପାରିବ ଯିଏ ଅନ୍ୟକୁ ଅପେକ୍ଷା କରିଥାଏ ସାକ୍ଷାତ ପାଇଁ। ଏକ ମିନିଟ ସମୟର ମୂଲ୍ୟ କେତେ ସେହିଁ କହିପାରିବ ଯିଏ ଟ୍ରେନରେ ଯିବାକୁ ଅସଫଳ ହୋଇଥାଏ। ଏକ ସେକେଣ୍ଡର ମୂଲ୍ୟ କେତେ ସେହିଁ କହିପାରିବ ଯିଏ ସୁନିଶ୍ଚିତ ଏକ ଦୁର୍ଘଟଣାରୁ ବର୍ତ୍ତିଯାଇଥାଏ। ଆଉ ଏକ ମିଲିସେକେଣ୍ଡର ମୂଲ୍ୟ କେତେ ସେହିଁ କେବଳ କହିପାରିବ ଯିଏ ଅଲମ୍ପିକରେ ଭାଗନେଇ ସେକେଣ୍ଡ ପୋଜିସନ ପାଇଥାଏ। ଏହି ସମୟର ମୂଲ୍ୟବୋଧର ବିଚାର ଆଧାରରେ କେତେକ ତଥ୍ୟ ଏଠାରେ ପ୍ରଯୁଜ୍ୟ।

୧) ମହାଭାରତର ବନପର୍ବରେ ବର୍ଣ୍ଣିତ ସାବିତ୍ରୀ ସତ୍ୟବାନ ଉପାଖ୍ୟାନ:-

ସତ୍ୟଯୁଗର କଥା, ରାଜା ଅଶ୍ୱପତିଙ୍କ ଔରସରୁ ପରମରୂପସୀ, ଗୁଣବତୀ, ସର୍ବଗୁଣସମ୍ପନ୍ନା ସାବିତ୍ରୀ ଜନ୍ମ ଲାଭ କରିଥିଲେ। କ୍ରମେ ସାବିତ୍ରୀ ଯୌବନାବସ୍ଥାରେ ପାଦଦେଲେ, ରାଜା ଅଶ୍ୱପତି ତାଙ୍କ (ସାବିତ୍ରୀଙ୍କ) ବିବାହ ଲାଗି ସ୍ୱୟଂବରର ଆୟୋଜନ କରିଥିଲେ ମଧ୍ୟ କୌଣସି ରାଜକୁମାର ସାବିତ୍ରୀଙ୍କର ପସନ୍ଦଯୋଗ୍ୟ ହୋଇନଥିଲେ। ଏକଦା ସେ ବନ ମଧ୍ୟରେ ଭ୍ରମଣ କରୁଥିବାବେଳେ ଋଷିକୁମାର ସତ୍ୟବାନଙ୍କୁ ଦେଖି ସାବିତ୍ରୀ ବିମୋହିତ ହୋଇପଡିଲେ। ମନେମନେ ତାଙ୍କୁ ପତି ରୂପେ ଗ୍ରହଣ କରିବାକୁ ସିଦ୍ଧାନ୍ତ ନେଲେ। ସତ୍ୟବାନଙ୍କ ଆୟୁଷ ଆଉ ମାତ୍ର ଏକ ବର୍ଷ ବାକି ଅଛି ବୋଲି ଏକଥା ମହର୍ଷି ନାରଦଙ୍କ ଠାରୁ ଜାଣି ମଧ୍ୟ ସତ୍ୟବାନଙ୍କୁ ବିବାହ କରିବାକୁ ସାବିତ୍ରୀ ଜିଦ୍ ଧରିବାରୁ ନାରଦଙ୍କ ମଧ୍ୟସ୍ଥତାରେ ସାବିତ୍ରୀ ଓ ସତ୍ୟବାନଙ୍କ ବିବାହ ସମ୍ପନ୍ନ ହେଲା। ତାଙ୍କ ସ୍ୱାମୀ ସତ୍ୟବାନ ଜଙ୍ଗଲରୁ କାଠ ସଂଗ୍ରହ କରି ପରିବାର ପ୍ରତିପୋଷଣ କରୁଥିଲେ। ଏମିତି ସାବିତ୍ରୀଙ୍କ ବୈବାହିକ ଜୀବନ ହସଖୁସିରେ ବିତିଗଲା। କ୍ରମେ ସତ୍ୟବାନଙ୍କ ମୃତ୍ୟୁ ଦିନ ଉପଗତ ହେଲା। ଯେଉଁଦିନ ସତ୍ୟବାନଙ୍କ କାଳ ପୂରିବ ସେଦିନ ସତ୍ୟବାନଙ୍କ ସହ ସାବିତ୍ରୀ ବଣକୁ ଗଲେ। ସତ୍ୟବାନ କାଠ ହାଣୁଥିବା ସମୟରେ ହଠାତ ତାଙ୍କ ମୁଣ୍ଡ ବୁଲାଇଦେଲା। ସେ ସାବିତ୍ରୀଙ୍କ କୋଳରେ ଶୋଇ ସଂଜ୍ଞାହୀନ ହୋଇପଡିଲେ। ଅନ୍ୟପଟେ ଯମାଳୟରୁ ରାଜା ଯମ ନିଜ ଦୂତ ମାନଙ୍କୁ ସତ୍ୟବାନଙ୍କ ପ୍ରାଣଶକ୍ତି ଆଣିବାଲାଗି ପଠେଇଦେଲେ। କିନ୍ତୁ ଯମଦୂତମାନେ ସାବିତ୍ରୀଙ୍କ ସତୀତ୍ୱର ପରାକାଷ୍ଠା ନିକଟରେ ପରାଜୟ ବରଣ କରି ଫେରିଗଲେ। ବାଧ୍ୟହୋଇ ଯମରାଜ ନିଜେ ମଇଁଷି ପୃଷ୍ଠରେ ବସି ସତ୍ୟବାନଙ୍କ ପ୍ରାଣଶକ୍ତି ନେବା ପାଇଁ ସାବିତ୍ରୀଙ୍କ ନିକଟରେ ପହଞ୍ଚିଲେ ଏବଂ ସାବିତ୍ରୀଙ୍କ ସ୍ୱାମୀଭକ୍ତି କୁ ପ୍ରଶଂସା କଲେ। ଯମରାଜ ସତ୍ୟବାନଙ୍କ

ପ୍ରାଣଶକ୍ତି ନେଇଯାଉଥିବାବେଳେ ସାବିତ୍ରୀ ତାଙ୍କ ପଛରୁ ଅନୁସରଣ କଲେ। ସାବିତ୍ରୀଙ୍କ ପତିଭକ୍ତିରେ ସନ୍ତୁଷ୍ଟ ହୋଇ ଯମରାଜ ଦୁଇଟି ବର ପ୍ରଦାନ କଲେ। ପ୍ରଥମ ବରରେ ସାବିତ୍ରୀ ଯମରାଜଙ୍କ ଠାରୁ ଶ୍ୱଶୁରଙ୍କ ଚକ୍ଷୁଲାଭ ଓ ରାଜ୍ୟପ୍ରାପ୍ତି ହାସଲ କଲେ। ଦ୍ୱିତୀୟ ବରରେ ପିତାଙ୍କର ପୁତ୍ରଲାଭ ପାଇଁ ବର ମାଗିଥିଲେ ତାହା ଯମରାଜ ମଧ୍ୟ ପୂରଣ କରିଥିଲେ, ଏହା ସତ୍ତ୍ୱେ ସାବିତ୍ରୀ ମନେମନେ ଚିନ୍ତା କଲେ ପତିବିନା ଜଣେ ନାରୀର ଜୀବନ ନିରର୍ଥକ ତେଣୁ ସେ ପୁଣିଥରେ ଯମଦେବତାଙ୍କୁ ଅନୁସରଣ କଲେ। ଯମରାଜ ତାଙ୍କୁ ରୋକିବା ପାଇଁ ବିଭିନ୍ନ କୌଶଳ ପ୍ରୟୋଗ କଲେ ମଧ୍ୟ ସାବିତ୍ରୀଙ୍କର ସତୀତ୍ୱ ନିକଟରେ ପରାଜିତ ହୋଇଥିଲେ। ଶେଷରେ ଯମରାଜ କହିଲେ, "ଜନ୍ମ ମୃତ୍ୟୁ ହେଉଛି ବିଧି ନିର୍ଦ୍ଦିଷ୍ଟ। ଏହାକୁ ବଦଳାଇବା ମୋ ପକ୍ଷେ ଅସମ୍ଭବ।" ତେଣୁ ସତ୍ୟବାନଙ୍କ ଜୀବନ ପରିବର୍ତ୍ତେ ଶେଷ ବର ସ୍ୱରୂପ ଅନ୍ୟ କିଛି ମାଗିବାକୁ କହିଲେ। ସାବିତ୍ରୀ ଅତି ଚତୁରତାର ସହ ବର ମାଗିଲେ ମୋତେ ଶତ-ପୁତ୍ରର ଜନନୀ ହବାର ସୌଭାଗ୍ୟ ପ୍ରଦାନ କରନ୍ତୁ। ବ୍ୟସ୍ତ ବିବ୍ରତ ତଥା ଭାବ ପ୍ରବଣ ହୋଇ ଯମରାଜ 'ତଥାସ୍ତୁ' ବୋଲି କହିଦେଲେ।

ତାପରେ ଯମରାଜ ତାଙ୍କ ବାହାନ ମଇଁଷି ପୃଷ୍ଠ ରେ ବସି ଯମାଳୟ କୁ ଯିବାକୁ ଉଦ୍ୟତ ହୁଅନ୍ତେ ସାବିତ୍ରୀ ଅତ୍ୟନ୍ତ ବିନୟର ସହିତ କହିଲେ, "ହେ ଧର୍ମାତ୍ମା ! ପତି ବିନା ପୁତ୍ର ଲାଭ ଅସମ୍ଭବ। ମୁଁ ଜନନୀ ହେବି କିପରି ?" ସାବିତ୍ରୀଙ୍କ ଠାରୁ ଏହା ଶୁଣି ଯମରାଜ ବିବଶ ହୋଇପଡିଲେ। ଆଉ କିଛି ବିକଳ୍ପ ନଥିବାରୁ ସେ ସତ୍ୟବାନଙ୍କ ଜୀବନ ଫେରେଇଦେଲେ। ସତୀଶିରୋମଣି ସାବିତ୍ରୀ ନିଜ ବୁଦ୍ଧିମତା ଓ ନିଷ୍ଠା ବଳରେ ଆବଶ୍ୟକ ସମୟରେ ଉପଯୁକ୍ତ ପଦକ୍ଷେପ ନେଇଥିବାରୁ ନିଜ ସ୍ୱାମୀଙ୍କ ଜୀବନ ସମେତ ଶ୍ୱଶୁରଙ୍କ ଚକ୍ଷୁପ୍ରାପ୍ତି ଏବଂ ରାଜ୍ୟପ୍ରାପ୍ତି ସମ୍ଭବ ହେବା ସଙ୍ଗେ ସଙ୍ଗେ ନିଜ ପିତାଙ୍କର ପୁତ୍ର ପ୍ରାପ୍ତି ସମ୍ଭବ ହୋଇଥିଲା। ସେଥିପାଇଁ କୁହାଯାଏ:- Opportunity never repeats.

୨) ବିନାଶକାରୀ ମହାଭାରତ ଯୁଦ୍ଧକୁ କେନ୍ଦ୍ର କରି ଭୀଷ୍ମ ଓ ଦ୍ରୌପଦୀଙ୍କ ଉପାଖ୍ୟାନ :-

ମହାଭାରତ ଯୁଦ୍ଧରେ କୌରବ ମାନଙ୍କ ପକ୍ଷରୁ ମହାରଥୀ ଭୀଷ୍ମ ଯୁଦ୍ଧର ନେତୃତ୍ୱ ନେଇ ପାଣ୍ଡବ ମାନଙ୍କ ବିପକ୍ଷରେ ଯୁଦ୍ଧରତ ଥିଲେ। କୌରବ ସେନା ଓ ପାଣ୍ଡବ ସେନାଙ୍କ ମଧ୍ୟରେ ଘମାଘୋଟ ଯୁଦ୍ଧ ଚାଲିଥାଏ। ଦିନ ପରେ ଦିନ ଗଡିଚାଲିଲା ଉଭୟଙ୍କ ପକ୍ଷରୁ ବହୁ ଯୋଦ୍ଧା ମୃତାହତ ହେଲାପରେ ମଧ୍ୟ ପାଣ୍ଡବ ମାନେ ବୀର ଦର୍ପରେ କୌରବ ମାନଙ୍କ ଅହ୍ୱାନର ସମୁଖିନ୍ନ ହୋଇ ଯୁଦ୍ଧରତ ଥିଲେ। ଏଭଳି ସ୍ଥିତିରେ

ଦୁର୍ଯ୍ୟୋଧନଙ୍କ ମନରେ ଏକ ସନ୍ଦେହାତ୍ମକ ଭାବନା ଉଦ୍ରେକ ହେଲା। ସେ ଭାବିଲେ, ଭୀଷ୍ମଙ୍କ ଭଳି ମହାପରାକ୍ରମୀ, ଅଦ୍ୱିତୀୟ ଯୋଦ୍ଧା ସମ୍ମୁଖରେ ଅବତୀର୍ଣ୍ଣ ହୋଇ ଯୁଦ୍ଧ ଲଢୁଥିବାବେଳେ ପାଣ୍ଡବ ପକ୍ଷ ଯୋଦ୍ଧାଙ୍କୁ ହରାଇବା ଦୁଃସାଧ୍ୟ ହୋଇପଡିଛି। ଏଥିରୁ ପ୍ରତୀୟମାନ ହେଉଛି ଭୀଷ୍ମଙ୍କର ସେମାନଙ୍କ ପ୍ରତି କିଛି ଦୁର୍ବଳତା ଅଛି। ପାଣ୍ଡବପକ୍ଷଙ୍କୁ ହରାଇବାକୁ ଭୀଷ୍ମ ଯଦି ଆନ୍ତରିକ ସହକାରେ ଚାହୁଁଥାନ୍ତେ ତାହେଲେ ତାହା ସମ୍ଭବପର ହୋଇଥାନ୍ତା। ତାଙ୍କର (ଭୀଷ୍ମଙ୍କର) ନିଶ୍ଚିତ ଭାବରେ ସେମାନଙ୍କ ପ୍ରତି ଶ୍ରଦ୍ଧାଭାବ ରହିଛି। ଏହି ଧାରଣାରେ ବଶବର୍ତ୍ତୀ ହୋଇ ଦୁର୍ଯ୍ୟୋଧନ ପିତାମହ ଭୀଷ୍ମଙ୍କୁ ସାକ୍ଷାତ କରି ତାଙ୍କୁ ଖୋଲାଖୋଲି ଭାବେ ଆକ୍ଷେପ କରି ଅପମାନ ଜନକ ମନ୍ତବ୍ୟ ଦେଇଥିଲେ। ଦୁର୍ଯ୍ୟୋଧନଙ୍କ କଟୁକ୍ତି ଶୁଣି ଭୀଷ୍ମଙ୍କୁ ମନରେ ତୀବ୍ର ପ୍ରତିକ୍ରିୟା ସୃଷ୍ଟି ହେଲା। ତେଣୁ ସେ (ଭୀଷ୍ମ) ଦୁର୍ଯ୍ୟୋଧନଙ୍କୁ କହିଲେ 'ଶୁଣ ଦୁର୍ଯ୍ୟୋଧନ ମୁଁ ତୁମକୁ ଏହି ମୂହୂର୍ତ୍ତରେ ବଚନ ଦେଉଛି, ଆସନ୍ତାକାଲିର ଯୁଦ୍ଧରେ ଏ ଧରଣୀ ଅପାଣ୍ଡବା ହେବ।' ଭୀଷ୍ମଙ୍କର ସେଭଳି ନିଷ୍ଠୁର ବଚନ ପାଣ୍ଡବ ମାନଙ୍କ ଶିବିର ରେ କମ୍ପନ ସୃଷ୍ଟି କରିଥିଲା। ଏଭଳି ଏକ ଜୀବନ ମରଣ ସମସ୍ୟାରେ ଅତିଷ୍ଠ ହୋଇ ପାଣ୍ଡବ ମାନେ ସେମାନଙ୍କର ରକ୍ଷାକର୍ତ୍ତା ଭଗବାନ କୃଷ୍ଣଙ୍କ ଶରଣାପନ୍ନ ହୋଇଥିଲେ। ଭଗବାନ କୃଷ୍ଣ ସେମାନଙ୍କୁ ଆଶ୍ୱାସନା ଦେବା ସଙ୍ଗେ ସଙ୍ଗେ ସୁଚିନ୍ତିତ ଉପାୟ ପାଞ୍ଚି ଗଭୀର ରାତ୍ରୀରେ ପାଣ୍ଡବମାନଙ୍କ ଶିବିରରେ ପହଞ୍ଚି ସେମାନଙ୍କ ଅନୁମତି କ୍ରମେ ଦ୍ରୌପଦୀଙ୍କୁ ସାଥିରେ ଆଣି ଭୀଷ୍ମଙ୍କ ଶିବିର ମଧ୍ୟକୁ ଯାଇ ନିର୍ଭୟରେ ଭୀଷ୍ମଙ୍କୁ ସାଷ୍ଟାଙ୍ଗ ପ୍ରଣିପାତ କରିବାକୁ ନିର୍ଦ୍ଦେଶ ଦେଇଥିଲେ। ତଦନୁଯାୟୀ ଦ୍ରୌପଦୀ ଭୀଷ୍ମଙ୍କ ଶିବିର ମଧ୍ୟକୁ ପ୍ରବେଶ କଲେ। ସେତେବେଳେ ପିତାମହ ଭୀଷ୍ମ ଛାଇନିଦ୍ରାରେ ଶୟନ କରିଥିଲେ। ଦ୍ରୌପଦୀଙ୍କ ଆଗମନରେ ତାଙ୍କର ଛାଇନିଦ୍ରା ଭଗ୍ନ ହେଲା। ଦ୍ରୌପଦୀ ଯେତେବେଳେ ଭୀଷ୍ମଙ୍କୁ ସାଷ୍ଟାଙ୍ଗ ପ୍ରଣିପାତ କଲେ ଭୀଷ୍ମ ସେତେବେଳେ ତାଙ୍କୁ ଚିହ୍ନି ନପାରି ଆଶୀର୍ବାଦ କରି କହିଲେ 'କିଏ ତୁମେ ମା! ଅଖଣ୍ଡ ସୌଭାଗ୍ୟବତୀ ଭବ।' ତା'ପରେ ସେ ଯେତେବେଳେ ଦ୍ରୌପଦୀଙ୍କୁ ଚିହ୍ନିଲେ, ପଚାରିଲେ ମା, ଦ୍ରୌପଦୀ ଏତେ ରାତିରେ ତୁମେ ଏକୁଟିଆ ଆସିଛ ନା ତୁମ ସହ ଆଉ କିଏ ଆସିଛନ୍ତି ? ତାଙ୍କ ସାଥିରେ ଭଗବାନ କୃଷ୍ଣ ଆସି ବାହାରେ ଅଛନ୍ତି ବୋଲି କହିବାରୁ ଭୀଷ୍ମ ତତ୍‌କ୍ଷଣାତ ଉଠିଯାଇ ଭଗବାନ କୃଷ୍ଣଙ୍କୁ ପ୍ରଣିପାତ କରି ସମ୍ମାନ ଜଣାଇଥିଲେ। ଯାହା ସବୁ ଘଟୁଛି ସବୁ ତାଙ୍କରି ଲୀଳା ବୋଲି କହିଥିଲେ। ଗଙ୍ଗାପୁତ୍ର ଭୀଷ୍ମ ହେଉଛନ୍ତି ବାକ୍ ସିଦ୍ଧ ପୁରୁଷ, ତାଙ୍କର ବଚନ ଅନ୍ୟଥା ହୁଏ ନାହିଁ। ଦ୍ରୌପଦୀଙ୍କୁ ସେ ଅଖଣ୍ଡ ସୌଭାଗ୍ୟବତୀ ହେବା ପାଇଁ ଆଶୀର୍ବଚନ ପ୍ରଦାନ କରିଥିବାରୁ ପରବର୍ତ୍ତୀ ଯୁଦ୍ଧରେ ପାଣ୍ଡବ ମାନଙ୍କର କୌଣସି ଅନିଷ୍ଟ ସାଧନ କରିନଥିଲେ। ଭଗବାନ କୃଷ୍ଣଙ୍କ ସହାୟତାରେ ଦ୍ରୌପଦୀ ଆବଶ୍ୟକ ସମୟରେ ଯେଉଁ

ଉପଯୁକ୍ତ ପଦକ୍ଷେପ ନେଇଥିଲେ ତାହାରି ବଳରେ ବିନାଶକାରୀ ମହାଭାରତ ଯୁଦ୍ଧରେ ପାଣ୍ଡବମାନଙ୍କ ଜୀବନ ରକ୍ଷା ହେବା ସଙ୍ଗେ ଯୁଦ୍ଧରେ ବିଜୟଲାଭ କରିଥିଲେ।

ସମୟ ଆମ ପାଇଁ ଗୋଟିଏ ସୁଯୋଗ ଭଳି। ଜୀବନରେ ଆଗକୁ କିଛି କରିବାକୁ ଚାହୁଁଥିଲେ ସମୟକୁ ଆଦୌ ନଷ୍ଟ କରିବା ଉଚିତ ନୁହେଁ। ଜାତିର ପିତା ମହାତ୍ମା ଗାନ୍ଧୀ ତାଙ୍କ ଜୀବନରେ ସମୟକୁ ସର୍ବାଧିକ ସମ୍ମାନ ଦେଉଥିଲେ। ସମୟ ଓ ଜୁଆର କାହାକୁ ଅପେକ୍ଷା କରେନାହିଁ। Time and tide wait for none. ସବୁକିଛି ଭୌତିକ ବସ୍ତୁ ଅର୍ଜନ କରାଯାଏ। ମାତ୍ର ସମୟକୁ ନୁହଁ। ତେଣୁ ଜ୍ଞାନୀଜନ କୁହନ୍ତି:- Art is vast, time is short. But opportunity never repeats. So act in the living present. ସମୟ ବଡ ବଳବାନ ସେହିମାନଙ୍କ ପାଇଁ ଯିଏ ତାର (ସମୟର) ସଠିକ୍ ଉପଯୋଗ କରି ନିଜର ଲକ୍ଷ୍ୟସ୍ଥଳରେ ପହଞ୍ଚିବା ପାଇଁ ସଂଘର୍ଷ ଚଳାଇଛି। ଯେଉଁମାନେ ସମୟକୁ ଉଚିତ ମାର୍ଗରେ ବିନିଯୋଗ କରିପାରନ୍ତି ନାହିଁ ସେମାନେ ଜୀବନରେ ଲକ୍ଷ୍ୟସ୍ଥଳରେ ପହଞ୍ଚି ପାରନ୍ତି ନାହିଁ।

ସମୟ ଓ ସୁବିଧାର ଉପଯୋଗ ପ୍ରାୟ ସମସ୍ତେ କରିଥାନ୍ତି । ଯିଏ ନ କରି ପାରିଲା ସେ ବୋକା ଓ ଅଳସୁଆ, ଯିଏ କରିପାରିଲା ସେ ଚତୁର ଓ କର୍ମଠ। ସନ୍ଥ କବୀରଙ୍କ ଗଠନ ମୂଳକ ମତବାଦ ଅତ୍ୟନ୍ତ ସୁଦୂର ପ୍ରସାରୀ ଏବଂ ହୃଦୟସ୍ପର୍ଶୀ।

■

ଦୋହା – ୯

निंदक नियरे रखिए, आँगन कुटी छबाय।
बिन पानी, साबुन बिना, निर्मल करे सुभाय।।

Doha in English

nindak niyare rakhie, aangan kutee chhabaay,
bin paanee, saabun bina, nirmal kare subhaay.

ଓଡ଼ିଆରେ ଦୋହା

ନିନ୍ଦକଙ୍କ ନିୟାରେ ରଖିଏ, ଆଂଗନ କୁଟୀ ଛବାଏ ।
ବିନ ପାନୀ, ସାବୁନ ବିନା, ନିର୍ମଳ କରେ ସୁଭାଏ ॥

ଆମର ରୀତି, ନୀତି, ଚଳନ, ଚରିତ୍ର ଓ ସ୍ୱଭାବକୁ ମାର୍ଜିତ କରିବାରେ ନିନ୍ଦୁକ ବା ସମାଲୋଚକ ମାନେ ପରୋକ୍ଷରେ ଯେଉଁ ଭୂମିକା ନିର୍ବାହ କରିଥାନ୍ତି ସେ ସମ୍ବନ୍ଧରେ ସନ୍ଥ କବୀର କେତେକ ଗଠନ ମୂଳକ ପରାମର୍ଶ ଦେଇ ଆମକୁ ସଚେତନ କରାଇବା ଉଦ୍ଦେଶ୍ୟରେ ଉକ୍ତ ଦୋହାର ଅବତାରଣା କରିଛନ୍ତି ।

ଲୋକଙ୍କ ଆଖିରେ ଭଲ ହେବା ପାଇଁ ସମସ୍ତେ ଚାହାନ୍ତି, କିନ୍ତୁ ଏହା ଏତେ ସହଜ ବ୍ୟାପାର ନୁହେଁ । କାରଣ ଏଥିପାଇଁ ସହନଶୀଳତା, ସହଯୋଗିତା, ସମାନତା, ସ୍ୱଚ୍ଛତା ଓ ସତ୍ୟବାଦିତା ଭଳି କେତେକ ମହନୀୟ ଗୁଣକୁ ଆପଣାଇବାକୁ ହୋଇଥାଏ । ଯାହା ଦେଶ, କାଳ, ପାତ୍ର ଉପରେ ନିର୍ଭରଶୀଳ । ଜଣେ ଶୈଶବରୁ ପୁଣି ବାର୍ଦ୍ଧକ୍ୟ ପର୍ଯ୍ୟନ୍ତ ସବୁ ସମୟରେ ସବୁ ଅବସ୍ଥାରେ ସମସ୍ତଙ୍କ ପାଇଁ ଭଲ ହୋଇପାରିବ ଏହା ଏତେ ସହଜ ବ୍ୟାପାର ନୁହେଁ, ପ୍ରତ୍ୟେକ ନିଜ ଦୃଷ୍ଟିକୋଣରୁ ବିଚାରକରି ମତାମତ ଦେଇଥାନ୍ତି । ମଣିଷର ଚିତ୍ତବୃତ୍ତି ସାଧାରଣତଃ ଅବ୍ୟବସ୍ଥିତ ଓ ଚିନ୍ତାଧାରା ଉଦ୍ଦେଶ୍ୟ ପ୍ରଣୋଦିତ, ସୁତରାଂ ଜଣେ ମଣିଷକୁ କେତେକ ଭଲ କୁହନ୍ତି ପୁଣି ଆଉ କେତେକ ଖରାପ କୁହନ୍ତି, ଅତଏବ ସବୁ ଶୁଣି, ସବୁ ବୁଝି, ଭଲ ମନ୍ଦ ସବୁ ଗଭୀର ଭାବେ ବିଚାରକରି ନିଜ ପାଇଁ ଯାହା ପ୍ରାସଙ୍ଗିକ ତାହାହିଁ କରିବା ବୁଦ୍ଧିମାନର କାର୍ଯ୍ୟ ।

ଆମର କାର୍ଯ୍ୟକଳାପର ବିଭିନ୍ନ ଦିଗପ୍ରତି ଯେଉଁମାନେ ଅଙ୍ଗୁଳି ନିର୍ଦ୍ଦେଶ କରନ୍ତି ସେମାନଙ୍କୁ ଆମେ ନିନ୍ଦୁକ କହନ୍ତି । ସେହିପରି ଆମର ପ୍ରଚଳିତ ଚଳଣି ବା କାର୍ଯ୍ୟଧାରା ସମ୍ବନ୍ଧରେ ଯେଉଁମାନେ ସମ୍ୟକ ଆଲୋଚନା କରନ୍ତି ସେମାନଙ୍କୁ ଆମେ ସମାଲୋଚକ କହନ୍ତି । ତେଣୁ କଥାରେ ଅଛି- "ମାଛ ବିନା ପୋଖରୀ ଥାଇପାରେ କିନ୍ତୁ ନିନ୍ଦୁକ ବିନା ସମାଜ ନାହିଁ ।" ନିନ୍ଦୁକ ବା ସମାଲୋଚକ ଆମର ଅନାଦରଣୀୟ ବା ଅପ୍ରିୟ ହୋଇ ପାରନ୍ତି । କିନ୍ତୁ ପ୍ରକାରନ୍ତରେ ସେମାନେ ଆମକୁ ଦେଇଥାନ୍ତି ସମୟୋପଯୋଗୀ ଶିକ୍ଷା । ନିନ୍ଦୁକ ଆମର ଦୋଷ ତ୍ରୁଟିକୁ ଖୋଜି ବାହାର କରେ । ନିଜର ଲୋକ ବା ଆତ୍ମୀୟ, ସ୍ୱଜନ ଯାହା ପରଖି ପାରନ୍ତି ନାହିଁ ନିନ୍ଦୁକ ତାହା କରିଦିଏ । ସେମାନେ ଆମର ଅପ୍ରିୟଭାଜନ ହେଲେ ମଧ୍ୟ ପ୍ରତିକ୍ଷଣ ଆମକୁ ତତ୍ପର ଓ ସଜାଗ ରଖନ୍ତି । ସମାଲୋଚକ ମାନଙ୍କୁ ଆମେ ଦୃଷ୍ଟିରେ ରଖି ଆମେ ନିଜକୁ ସ୍ୱତନ୍ତ୍ର କରି ଗଢି ତୋଳିବାକୁ ପ୍ରୟାସ କରୁ, ନିନ୍ଦୁକ ନଥିଲେ ଆମେ ହୁଏତ ନିଜ ଦୋଷ ତ୍ରୁଟିକୁ ସୁଧାରି ପାରିନଥାନ୍ତୁ । ଜୀବନ ଯାତ୍ରାରେ ଉଭୟ ବନ୍ଧୁ ଓ ନିନ୍ଦୁକ ଭେଟହୁଅନ୍ତି । ବନ୍ଧୁ ଆମର ଭଲ କାର୍ଯ୍ୟ ସମ୍ବନ୍ଧରେ କହେ କିନ୍ତୁ ନିନ୍ଦୁକ ଆମର ପ୍ରତିଟି ହାବ, ଭାବ କାର୍ଯ୍ୟକଳାପରେ କଣ ମନ୍ଦ ଲୁଚିରହିଛି ସେ ସମ୍ବନ୍ଧରେ ସୂଚାଇଥାଏ । ଲୁଗା ପଟାର ମଇଳା ସାବୁନ ଓ ପାଣିରେ ସଫା ହୁଏ, କିନ୍ତୁ ନିନ୍ଦୁକ ବା ସମାଲୋଚକ ଆମର ଦୃଷ୍ଟିଭଙ୍ଗୀର ଅନ୍ତରାଳରେ ଥିବା

ମଇଳା ରୂପକ ସଂକୀର୍ଣ୍ଣ ଚିନ୍ତାଧାରାକୁ ନିନ୍ଦାରୂପକ ବିନା ପାଣି ଓ ବଚନ ରୂପକ ବିନା ସାବୁନରେ ସଫା କରି ଆମର ଗନ୍ତବ୍ୟ ପଥକୁ ସୁଗମ କରନ୍ତି ଅର୍ଥାତ ପ୍ରତିଟି କ୍ଷେତ୍ରରେ କଣ ମନ୍ଦ ଲୁଚିରହିଛି ସେ ସମ୍ବନ୍ଧରେ ସୂଚାଇଥାନ୍ତି। ବନ୍ଧୁ ନିଜ ସ୍ୱାର୍ଥକୁ ଦୃଷ୍ଟିରେ ରଖି ବନ୍ଧୁତା ଗଢେ। ସ୍ୱାର୍ଥ ପୂରିଗଲେ ବାଟକାଟେ। ନିନ୍ଦୁକର ବଚନ ବାଣରେ ଜୀବନ ଯାତ୍ରାରେ ଅନେକ ଅନୁଭୂତି ମିଳିଥାଏ। ସେହି ଅନୁଭୂତିକୁ ପାଥେୟ କରି ଆମେ ଆମ ଜୀବନକୁ ସମୃଦ୍ଧ କରୁ। ଆଗକୁ ବଢିବାର ସାମର୍ଥ୍ୟ ହାସଲ କରୁ। ଏତ ଗଲା ଆମର ବ୍ୟକ୍ତିଗତ, ଦାମ୍ପତ୍ୟ ଓ ପାରିବାରିକ ଜୀବନ ଯାତ୍ରାରେ ନିନ୍ଦୁକ ବା ସମାଲୋଚକ ମାନଙ୍କର ରହିଥିବା ଭୂମିକା ସମ୍ବନ୍ଧୀୟ କେତେକ ଆଲୋଚନା କିନ୍ତୁ ଆମର ସାମାଜିକ ବା ରାଷ୍ଟ୍ରୀୟ ଜୀବନ ଧାରାରେ ନିନ୍ଦୁକ ବା ସମାଲୋଚକ ମାନଙ୍କର କଣ ଭୂମିକା ନିହିତ ଅଛି ସେ ସମ୍ବନ୍ଧରେ କିଛି ଉପାଖ୍ୟାନ ଅବତାରଣା କରିବା।

ସାମାଜିକ ବା ରାଷ୍ଟ୍ରୀୟ ସ୍ତରରେ ରାଜନୈତିକ ନେତା, ବିଧାୟକ, ମନ୍ତ୍ରୀ, ଏମ.ପି, ଏମ.ଏଲ୍.ଏ. ଯିଏ ହୋଇଥାଆନ୍ତୁନା କାହିଁକି ତାଙ୍କର ତ୍ରୁଟି ଦର୍ଶାଇବା ଲେଖକ, ସାମାଜିକ ଓ ବୁଦ୍ଧିଜୀବୀ ମାନଙ୍କର ନୈତିକ କର୍ତ୍ତବ୍ୟ ହୋଇଥାଏ। ଏହାଦ୍ୱାରା ତ୍ରୁଟିର ସୁଧାର ଆସେ। ପ୍ରତ୍ୟେକ ଲୋକର ବୃତ୍ତି ଅନୁସାରେ କର୍ତ୍ତବ୍ୟ ରହିଛି। ଯେପରିକି ପୋଲିସ ଚୋର,ଅପରାଧୀଙ୍କୁ ଧରିବା, ବିଚାରପତି ଦୋଷୀକୁ ଦଣ୍ଡଦେବା କର୍ତ୍ତବ୍ୟ ସେହିପରି ଲେଖକ, ସାମ୍ବାଦିକ ଓ ବୁଦ୍ଧିଜୀବୀ ଶାସକ ଶ୍ରେଣୀର ବିଫଳତାକୁ ଲୋକଲୋଚନକୁ ଆଣିବା କର୍ତ୍ତବ୍ୟ। ଗଣତନ୍ତ୍ର ଶାସନ ବ୍ୟବସ୍ଥାରେ ଲୋକେ ଅବହେଳିତ ଓ ଲାଂଛିତ ହେଲେ, ସେମାନଙ୍କ ପ୍ରତି ନ୍ୟାୟ ବିଚାର କରାନଗଲେ ସେଭଳି କଥାରେ ସ୍ୱର ଉତ୍ତୋଳନ କରିବା ସମାଲୋଚକ ମାନଙ୍କର ଦାୟିତ୍ୱ ଏବଂ ତାହା ସେମାନେ କରିଥାନ୍ତି। ଗଣ ମାଧ୍ୟମ ଓ ବୁଦ୍ଧିଜୀବୀ ମାନେ ସରକାରଙ୍କ ତ୍ରୁଟି ପୂର୍ଣ୍ଣ କାର୍ଯ୍ୟକୁ ସମାଲୋଚନା କରିଥାନ୍ତି। ଗୋଟିଏ ରାଷ୍ଟ୍ରର ଶାସନ ବ୍ୟବସ୍ଥା ହେଉଛି ଏକ ଦ୍ରୁତଗାମୀ ଟ୍ରେନ। ଶାସକ ଶ୍ରେଣୀ ହେଉଛି ସେହି ଟ୍ରେନର ପରିଚାଳକ। ସମାଲୋଚକ, ଗଣମାଧ୍ୟମ, ନ୍ୟାୟାଳୟ, ବିରୋଧୀଦଳ, ବୁଦ୍ଧିଜୀବୀ ଏମାନେ ସମସ୍ତେ ବ୍ରେକ ସଦୃଶ। ଯଦି ଦ୍ରୁତଗାମୀ ଟ୍ରେନରେ ବ୍ରେକ ଦୁର୍ବଳ ହୁଏ ବା ଠିକ୍ ରୂପେ କାମ ନକରେ ବା ଫେଲ ମାରେ ତାହେଲେ ଟ୍ରେନର ଅବସ୍ଥା ଯାହା ହୁଏ ଠିକ୍ ସେହିପରି ଶାସକ ଶ୍ରେଣୀର ପରିଚାଳନାଗତ କାର୍ଯ୍ୟକଳାପରେ ନିନ୍ଦୁକ ବା ସମାଲୋଚକ ରୂପକ ବ୍ରେକ ନରହିଲେ ପରିଣତି ସେୟା ହୁଏ। ଏଣୁ ଶାସକ ମାନଙ୍କର ଭୂମିକା ଯେତିକି ଗୁରୁତ୍ୱପୂର୍ଣ୍ଣ ନିନ୍ଦୁକ ବା ସମାଲୋଚକ ମାନଙ୍କର ଭୂମିକା ସେତିକି ମହତ୍ତ୍ୱପୂର୍ଣ୍ଣ।

ମହାଭାରତ ପୃଷ୍ଠାରେ ବର୍ଣ୍ଣିତ ଲୋମହର୍ଷଣକାରୀ ମହାଭାରତ ଯୁଦ୍ଧର ପରିଣତିକୁ

ବିଶ୍ଳେଷଣ କଲେ ଜଣାଯାଏ, କୁରୁଶ୍ରେଷ୍ଠ ଦୁର୍ଯ୍ୟୋଧନ ଯଦି କପଟୀ ଏବଂ ପ୍ରତିଶୋଧ ପରାୟଣକାରୀ 'ଶକୁନି'ର କପଟତା ପୂର୍ଣ୍ଣ କଥାରେ ପରିଚାଳିତ ନହୋଇ ପରମ ହିତୈଷୀ 'ବିଦୁର'ଙ୍କ ଉପଦେଶକୁ ଅକ୍ଷରେ ଅକ୍ଷରେ ମାନିଥାନ୍ତେ ତାହେଲେ ମହାଭାରତ ଯୁଦ୍ଧର ରୂପରେଖ ବଦଳି ଯାଇଥାନ୍ତା ଏବଂ କୁରୁକୁଳର ବିନାଶ ହୋଇନଥାନ୍ତା। କିନ୍ତୁ କୁରୁଶ୍ରେଷ୍ଠ ଦୁର୍ଯ୍ୟୋଧନର ଓଲଟା ବୁଝାବଣା ହେତୁ ପରିଣତି କେତେ ଭୟାବହ ଏବଂ ହୃଦୟ ବିଦାରକ ହେଲା ତାହା ଆପଣ ମାନେ ସମସ୍ତେ ଜାଣନ୍ତି। ଜୀବନରେ ସଫଳତା ଅର୍ଜନ କରିବା ପାଇଁ ଯେପରି ଭଲ ମିତ୍ରର ଆବଶ୍ୟକତା ଥାଏ, ସେହିପରି ଅଧିକ ସଫଳତା ହାସଲ କରିବାପାଇଁ ନିନ୍ଦୁକ ବା ସମାଲୋଚକର ଆବଶ୍ୟକତା ମଧ୍ୟ ତା ଠାରୁ କିଛି କମ ନୁହେଁ। ପରମ ଯୋଗୀ କବୀରଙ୍କର ମହତ୍ୱପୂର୍ଣ୍ଣ ଦିଗଦର୍ଶନ ଅନୁସାରେ ନିନ୍ଦୁକମାନେ ଆମର ପରୋକ୍ଷ ଶିକ୍ଷାଦାତା, ତେଣୁ ସେମାନେ ଆମର ଶତ୍ରୁ ନୁହନ୍ତି।

■

ଦୋହା - ୧୦

नहाये धोये क्या हुआ, जो मन मैल न जाए।
मीन सदा जल में रहे, धोये बास न जाए।।

Doha in English

Nahaaye dhoye kya hua, jo man mail na jae,
Meen sada jal mein rahe, dhoye baas na jae.

ଓଡ଼ିଆରେ ଦୋହା

ନହାୟେ ଧୋଏ କ୍ୟା ହୁଆ, ଜୋ ମନ ମେଲ ନ ଯାଏ।
ମୀନ ସଦା ଜଲ ମେ ରହେ, ଧୋଏ ବାସ ନ ଯାଏ ॥

ଉକ୍ତ ଦୋହାର ଅବତାରଣା କରି ଯୁଗଜନ୍ମା ସନ୍ଥ କବୀର ଅନ୍ତଃସ୍ୱଚ୍ଛତା ଓ ବାହ୍ୟସ୍ୱଚ୍ଛତା ସମ୍ବନ୍ଧରେ ଜନ ସମାଜକୁ ସୁଚିନ୍ତିତ ଦିଗଦର୍ଶନ ଦେଇଛନ୍ତି।

ସାମ୍ପ୍ରତିକ ସମୟରେ ସମଗ୍ର ଦେଶରେ 'ସ୍ୱଚ୍ଛତା' ନାମରେ ଏକ ଆହ୍ୱାନ ଦିଆଯାଉଛି। ପରିବେଶକୁ ପରିଷ୍କାର ରଖିବାକୁ ପରିଚ୍ଛନତା କୁହାଯାଏ। ସ୍ୱଚ୍ଛତା ନୁହେଁ। ସ୍ୱଚ୍ଛତା କହିଲେ ଆମେ ବୁଝୁ ନିର୍ମଳତା ବା ପବିତ୍ରତା। ସ୍ୱଚ୍ଛତା ଦୁଇ ପ୍ରକାର ଯଥା - ଅନ୍ତଃସ୍ୱଚ୍ଛତା ଓ ବାହ୍ୟ ସ୍ୱଚ୍ଛତା, ଅନ୍ତରାତ୍ମାକୁ ସବୁପ୍ରକାର ଦୁର୍ଗୁଣରୁ ମୁକ୍ତ ବା ନିର୍ମଳ ରଖିବା ସଙ୍ଗେ ସଙ୍ଗେ ସକାରାତ୍ମକ ମନୋଭାବ ରଖିବାକୁ ଅନ୍ତଃସ୍ୱଚ୍ଛତା କୁହାଯାଏ। ସ୍ନାନାଦି କର୍ମ କରି ଶରୀର ପରିଷ୍କାର ପରିଚ୍ଛନ ରଖିବାକୁ ବାହ୍ୟସ୍ୱଚ୍ଛତା କୁହାଯାଏ। ଜାତିର ପିତା ମହାତ୍ମାଗାନ୍ଧୀ ଏହି ସ୍ୱଚ୍ଛତା ବା ସ୍ୱଚ୍ଛ ଭାରତ କଥା କହିଥିଲେ। ଗାନ୍ଧିଜୀଙ୍କ ଦର୍ଶନରେ ସ୍ୱଚ୍ଛତାର ସଂଜ୍ଞା ହେଲା - ମନ ଓ ଆତ୍ମାର ନିର୍ମଳତା, ବିଶୁଦ୍ଧତା ବା ପବିତ୍ରତା। ବାହ୍ୟସ୍ୱଚ୍ଛତାରୁ ଅନ୍ତରରେ ସାମୟିକ ଭାବରେ ପବିତ୍ର ଭାବନାର ଉଦ୍ରେକ ହୁଏ। କିନ୍ତୁ ବାହ୍ୟସ୍ୱଚ୍ଛତା ଅପେକ୍ଷା ଅନ୍ତଃସ୍ୱଚ୍ଛତାର ମହତ୍ତ୍ୱ ଯଥେଷ୍ଟ ଅଧିକ। ଅନ୍ତଃସ୍ୱଚ୍ଛତା ମନ ପ୍ରାଣକୁ ଏକାଗ୍ର, ଶାନ୍ତ ଓ ପ୍ରଫୁଲ୍ଲିତ କରିବା ସଙ୍ଗେ ସଙ୍ଗେ ସୁଖ, ଶାନ୍ତି, ଆନନ୍ଦ ପ୍ରଦାନ କରେ। ଅନ୍ତରକୁ ପ୍ରେମ, ଧୈର୍ଯ୍ୟ, ଦୟା, କ୍ଷମା, ସମତା ଓ ଉଦାରତାରେ ଭରିଦିଏ। ମନହିଁ ସବୁର ମୂଳ କାରଣ। ମନର ଗତି ବଡ ବିଚିତ୍ର। ମନକୁ ସ୍ଥିର କରି ବିଚାର ପୂର୍ବକ କର୍ମ କଲେ ଚିରସ୍ଥାୟୀ ସଫଳତା ମିଳିଥାଏ। ମନର ନିର୍ଦ୍ଦେଶରେ ପଞ୍ଚ କର୍ମେନ୍ଦ୍ରିୟ କର୍ମ କରନ୍ତି, ପଞ୍ଚ ଜ୍ଞାନେନ୍ଦ୍ରିୟ ଭୋଗ କରନ୍ତି। ଏଥିପାଇଁ ମନକୁ ଇନ୍ଦ୍ରିୟ ମାନଙ୍କର ରାଜା ବୋଲି କୁହାଯାଇଛି। ଇନ୍ଦ୍ରିୟ ମାନେ ସିନା ଭୋଗ କରନ୍ତି ହେଲେ ବିଷୟ ଭୋଗ କଲା ପରେ ସେ (ବିଷୟ) ସମ୍ବନ୍ଧରେ ଭଲ ମନ୍ଦର ଜ୍ଞାନ ଅର୍ଜନ କରେ ମନ। ତେଣୁ ଓଡ଼ିଆରେ ଲୋକକଥା ଅଛି :- 'ମନ ଜାଣେ ପାପ,ମାଆ ଜାଣେ ବାପ।' ଏହା ସତ୍ୟ ଯେ ଆମ ଦେହରେ ବିରାଜ ମାନ କରିଥିବା ଅବିନାଶୀ ଆତ୍ମା ହେଉଛି ନିତ୍ୟଶୁଦ୍ଧ ଓ ପବିତ୍ର। କିନ୍ତୁ ମନ ସଂସାରର ମୋହ ଓ ମାୟାର ଜଟିଳ ଛନ୍ଦରେ ଛନ୍ଦି ହୋଇ ଅପବିତ୍ର ଓ ଅଶୁଦ୍ଧ ହୋଇ ଯାଉଛି। ସେଥିପାଇଁ କୁହାଯାଏ:- "ମନର ମୂଳେ ଏ ଜଗତ,ମନକୁ କେ ଅବା ସାମରଥ।"

ମନକୁ ସ୍ୱଚ୍ଛ, ନିର୍ମଳ ଓ ପବିତ୍ର ରଖିବା ପାଇଁ ଜାତି, ଧର୍ମ, ବର୍ଣ୍ଣ ନିର୍ବିଶେଷରେ ବିଭିନ୍ନ ଲୋକ ବିଭିନ୍ନ ପନ୍ଥା ଅବଲମ୍ବନ କରନ୍ତି। ତନ୍ମଧ୍ୟରୁ ହିନ୍ଦୁ ଧର୍ମାବଲମ୍ବୀ ଲୋକମାନଙ୍କର ବିଶ୍ୱାସ, ପବିତ୍ର ନଦୀରେ ସ୍ନାନକଲେ ମନ ଓ ହୃଦୟ ନିର୍ମଳ ହୁଏ, ଅନ୍ତରାତ୍ମା ଶୁଦ୍ଧ ହୁଏ ଓ ପାପ ତାପର ବିନାଶ ବି ହୁଏ। ସେଥିପାଇଁ ବହୁଲୋକ ପବିତ୍ର ଗଙ୍ଗାନଦୀରେ ସ୍ନାନାଦି କର୍ମ କରନ୍ତି। ଏଠାରେ ଗୋଟିଏ ପ୍ରଶ୍ନ ଅନେକ ସମୟରେ

ମନକୁ ଆନ୍ଦୋଳିତ କରେଯେ ଗଙ୍ଗାନଦୀ କୂଳରେ ବାସକରୁଥିବା ଲୋକମାନେ ପ୍ରତ୍ୟେହ ସେହି ଗଙ୍ଗାଜଳରେ ଗାଧୋଇବାଠାରୁ ଆରମ୍ଭ କରି ନିଜର ନିତ୍ୟକର୍ମ ସମ୍ପାଦନ କରନ୍ତି ତେବେ, 'କୁସୁମ ପରଶେ ପଟ ନିସ୍ତରେ' ନ୍ୟାୟରେ ସେମାନେ ସମସ୍ତେ ମହତ୍ତର ଜୀବନ ଜିଇଁବାରେ ସମର୍ଥ ହୋଇ ପାରନ୍ତେ। ମାତ୍ର ଏମିତି ନଜିର ଆମ ଆଖି ଆଗରେ ନାହିଁ। ଅବଶ୍ୟ ଏହା ସତ୍ୟ ଯେ, ଭାରତୀୟ ଜନ ମାନସରେ ଦେବୀ ରୂପେ ପୂଜା ପାଉଥିବା ଗଙ୍ଗାନଦୀରେ ସ୍ନାନକଲେ ମନରେ ପ୍ରଶାନ୍ତି ଆସେ, ପବିତ୍ର ଭାବନାର ଉତ୍ତରଣ ଘଟେ ଏବଂ ଆତ୍ମିକ ଚେତନାର ଝଲକ ସୃଷ୍ଟି ହୁଏ। ଆଉ କେତେକ ବ୍ୟକ୍ତି ମସ୍ତକରେ ତିଳକ୍, ବେକରେ ମାଳା ଧାରଣ କରି, ଅରୁଆ ଖାଇ, ଗେରୁଆ ପିନ୍ଧି ଜୀବନ ନିର୍ବାହ କରନ୍ତି ସତ କିନ୍ତୁ ଭୌତିକ ଜଗତର କାମନା ବାସନା ରୂପକ ବନ୍ଧନରୁ ସେମାନେ ସମ୍ପୂର୍ଣ୍ଣମାତ୍ରାରେ ମୁକ୍ତ ହୋଇ ନଥାନ୍ତି। ଏହି ପରିପ୍ରେକ୍ଷୀରେ ଗଣ କବି ବୈଷ୍ଣବ ପାଣି ଯଥାର୍ଥରେ ଲେଖିଛନ୍ତି :-

"ମାଳା ତିଳକେ ଥାଏ କି ଫଳ
ଯେବେ ମନ ନୁହେଁ ନିର୍ମଳ,
ନାମ ଜପି ଜପି କାମନା ନସରେ
ବିତିଯାଏ ତିନି କାଳ।"

ଏହି ପ୍ରସଙ୍ଗରେ ସନ୍ଥ କବୀର ମଧ୍ୟ ଏକ ବଳିଷ୍ଠ ଦୃଷ୍ଟାନ୍ତ ଉପସ୍ଥାପନା କରିଛନ୍ତି। ମାଛ ଏକ ଜଳଚର ପ୍ରାଣୀ, ସେ ଜଳରେ ବାସ କରେ। ଜଳ ବିନା ମାଛ ବଞ୍ଚିପାରେନା। ଜଳରେ ରହି ମାଛ ଯେତେ ଯାହା କଲେ ମଧ୍ୟ ତା ଦେହରୁ ଜନ୍ମଗତ ଆଇଁସିଆ ଗନ୍ଧ ଯାଏ ନାହିଁ। ଯେକୌଣସି ଜଳଭାଗ ସେ ଲୁଣିପାଣି ହେଉକି ସାଧାରଣ ଜଳ ହେଉ ସବୁ ଠାରେ ମାଛ ଦେହରେ ସେଭଳି ଆଇଁସିଆ ବିକାର ଥାଏ। ଏଠାରେ ଗୋଟିଏ କଥା ମନକୁ ଆସେ, ମାଛ ସର୍ବଦା ଜଳ ମଧ୍ୟରେ ବୁଡି ରହିବା ସତ୍ତ୍ୱେ ତା ଦେହରୁ ନିର୍ଗତ ହେଉଥିବା ଆଇଁସିଆ ବିକାର ଯଦି ବିଲୋପ ହେଉନାହିଁ ତେବେ ମଣିଷ ଖାଲି ଜଳରେ ବାହ୍ୟ ସ୍ନାନାଦି କର୍ମକଲେ ତା ଅନ୍ତଃକରଣରେ ଯମାଟ ବାନ୍ଧିଥିବା କାମନା ବାସନା ରୂପକ ମଳିନତାର ବିନାଶ ହେବ କିପରି ? ଅତଏବ ହୃଦୟକୁ ଆବଦ୍ଧ କରି ରଖିଥିବା କାମନା ବାସନା ରୂପକ ବନ୍ଧନ ଖୋଲିବା ପାଇଁ ଅନ୍ତଃକରଣରେ ସ୍ୱଚ୍ଛତା ଆବଶ୍ୟକ। ଗୃହକୁ କୌଣସି ମାନ୍ୟଗଣ୍ୟ ଅତିଥି ଆସିବାର ଥିଲେ ଗୃହର ବାହ୍ୟ ଓ ଅଭ୍ୟନ୍ତର ଯେପରି ପରିଷ୍କାର ପରିଚ୍ଛନ କରି ସଜାସଜି କରାଯାଏ, ସେହିପରି ଆମେ

ଯଦି ପରମାତ୍ମାଙ୍କ ବିଭୂତି ଲାଭ କରିବାକୁ ଚାହିଁବା ତେବେ ପ୍ରଥମେ ନିଜ ମନ ଓ ହୃଦୟରୁ ସମସ୍ତ ପ୍ରକାର ଆବିଳତା ଦୂର କରିବାକୁ ପଡ଼ିବ। ଯେଉଁ କୁପ୍ରବୃତ୍ତି ସବୁ ମନ ମଧ୍ୟରେ ଚେର ମାଡ଼ିବସିଛନ୍ତି ସେ ଗୁଡିକୁ ସମୂଳେ ଉତ୍ପାଟନ କରିବାକୁ ପଡ଼ିବ। ମନ ଓ ହୃଦୟକୁ ସ୍ୱଚ୍ଛ ଓ ନିର୍ମଳ ଓ ପବିତ୍ର କରିବାକୁ ପଡିବ। ଏଥିପାଇଁ ନିଷ୍ଠାର ସହ ସତସଙ୍ଗ, ସ୍ୱାଧ୍ୟାୟ, ପ୍ରାଣାୟାମ, ଭଜନ, କୀର୍ତ୍ତନ ଓ ଧ୍ୟାନ ଆଦି କରିବାକୁ ପଡିବ। ସତ୍ ମାର୍ଗରେ ଉପାର୍ଜିତ ଧନରେ ପ୍ରସ୍ତୁତ ହୋଇଥିବା ସାତ୍ତ୍ୱିକ, ଶୁଦ୍ଧ ଓ ପବିତ୍ର ଆହାର ଗ୍ରହଣ କଲେ ଅନ୍ତଃସ୍ୱଚ୍ଛତା ଓ ବାହ୍ୟସ୍ୱଚ୍ଛତାର ମାର୍ଗ ସୁଗମ ହେବ। ମଣିଷ ଅଖଣ୍ଡ ଆନନ୍ଦ, ସୁଖ ଓ ଶାନ୍ତି ପ୍ରାପ୍ତ ହେବ।

ଗୋଟିଏ ଦେଶ ଓ ଜାତିର ସର୍ବାଙ୍ଗୀନ ଉନ୍ନତି କେବଳ ତାର ଆର୍ଥିକ ବା ପାର୍ଥିବ ସମ୍ପଦ ଓ ସାମରିକ ଶକ୍ତି ଉପରେ ନିର୍ଭର କରେନାହିଁ। ନିର୍ଭର କରେ ଦେଶବାସୀଙ୍କ ଆଧ୍ୟାତ୍ମିକ ଦୃଢ଼ତା, ନିଃସ୍ୱାର୍ଥପରତା, ସାଧୁତା, ତଥା ବଚନ ଓ କର୍ମର ସ୍ୱଚ୍ଛତା ଓ ପବିତ୍ରତା ଆଧାରରେ।

ବାସ୍ତବିକ ସନ୍ଥ କବୀରଙ୍କ ଦୃଷ୍ଟିଭଙ୍ଗୀ ଓ ଦିଗଦର୍ଶନ ଅତ୍ୟନ୍ତ ମାର୍ମିକ ଏବଂ ହୃଦୟସ୍ପର୍ଶୀ।

■

ଦୋହା – ୧୧

जब तू आया जगत में, लोग हँसे तू रोय
ऐसी करनी न करो , पीछे हँसे सब कोय।

Doha in English

Jab tu aaya jagat mein, log hanse tu roye,
Aisee karnee na karo, peechhe hanse sab koye.

ଓଡ଼ିଆରେ ଦୋହା

ଜବ ତୁ ଆୟା ଜଗତ ମେ, ଲୋଗ ହଂସେ ତୁ ରୋଏ।
ଐସୀ କରନୀ ନ କରୌ, ପୀଛେ ହଂସେ ସବ କୋଏ ॥

ଏ ଅନିତ୍ୟ ସଂସାରରେ ମଣିଷ ଜନ୍ମହୋଇ କିଭଳି ଜୀବନ ଜିଇଁଲେ ତାର ମୃତ୍ୟୁ ପରେ, ସେ ଗୋଟିଏ ଅସାମାଜିକ ଲୋକଥିଲା, ଚାଲିଗଲା ଭଲ ହେଲା ବୋଲି ଲୋକେ ନକହି, ସେ ଜଣେ ପରପୋକାରୀ ଲୋକ ଥିଲା, ଚାଲିଗଲା ବୋଲି ଦୁଃଖରେ କହି ତା କଥା ମନେ ପକାଇ ଝୁରିହେବେ। ସେଭଳି ଗଠନ ମୂଳକ ପରାମର୍ଶ ଦେବା ଅଭିପ୍ରାୟରେ ସନ୍ଥ କବୀର ଉକ୍ତ ଦୋହାର ଅବତାରଣା କରିଛନ୍ତି। ଏ ଧୂଳି ମାଟିର ଅନିତ୍ୟ ସଂସାର ହେଉଛି ମଣିଷର ଜନ୍ମଭୂମି ଓ କର୍ମଭୂମି। ଶିଶୁଟିଏ ଜନ୍ମହେଲେ ଖାଲି ହାତରେ ଆସେ। ମାତୃଗର୍ଭରୁ ଭୂପୃଷ୍ଠ ହେଲାପରେ ସେ କୁଆଁ କୁଆଁ ସ୍ୱରରେ କାନ୍ଦିବାକୁ ଲାଗେ। ଅପର ପକ୍ଷରେ ଶିଶୁ ଜନ୍ମ ହେବାର ଖବର ଶୁଣି ପରିବାର ଆତ୍ମୀୟ ସ୍ୱଜନ ସମସ୍ତେ ଆନନ୍ଦ ଉଲ୍ଲାସ, ହସ, ଖୁସିରେ ମଜିଯାଆନ୍ତି। ସମୟ ଗଡିଚାଲେ। ଶିଶୁର କାନ୍ଦ ଧୀରେଧୀରେ ବନ୍ଦ ହୁଏ। ମାତୃ ସ୍ତନରୁ ସେ କ୍ଷୀର ପାନକରି ତାର ସ୍ଥିତିକୁ ଦୃଢ଼କରେ। ଜନ୍ମିତ ଶିଶୁଟି ଛୋଟରୁ ବଡ଼ ହୁଏ ଏବଂ ଅନ୍ୟମାନଙ୍କ ସହ ମିଶିବାର ସୁଯୋଗ ପାଏ। ପୁନଶ୍ଚ ତାର ଶାରୀରିକ, ମାନସିକ ଏବଂ ବୌଦ୍ଧିକ ବିକାଶ ନିମନ୍ତେ ପରିବାର, ପରିବେଶ ତଥା ସମାଜ ଉପରେ ନିର୍ଭରଶୀଳ ହୋଇଥାଏ। ସମୟ କ୍ରମେ ସେଦିନର ଛୋଟ ଶିଶୁଟି ଜ୍ଞାନ,ବୁଦ୍ଧି,ବିବେକ,ଏବଂ ଦୁରଦୃଷ୍ଟି ସମ୍ପନ୍ନ ପୂର୍ଣ୍ଣାଙ୍ଗ ମଣିଷରୂପେ ପରିଣତ ହୋଇଥାଏ। ସଂଯୋଗ କ୍ରମେ ସମାଜରେ ବାସକରୁଥିବା ବିଭିନ୍ନ ଲୋକଙ୍କ ସହ ସେ ଯୋଡ଼ିହୁଏ। ଅନ୍ୟଉପରେ ନିର୍ଭରଶୀଳ ନହୋଇ ସ୍ୱାବଲମ୍ବୀ ହେବାପାଇଁ ବିଭିନ୍ନ ଲୋକ ବିଭିନ୍ନ ପନ୍ଥା ଅବଲମ୍ବନ କରି ଜୀବନ ଜୀବିକା ନିର୍ବାହକରନ୍ତି। ଯେଉଁ ପନ୍ଥା ସବୁ ଅବଲମ୍ବନ କରନ୍ତି ସେ ଗୁଡିକ ମଧ୍ୟରୁ କେଉଁ ଗୁଡିକ ସମାଜପାଇଁ ହିତକର ଆଉ କେଉଁଗୁଡିକ ଅହିତକର ସେ ସମ୍ବନ୍ଧରେ କେତେକ ଦୃଷ୍ଟାନ୍ତ ଏଠାରେ ପ୍ରଯୁଜ୍ୟ।

ମଦ ବ୍ୟବସାୟ :-

ଜଣେ ଲୋକ ଗୋଟିଏ ଦେଶୀ ମଦ ଦୋକାନ ଖୋଲି ତାର ବ୍ୟବସାୟ ଆରମ୍ଭ କଲା। ଧୀରେ ଧୀରେ ତାର ବ୍ୟବସାୟ ଚାଲିଲା। ଗ୍ରାହକଙ୍କ ସଂଖ୍ୟା ବଢ଼ିବାରେ ଲାଗିଲା। ଅଧିକ ଲାଭ ଆଶାରେ ଅପମିଶ୍ରିତ ମଦ ବିକ୍ରୀ କଲା। ତାର ରୋଜଗାର ଦିନକୁଦିନ ବଢିବଢି ଚାଲିଲା। ମଦପିଇ କିଛି ଲୋକ ସର୍ବସ୍ୱାନ୍ତ ହେଲେ। ଅପମିଶ୍ରିତ ମଦ୍ୟପାନକରି କିଛି ଲୋକ ମଧ୍ୟ ପ୍ରାଣ ହରାଇଲେ। ସେମାନଙ୍କର ସଂସାର ଉଜୁଡ଼ିଗଲା।

ଅଟାଫ୍ୟାକ୍ଟ୍ରି କରି ଅଟା ବ୍ୟବସାୟ :-

ଜଣେ ଲୋକ ଗୋଟେ ଅଟା ଫ୍ୟାକ୍ଟ୍ରି କଲା। ଗହମ କିଣି ଅଟା ପେଶି ମାର୍କେଟକୁ ଛାଡିଲା। ଅଟା କାରବାର ଦିନକୁ ଦିନ ବଢିବାକୁ ଲାଗିଲା। ଭଲ ପଇସା ବି ରୋଜଗାର

ହେଲା। ଅଧିକ ଲାଭ ପାଇବାର ଉଦ୍ଦେଶ୍ୟ ରଖି ତେନ୍ତୁଳି ମଞ୍ଜି ଖରିଦ୍ କରି ତାକୁ ପେଶି ଅଟା ସହିତ ମିଶାଇଲା। ସେହି ଅପମିଶ୍ରିତ ଅଟାକୁ ଲୋକମାନେ କିଣି ଖାଇବା ଦ୍ୱାରା ବିଭିନ୍ନ ରୋଗରେ ଆକ୍ରାନ୍ତ ହୋଇ କଷ୍ଟ ଭୋଗିଲେ। ସେଥିରୁ ଉଧୁରିବା ପାଇଁ ଖର୍ଚ୍ଚାନ୍ତ ହେଲେ।

ହଳଦୀଫ୍ୟାକ୍ଟ୍ରି କରି ହଳଦୀ ବ୍ୟବସାୟ :-

ଆଉ ଜଣେ ଲୋକ ହଳଦୀଫ୍ୟାକ୍ଟ୍ରି କରି ହଳଦୀପେଶୀ ମାର୍କେଟକୁ ଛାଡିଲା। ବ୍ୟବସାୟ ମଧ୍ୟ ବଢିବଢି ଚାଲିଲା। ଅଧିକ ଲାଭ ପାଇବା ଆଶାରେ ସେଥିରେ ଇଟା ଗୁଣ୍ଡ ମିଶାଇ ବିକ୍ରିକଲା। ସେହି ଭେଜାଲ ହଳଦୀକୁ ଲୋକମାନେ କିଣି ଖାଇବା ଦ୍ୱାରା ବିଭିନ୍ନ ପ୍ରକାର ସ୍ୱାସ୍ଥ୍ୟଗତ ସମସ୍ୟା ଦେଖାଦେଲା। ତାର ସମାଧାନ ପାଇଁ ଲୋକମାନେ ବାଧହୋଇ ଡାକ୍ତର ପରାମର୍ଶ କଲେ। ଏଥିପାଇଁ ତାଙ୍କର ବହୁତ ଅପବ୍ୟୟ ହେଲା।

ଗବେଷଣା ଲବ୍ଧ ଔଷଧ ନିରୂପଣ :-

ଜଣେ ଲୋକ ପାଠଶାଠ ପଢ଼ି ଦୀର୍ଘଦିନ ଗବେଷଣାକରି କୌଣସି ଏକ ଜୀବନରକ୍ଷାକାରୀ ଔଷଧ ବାହାରକଲା। ସେ ଔଷଧ ଗୁଡିକ ସୁଲଭ ମୂଲ୍ୟରେ ମାର୍କେଟରେ ଉପଲବ୍ଧ ହେଲା। 'କରୋନା' ଭଳି ମହାମାରୀ ବ୍ୟାପିଥିବା ସମୟରେ ସେ ଔଷଧଗୁଡିକ ବ୍ୟବହାରକରି ବହୁ ଲୋକ ଉପକୃତ ହେଲେ। ଲୋକମାନଙ୍କର ଧନ,ଜୀବନ ସୁରକ୍ଷିତ ହୋଇପାରିଲା।

ଶିକ୍ଷକତା ବୃତ୍ତିର ସଦୁପଯୋଗ:-

ଜଣେ ଲୋକ ଶିକ୍ଷକତା ବୃତ୍ତିକୁ ଆପଣାଇଲା। ସ୍କୁଲ ଦିବସ ମାନଙ୍କରେ ସେ ସ୍କୁଲକୁ ଯାଇ ନିଷ୍ଠାରସହ ତାର କର୍ତ୍ତବ୍ୟ କଲା। ଗରିବ ପିଲାଙ୍କ ପାଠପଢା ନିମନ୍ତେ ସାଧ ମୁତାବକ ଆର୍ଥିକ ସହାୟତା ଦେଲା। କିଛି ଗରୀବ ପିଲାଦେଖି ସେମାନଙ୍କୁ ବିନା ପଇସାରେ ଟ୍ୟୁସନ କଲା, ଅଭାବୀ ଲୋକର କର୍ମ କାର୍ଯ୍ୟରେ ସ୍ୱେଚ୍ଛାକୃତ ଭାବେ ସହଯୋଗର ହାତ ବଢ଼ାଇଲା।

ଦାୟିତ୍ୱବାନ କର୍ତ୍ତବ୍ୟନିଷ୍ଠ ସଚ୍ଚୋଟ ଅଫିସର :-

ଆଉଜଣେ ଉଚ୍ଚପଦସ୍ଥ ସରକାରୀ ଅଫିସର ଭାରୀ ସଚ୍ଚୋଟ, ଦାୟିତ୍ୱବାନ ଏବଂ କର୍ତ୍ତବ୍ୟନିଷ୍ଠ। ଲୋକମାନଙ୍କର ସେବାପାଇଁ ସରକାରୀ ଯୋଜନା ଗୁଡିକୁ ଅଗ୍ରାଧିକାର ଭିତ୍ତିରେ କାର୍ଯ୍ୟକାରୀ କରିବାକୁ ସର୍ବଦା ତତ୍ପର ଥାନ୍ତି। ବୃଦ୍ଧାଶ୍ରମ, ଗୋଶାଳା ଏବଂ ଅନାଥ ପିଲାଙ୍କ ଉଦ୍ଦେଶ୍ୟରେ ପ୍ରତିମାସ ନିଜ ସାଧ ମୁତାବକ କିଛି ଆର୍ଥିକ ସହାୟତା କରନ୍ତି।

ବର୍ତ୍ତମାନ ଆସନ୍ତୁ। ଯେଉଁ ଦୃଷ୍ଟିଭଙ୍ଗିନେଇ ଏଥିରେ ଦୃଷ୍ଟାନ୍ତଗୁଡିକୁ ସ୍ଥାନିତ କରାଯାଇଛି, ସେ ସମ୍ବନ୍ଧରେ ନିଜର ନିରପେକ୍ଷ ବିଚାର ରଖିବା। ଦେଶୀ ମଦ, ଅଟାଫ୍ୟାକ୍ଟ୍ରି ଏବଂ ହଳଦୀ ଫ୍ୟାକ୍ଟ୍ରି କରି ବ୍ୟବସାୟ କରିଥିବା ବାବୁମାନଙ୍କର ଚିନ୍ତାଧାରା ଥିଲା :-

'ଦେଶବାସୀ ପଛେ ମିଶନ୍ତୁ ମାଟିରେ
ମୋ ସ୍ୱାର୍ଥ ଥାଉ ସବୁରି ଉର୍ଦ୍ଧ୍ୱରେ।'

ଏହି ଚିନ୍ତାଧାରାରେ ବଶବର୍ତ୍ତୀ ହୋଇ ସେମାନେ ନିଜ ଏବଂ ନିଜପରିବାରର ସ୍ୱାର୍ଥ ସାଧନ ନିମନ୍ତେ ନୀତି ଓ ନୈତିକତାକୁ ବଳିଦେଇ ଖୁବ୍ ନୀଚ ସ୍ତରକୁ ଚାଲିଗଲେ। ଲୋକଙ୍କ ଜୀବନ ସହିତ ଖେଳି ଅଧିକ ଧନ ଉପାର୍ଜନ କରି ଧନୀ ହେଲେ। ସପରିବାର ଭୋଗବିଳାସରେ ରହିଲେ। ହେଲେ ଲୋକଙ୍କର ଅବସ୍ଥା କଣ ହେଲା? ଅପମିଶ୍ରିତ ଭେଜାଲ ଜିନିଷ ବ୍ୟବହାର କରିବା ଦ୍ୱାରା ବହୁଲୋକ ରୋଗାକ୍ରାନ୍ତ ହୋଇ ଚିକିତ୍ସାଧୀନ ହେଲେ। ବହୁ ଅମୂଲ୍ୟ ଜୀବନ ବି ଚାଲିଗଲା। ସ୍ୱାର୍ଥାନ୍ୱେଷୀ ଓ ଲାଭଖୋର ବ୍ୟବସାୟୀଙ୍କ ଅପକର୍ମ ଜଣାପଡିଲା, ଲୋକଙ୍କର ଘୃଣାର ପାତ୍ର ହେଲେ। ସମାଜ ଆଖିରେ ସେମାନେ ଅବାଞ୍ଛିତ ଓ ନିନ୍ଦିତ ବ୍ୟକ୍ତିର ପରିଚୟ ନେଇ ବଞ୍ଚିରହିଲେ। ଏଭଳି ନୀଚମନା ଓ ସ୍ୱାର୍ଥସର୍ବସ୍ୱ ଲୋକଙ୍କର ଦେହାନ୍ତ ହେଲେ, ସେମାଙ୍କର ଦେହାନ୍ତ ଖବର ଶୁଣି ଲୋକଙ୍କ ମନରେ କି ପ୍ରତିକ୍ରିୟା ସୃଷ୍ଟି ହେବ? ସେମାନେ ଚାଲିଗଲେ ଭଲହେଲା ବୋଲି ଲୋକେ କହିବେ ନା ତାଙ୍କ ପାଇଁ ଦୁଃଖ କରିବେ? ଏ ବିଚାର ଆପଣମାନଙ୍କର। ଏହି ମର୍ମରେ ସନ୍ଥ କବୀର ମଧ୍ୟ କହିଛନ୍ତି: -

'ଯୋ ଆୟାହେ ଓ ଯାଏଗା
ରାଜା, ରଙ୍କ ଔର ଫକୀର
କୋଇ ସିଂହାସନ ଚଢକି ଚଲେଗା
ତୋ କୋଇ ବନ୍ଧା ଜଞ୍ଜିର।'

ଅପର ପକ୍ଷରେ ଯେଉଁ ବ୍ୟକ୍ତି ଦୀର୍ଘଦିନ ପାଠଶାଠ ପଢି ଉଚ୍ଚଶିକ୍ଷିତ ହୋଇ ଗବେଷଣା ଜାରିରଖି ସେହି ଗବେଷଣା ଲବ୍ଧ ଜ୍ଞାନର ଜୀବନ ରକ୍ଷାକାରୀ ଔଷଧ ବାହାରକରି ଲୋକମାନଙ୍କର ଅଶେଷ ଉପକାର କଲେ। ଯେଉଁ ଶିକ୍ଷକ ନିଷ୍ଠାର ସହ ତାଙ୍କର କର୍ତ୍ତବ୍ୟ ସମ୍ପାଦନ କରିବା ସଙ୍ଗେ ସଙ୍ଗେ ଗରୀବ ପିଲାଙ୍କୁ ଆର୍ଥିକ ସହାୟତା ଦେବା ଏବଂ ଗରୀବ ଗୁରୁବା ମାନଙ୍କର କର୍ମ କାର୍ଯ୍ୟରେ ସହଯୋଗର ହାତବଢ଼ାଇ ଯେଉଁ ଉଚ୍ଚଆଦର୍ଶ ରଖିଲେ, ଆଉ ଯେଉଁ ଉଚ୍ଚ ପଦସ୍ଥ ଅଫିସର ମହାଶୟ ତାଙ୍କର ସାଧୁତା ଓ ବଦାନ୍ୟତାର ଉଚ୍ଚକୋଟିର ଦୃଷ୍ଟାନ୍ତ ରଖିଲେ ତାହା ଲୋକଙ୍କ ମନ ହୃଦୟରେ

ସବୁଦିନ ପାଇଁ ଅଭୁଲା ସ୍ମୃତି ହୋଇ ରହିଲା । ମୃତ୍ୟୁ ତ ଦିନେନା ଦିନେ ଏମାନଙ୍କପାଇଁ ନିଶ୍ଚୟ ଆସିବ । ଆଜି ନହେଲେ କାଲି । ଏଭଳି ସମାଜସେବୀ ଓ ବଦାନ୍ୟ ବ୍ୟକ୍ତି ବିଶେଷଙ୍କର ଦେହାନ୍ତ ପରେ ଏମାନଙ୍କୁ ସବୁଦିନପାଇଁ ହରାଇ ଲୋକମାନଙ୍କ ମନ ଓ ହୃଦୟ କିପ୍ରକାର ପ୍ରତିକ୍ରିୟା ସୃଷ୍ଟିହେବ ? ସେମାନେ ଦୁଃଖରେ ଆଖିରୁ ଲୁହ ଝରାଇବେ ନାଁ ସେମାନଙ୍କର ଦେହାନ୍ତ ଖବର ଶୁଣି ଖୁସିହେବେ? ଏହାର ବିଚାର ମଧ୍ୟ ଆପଣମାନଙ୍କର । ତେଣୁ ସମସ୍ତେ ହେଜିବା ଦରକାର । ଆମେମାନେ ଏ ଦୁନିଆକୁ ଆସିଥିଲେ କଣ ପାଇଁ? କରୁଛେ କଣ ? 'ମନ ବୋଧ ଚଉତିଶା'ରେ କବି ଭକ୍ତ ଚରଣ ଦାସ ପରା ଆମକୁ ଚେତାଇ ଦେଇଛନ୍ତି :-

"ଗଲେଣି ତୋ ସଙ୍ଗରୁ ଯେତେକ ଜନ
ଗଣ୍ଠିରେ ବାନ୍ଧିନେଲେ କେ କେତେ ଧନ ?
ଊଣା ହେଉଛି ଦିନୁ ଦିନୁ ଆୟୁଷ
ଆଉ ଏଣିକି ଅଛି କେତେ ବୟସ ?
ଛୁଇଁବେ ନାହିଁ ତୋତେ ବୋଲିବେ ମଡ଼ା
ଛଅଖଣ୍ଡି କାଠିହେବ ତୋ ପାଇଁ ଲୋଡ଼ା ।"

ଏହାର ସାର ମର୍ମକୁ ବୁଝି ଅତୀତର ବହୁ ଅଭିଜ୍ଞତା ଓ ଅନୁଭୂତିକୁ ସମ୍ବଳ କରି ଆମର ଜୀବନକୁ ପରିମାର୍ଜିତ ଓ ସୁସଙ୍ଗଠିତ କରିବା ଉଚିତ୍ । ଅନ୍ୟକୁ ଶୋଷଣ କଷଣଦେବା ନୀତି ପରିହାର କରି ସତ୍ୟ, ସ୍ୱଚ୍ଛତା, ସମାନତା, ସହନଶୀଳତା ଓ ସହଯୋଗିତା ଭଳି ମାନବୀୟ ଗୁଣରେ ଅଭିମନ୍ତ୍ରିତ ହୋଇ ଟଙ୍କା, ସୁନା, ଧନ, ରତ୍ନ ପ୍ରତି ମୋହ ତୁଟାଇ ଆମେ ଏପରି କିଛି ମହତ କାମ କରିଯିବା ଆମର ଦେହାବସାନ ପରେ ଆମେ ହସିହସି ଏ ଦୁନିଆରୁ ବିଦାୟନେବା । ଆମର ଆତ୍ମୀୟସ୍ୱଜନ, ପଡା, ପଡୋଶୀ ଆମ ଯଶ କୀର୍ତ୍ତିକୁ ମନେ ପକାଇ ଆଖିରୁ ଲୁହ ଝରାଉଥିବେ । ଏହା ଫଳରେ ଆମ ଜୀବନ ହେବ ସାର୍ଥକ । ନହେଲେ କେହି କହିବେ ନାହିଁ:-

"ବସ୍ ଷ୍ଟାଣ୍ଡରେ ପାଞ୍ଚ ମହଲା କୋଠା କରିବା ବାଲା ଅମର ରହେ,
B.M.W ଗାଡି ଚଢିବା ବାଲା ଅମର ରହେ,
ଏଲିସାନ ବଙ୍ଗଲା କରିବା ବାଲା ଅମର ରହେ ।"

ସମସ୍ତେ କେବଳ କହିବେ: - "ହରିନାମ ସତ୍ୟ ହେ, ରାମନାମ ସତ୍ୟ ହେ ।"

ବାସ୍ତବିକ ସନ୍ଥକବୀର ଏହି ଦୋହାର ଅବତାରଣାକରି ସମାଜକୁ ଯେଉଁ ଉଚ୍ଚ କୋଟିର ପରାମର୍ଶ ଦେଇଛନ୍ତି ତାହା ଯଥାର୍ଥ ଓ ପ୍ରଣିଧାନ ଯୋଗ୍ୟ ।

■

ଦୋହା - ୧୨

अति का भला न बोलना , अति की भली न चूप।
अति का भला न बरसना , अति की भली न धूप।।

Doha in English

Ati ka bhala na bolna, ati kee bhalee na choop,
Ati ka bhala na barasna, ati kee bhalee na dhoop.

ଓଡ଼ିଆରେ ଦୋହା

ଅତି କା ଭଲା ନ ବୋଲନା, ଅତି କୀ ଭଲୀ ନ ଚୂପ।
ଅତି କା ଭଲା ନ ବରସନା, ଅତି କୀ ଭଲୀ ନ ଧୂପ॥

ଯେକୌଣସି କିଛିର ଅତ୍ୟଧିକତାର ପରିଣତି କିପରି ମନ୍ଦ ଏବଂ ତାହା ବର୍ଜନୀୟ ହୋଇଥାଏ ସେ ସମ୍ବନ୍ଧରେ ଜନମାନସକୁ ସଚେତନ କରିବାର ଅଭିପ୍ରାୟ ନେଇ ପୁଣ୍ୟାତ୍ମା କବୀର ଉକ୍ତ ଦୋହାର ଅବତାରଣା କରିଛନ୍ତି ।

ଓଡ଼ିଆରେ ଗୋଟେ ଲୋକକଥା ଅଛି - 'ଅତି ଲେମ୍ବୁ ଚିପୁଡ଼ିଲେ ପିତା ।' ଲେମ୍ବୁର ସ୍ୱାଦ ଖଟା । ଠିକ୍ ହିସାବରେ ଏହାକୁ ଚିପୁଡ଼ିଲେ ଏହାର ସ୍ୱାଦ ସ୍ୱାଭାବିକ ହୋଇଥାଏ । ମାତ୍ର ସେହି ଲେମ୍ବୁକୁ ଅତିମାତ୍ରାରେ ଚିପୁଡ଼ିଲେ ତାହା ପିତା ଲାଗେ । ସମଗ୍ର ମଣିଷ ସମାଜ ଏଥିରୁ ଯେଉଁ ଶିକ୍ଷା ପାଏ ତାହାହେଲା - ପ୍ରତ୍ୟେକ ବ୍ୟକ୍ତି ନିଜର ସମସ୍ତ କାର୍ଯ୍ୟ ନିର୍ଦ୍ଦିଷ୍ଟ ସୀମା ଭିତରେ ରହି କରିବା ଉଚିତ । ସୀମା ବହିର୍ଭୂତ କାର୍ଯ୍ୟ ପ୍ରତ୍ୟେକ କ୍ଷେତ୍ରରେ ହାନିକାରକ ହୋଇଥାଏ । ଏହି ପରିପ୍ରେକ୍ଷୀରେ କେତୋଟି ଦୃଷ୍ଟାନ୍ତ ଏଠାରେ ପ୍ରଯୁଜ୍ୟ ।

୧) ଚାହାରେ ଚିନି ଅଧିକ ହେଲେ ମିଠା ଲାଗେ । ତାହା ପିଇହୁଏ ନାହିଁ । ୨) ସେହିପରି ତରକାରୀରେ ଲୁଣ କମହେଲେ ତାହା ସୁଆଦିଆ ଲାଗେ ନାହିଁ । ଅଧିକ ହେଲେ ଲୁଣିଆ ଲାଗେ । ଖାଇହୁଏ ନାହିଁ । ଯେତିକି ଆବଶ୍ୟକ ସେତିକି ହେଲେ ତରକାରୀ ଭଲ ଲାଗେ ଆଉ ଚାହା ମଧ୍ୟ ପିଇବାକୁ ଭଲଲାଗେ । ୩) ବାପା ମା ପିଲାଙ୍କୁ ଗେହ୍ଲା କରନ୍ତି । ଏତେ ଗେହ୍ଲା କରନ୍ତି ଯେ ପିଲାଟି ଭୁଲ କଲେ ମଧ୍ୟ ବାପା, ମା କିଛି ଆକଟ କରନ୍ତି ନାହିଁ । ସାହି ପଡିଶା ଲୋକ ପିଲାଟିର ଭୁଲ ଦେଖି କହିଲେ, ସେମାନେ କହନ୍ତି ଯେ, ତୁମ ଆମ ପିଲାଙ୍କୁ ଜମା ସହିପାରୁନ । ତମ ପିଲାର ଭୁଲ ବା ଦୋଷ ଦେଖାଗଲା ନାହିଁ ଖାଲି ଆମ ପିଲାର ଦୋଷଟା ତମ ଆଖିକୁ ଦେଖାଗଲା । ବାପା, ମାଙ୍କର ଏହି ଗେହ୍ଲାପଣ ଦେଖି ପିଲାଟି ହୋସକଳେ । ଦିନ ଆସେ, ସେ ପିଲା ବାପା, ମାଙ୍କର କଥା ମଧ୍ୟ ମାନେ ନାହିଁ । କଥାରେ କଥାରେ ଲୋକଙ୍କ ସହିତ ଯୁକ୍ତି କରେ । ପାଠ ନପଢି ପରୀକ୍ଷାରେ ଅସଫଳ ହୁଏ । ଶେଷରେ ତାର ଭବିଷ୍ୟତ ନଷ୍ଟ ହୁଏ । ୪) ବହୁଲୋକଙ୍କର ଖାଇବା ପ୍ରତି ଲୋଭ ଥାଏ । କେଉଁଠି ଭୋଜି ଭାତ ପାଇଁ ନିମନ୍ତ୍ରଣ ହେଲେ କିଛି ଲୋକଙ୍କର ଆଖି ଆଗେ ଆମିଷ (nonveg) ଉପରେ ପଡେ । ମାଛ, ଚିକେନ, ମଟନ ହୋଇଥିଲେ ସେମାନେ ଅଧିକ ପରିମାଣରେ ଖାଇଦିଅନ୍ତି । ଅତି ବେଶୀ ଖାଇବା ଦ୍ୱାରା ଦେହରେ ଯାଏନି । ପରେ ଝାଡା ବାନ୍ତି ହେଲେ ଡାକ୍ତର ପାଖକୁ ଯାଆନ୍ତି । ପ୍ରତ୍ୟେକ ଖାଦ୍ୟର ଭଲ ମନ୍ଦ ଦୁଇଟି ଦିଗ ଅଛି । ଖାଦ୍ୟ ଗ୍ରହଣ କଲାବେଳେ ପରିଣାମ ଓ ପରିଣତି ବିଷୟରେ ଚିନ୍ତା କରିବା ଉଚିତ୍ । ତାହା ନକଲେ ମଣିଷ ଅସୁବିଧାରେ ପଡେ । ୫) ପିମ୍ପୁଡି ଓ ଜନ୍ଦା ଗୁଡ ହାଣ୍ଡିରୁ ଶୁଣ୍ଢ ବଢ଼େଇ ଗୁଡ ଖାଇଲେ ସେମାନଙ୍କର କିଛି ଅସୁବିଧା ହୁଏନାହିଁ । ତାପାଇଁ ବିଧାନ ଭଗବାନ ଖଞ୍ଜି

ଦେଇଛନ୍ତି। କିନ୍ତୁ ଲୋଭରେ ପଡି ଖାଇବାର ଲାଳସା ନିଜ ଆୟତ୍ତରେ ନରଖି ଯଦି ଗୁଡ ହାଣ୍ଡି ଭିତରକୁ ପାଦ ବଢ଼େଇ ଦିଅନ୍ତି ସେମାନେ ଗୁଡ ହାଣ୍ଡିରୁ ଆଉ ପାଦ ଉଠେଇ ପାରନ୍ତି ନାହିଁ। ଗୁଡ ହାଣ୍ଡିରେ ପଡି ଛଟପଟ ହୁଅନ୍ତି। ଉଧୁରି ନପାରି ମରିଯାଆନ୍ତି। ୬) ସେହିପରି ଲଙ୍କାର ରାଜା ରାବଣ ଖୁବ୍ ବିଦ୍ୱାନ, ପଣ୍ଡିତ ତଥା ଅତି ପରାକ୍ରମୀ ଥିଲେ। ଅତିସହ ଗର୍ବ ଓ ଅହଂକାର କରିବା ଯୋଗୁଁ ଶେଷରେ ସ୍ୱର୍ଣ୍ଣ ଲଙ୍କା ଧ୍ୱଂସ ହେଲା ଏବଂ ନିଜେ ମଧ୍ୟ ଜୀବନ ହାରିଲେ। ୭) ଯେତିକି କହିଲେ ଚଳିବ ସେତିକି ନକହି ଗୋଟିଏ କଥାକୁ ଲମ୍ବେଇଲେ ବା ବାରମ୍ବାର କହିଲେ କିମ୍ବା କୌଣସି କଥାରେ କିଛି ନକହି ଚୁପ୍ ଚାପ ରହିଲେ ତାର ଖରାପ ପ୍ରଭାବ ପଡିଥାଏ। ୮) ଅତ୍ୟଧିକ ଥଣ୍ଡା, ଅତ୍ୟଧିକ ଗ୍ରୀଷ୍ମ, ଅତିବୃଷ୍ଟି ବା ଅନାବୃଷ୍ଟି ଜୀବଜଗତ ପାଇଁ କ୍ଷତିକାରକ ହୋଇଥାଏ। ଦରକାର ମୁତାବକ ଅନୁଭୂତ ହେଲେ ତାହା ମଙ୍ଗଳଦାୟକ ହୋଇଥାଏ।

ଅତି ଦାନେ ବଳି ରାଜାଙ୍କ ଦଶା:-

ପୁରାଣ ବର୍ଣ୍ଣିତ କିସ୍କିନ୍ଧା ରାଜା 'ବଳି' ଖୁବ୍ ଦାନୀ ଥିଲେ। ତାଙ୍କ ଭଳି ଦାନୀ ସେତେବେଳେ ଆଉ କେହି ନଥିଲେ। ଏଥିପାଇଁ ତାଙ୍କ ମନରେ ଖୁବ୍ ଗର୍ବ ଥିଲା। ତାଙ୍କ ଗର୍ବ ସହିନପାରି ସ୍ୱୟଂ ଭଗବାନ ବିଷ୍ଣୁ ବାମନ ଅବତାର ଧାରଣ କରି ବଳି ରାଜାଙ୍କ ପାଖରେ ପହଞ୍ଚି ତାଙ୍କୁ ଦାନ ମାଗିଲେ। ବଳି ରାଜା ମଧ୍ୟ ବ୍ରାହ୍ମଣ ବେଶ ଧାରୀ ବାମନଙ୍କୁ ଦେଖି ଆନନ୍ଦରେ ଉତଫୁଲ୍ଲିତ ହୋଇ ତାଙ୍କୁ ବହୁବିଧ ଦାନ ଦେବା ପାଇଁ ଇଚ୍ଛା ପ୍ରକାଶ କଲେ। ତାଙ୍କର ବାମନ ରୂପକୁ ଦେଖି ତାଙ୍କର ଶକ୍ତିକୁ କଳନା କରିପାରିନଥିଲେ। ବାମନ ରୂପି ବିଷ୍ଣୁ ବଳିଙ୍କ ଉଦାରତା ପରୀକ୍ଷା କରିବା ପାଇଁ ଯାଇଥିବାରୁ ତାଙ୍କର କୁନି କୁନି ପାଦରେ ତିନି ପାଦ ଭୂମି ମାଗିଲେ। ଏହି ଛାର ଦାନ ଦେବାକୁ ଦାନବୀର ବଳିଙ୍କ ମନରେ ତାଚ୍ଛଲ୍ୟ ଭାବ ଆସିଲା। ତେଣୁ ସେ ଅଟ୍ଟହାସ୍ୟ କରି କହିଲେ 'ଏତେ ବଡ ରାଜାଙ୍କୁ କିପରି ଦାନ ମାଗିବାକୁ ହୁଏ ତୁମର କଣ ସାଧାରଣ ଜ୍ଞାନ ନାହିଁ? 'ଏତେବଡ ସାମ୍ରାଜ୍ୟର ଅଧୀଶ୍ୱର ମୁଁ ମୋତେ ମାଗୁଛନ୍ତି ମାତ୍ର ତିନି ପାଦ ଭୂମି।' ଅନ୍ୟ କିଛି ମାଗିବାକୁ ବଳି ନିର୍ଦ୍ଦେଶ ଦେଲେ ମଧ୍ୟ ବ୍ରାହ୍ମଣ ରୂପୀ ବାମନ ଅନ୍ୟ କିଛି ନମାଗି ସେହି ତିନିପାଦ ଭୂମି ଦାନ ସ୍ୱରୂପ ଦେବାକୁ ନମ୍ର ଭାବରେ ପୁନଃ ପ୍ରକାଶ କଲେ। ଦାନବୀର କହିଲେ 'ତଥାସ୍ତୁ'। ତାପରେ ବ୍ରାହ୍ମଣ ରୂପୀ ବାମନ ତାଙ୍କର ଦୁଇ ପାଦକୁ ସ୍ଥାପନ କରନ୍ତେ ସେ ପାଦ ଦୁଇଟି ବଳିଙ୍କର ସମଗ୍ର ରାଜ୍ୟକୁ ବ୍ୟାପିଗଲା। ତୃତୀୟ ପାଦ ପାଇଁ ରାଜ୍ୟରେ ଆଉ ସ୍ଥାନ ରହିଲା ନାହିଁ। ଭୂମି ଥିଲେ ସିନା ସେ ତୃତୀୟ ପାଦ ସ୍ଥାପନ କରିବେ। ଭୂମି ନଥିଲେ ସେ କାହା ଉପରେ ପାଦ

ଥୋଇବେ ? ପ୍ରତିଶ୍ରୁତି ଅନୁସାରେ ବାମନଙ୍କୁ ତୃତୀୟ ପାଦ ଥୋଇବକୁ ପଡିଲା 'ବଳିଙ୍କ' ମସ୍ତକରେ। ମୁହୂର୍ତ୍ତକ ମଧ୍ୟରେ ବଳି ଚାପି ହୋଇଗଲେ ପାତାଳରେ।

ମହାଭାରତରେ ଧୃତରାଷ୍ଟ୍ରଙ୍କର ପୁତ୍ର ମୋହର ପରିଣତି:-

ଧୃତରାଷ୍ଟ୍ର ଥିଲେ ଜନ୍ମାନ୍ଧ। ମାତୃ ଗର୍ଭରୁ ସେ ଦୃଷ୍ଟିଶକ୍ତି ହରାଇଥିଲେ। ହେଲେ ପୁତ୍ର ମାନଙ୍କ ପ୍ରତି ତାଙ୍କର ଅତ୍ୟଧିକ ମୋହ ଓ ଆସକ୍ତି ଥିଲା। ଭୀଷ୍ମ, ଦ୍ରୋଣ, କୃପାଚାର୍ଯ୍ୟ, କର୍ଣ୍ଣ, ବିଦୁରଙ୍କ ଭଳି ଜ୍ଞାନୀ, ଗୁଣୀ, ବିଜ୍ଞଜନଙ୍କ ସମ୍ପର୍କ ଏବଂ ସର୍ବୋପରି ଭଗବାନ ଶ୍ରୀକୃଷ୍ଣଙ୍କ ଭଳି ଅବତାର ପରମପୁରୁଷଙ୍କ ସଂସର୍ଗରେ ଆସି ମଧ୍ୟ ତାଙ୍କ ହୃଦୟରେ ଜମାଟ ବାନ୍ଧିଥିବା ପୁତ୍ର-ମୋହାନ୍ଧପଣ ଦୂର ହୋଇନଥିଲା। ଶକୁନି ଭଳି କୁମନ୍ତ୍ରଣା ଦାତାଙ୍କ କପଟତାପୂର୍ଣ୍ଣ ମଧୁର ବାଣୀ ତାଙ୍କୁ ପ୍ରରୋଚିତ କରିଥିଲା। ବିଚାର, ବୁଦ୍ଧି ଓ ବିବେକ ପ୍ରୟୋଗରେ ଅନ୍ଧ ହେବା କାରଣରୁ ତାର ପରିଣାମରେ କୁରୁ କୁଳ ନାଶ ହୋଇଯାଇଥିଲା। ଶହେ ପୁତ୍ରଙ୍କ ମଧ୍ୟରୁ କେହି ଜଣେବି ଜୀବିତ ନଥିଲେ। ବୁଝି ବିଚାରି ସୀମା ଭିତରେ ରହି କାମ ନକଲେ ଅନ୍ଧ ଧୃତରାଷ୍ଟ୍ର ସଦୃଶ ସର୍ବନାଶ ଅନିବାର୍ଯ୍ୟ ହୋଇଥାଏ।

ଏହି ଅତିକୁ ଯେଉଁମାନେ ଯାଆନ୍ତି ସେମାନଙ୍କର ସବୁ କଥାରେ ରାଜା ବଳି ଓ ଅନ୍ଧ ଧୃତରାଷ୍ଟ୍ରଙ୍କ ଭଳି ଇତି ହୁଏ। ଏହା ସତ୍ୟସିଦ୍ଧ।

ଶେଷରେ ଗୋଟେ ଗାଉଁଲୀ ଉପାଖ୍ୟାନ:-

ଗୋଟିଏ ଗାଁରେ ବାସ କରୁଥିବା ଲୋକ ମାନଙ୍କ ମଧ୍ୟରୁ କେତେଜଣ ଧନୀ ଲୋକବି ଥିଲେ। ସେମାନଙ୍କ ମଧ୍ୟରୁ 'ବୁଲୁବାବୁ' ଯଦିଓ ଧନୀ ଥିଲେ କିନ୍ତୁ ତାଙ୍କର ଚଳନ ଓ ସ୍ୱଭାବ ଭିନ୍ନ ମାନର ଥିଲା। ଗରୀବ ଓ ଅସହାୟ ଲୋକ ଦୁଃସ୍ଥିତିରେ ପଡ଼ିହେଉ, ଗାଁ ର କୌଣସି ଧାର୍ମିକ କାର୍ଯ୍ୟ ହେଉ, କିମ୍ବା କୌଣସି ଅନୁଷ୍ଠାନ ନିର୍ମାଣ କାର୍ଯ୍ୟ ହେଉ, ଯେକୌଣସି ଭଲ କାମରେ 'ବୁଲୁବାବୁ' ତାଙ୍କ ସାମର୍ଥ୍ୟ ଅନୁସାରେ ଆର୍ଥିକ ସହାୟତା କରନ୍ତି। ତାଙ୍କର ଏହି ମହନୀୟ ଗୁଣ ଚାରିଆଡେ ପ୍ରସାରିତ ହେଲା। ଆସ୍ତେ ଆସ୍ତେ ଦେଖାଗଲା ଆଖପାଖ ଗାଁର ସେଭଳି କିଛି ଭଲ କାମ ହେଲେ ସେହି ସବୁ ଗାଁରୁ ଲୋକ ତାଙ୍କ ପାଖକୁ ଆସି ତାଙ୍କର ସହାୟତା ଲୋଡିଲେ। ବାରମ୍ବାର ଏଭଳି ଆସିବା ଫଳରେ ତାଙ୍କ ('ବୁଲୁବାବୁ') ମନରେ ପ୍ରତିକ୍ରିୟା ସୃଷ୍ଟି ହେଲା। ସେ ଭାବିଲେ, 'ଆମ ଗାଁରେ ତ ମୋ ଭଳି ଆହୁରି କିଛି ଥିଲାବାଲା ଅଛନ୍ତି। କାହିଁ, ତାଙ୍କ ପାଖକୁ ତ କେହି ଯାଉ ନାହାନ୍ତି। ମୁଁ ଏମିତି ଦେଉଛି ବୋଲି ମୋ ପାଖକୁ ସମସ୍ତେ ଆସୁଛନ୍ତି। ନଦେଲେ କେହି ଆସିବେନି।' ଏହାଭାବି କାହାରିକୁ କିଛି ଦେଲେନାହିଁ। ଶେଷରେ ଅତିରୁ ଇତି ହେଲା।

ବାସ୍ତବରେ ଅତିଟା ବା ଅତ୍ୟଧିକତା ସର୍ବଦା ଅନିଷ୍ଟର କାରଣ ହୋଇଥାଏ। ସେଥିପାଇଁ ଶାସ୍ତ୍ରରେ କୁହାଯାଇଛି:-

"ଅତିଦର୍ପେ ହତଃ ଲଙ୍କା
ଅତି ମାନଚଃ କୌରବା
ଅତିଦାନେ ବଳି ବଧ
ଅତି ସର୍ବତ୍ର ଗହୀରର୍ତ୍ତମ।"

ଏଭଳି ଶାସ୍ତ୍ର ଅନୁମୋଦିତ କିମ୍ବଦନ୍ତୀ ଆମେ ଶୁଣୁ। କିନ୍ତୁ ତା ଭିତରକୁ ଆମେ ଯାଉନା କି ସେ ବିଷୟରେ କିଛି ଅନୁଶୀଳନ କରୁନା। ଖାଲି ଆକୁ ମୁହଁରେ ଉଚ୍ଚାରଣ ନକରି ତା ଭିତରକୁ ଗଲେ ସେଥିରୁ ଅନେକ କିଛି ଶିଖିବାର ଅଛି। ଯାହା ଆମ ଜୀବନକୁ ପରିମାର୍ଜିତ କରେ। ସମୃଦ୍ଧ କରେ। There is a proverb in English - Anything that excess is bad. ସନ୍ଥ କବୀରଙ୍କର ଦାର୍ଶନିକ ତତ୍ତ୍ୱ ସୁଦୂର ପ୍ରସାରୀ।

■

ଦୋହା - ୧୩

रहिमन देखि बड़ेन को, लघु न दीजिए डारि।
जहाँ काम आवे सुई, कहाँ करो तरवारि।।

Doha in English

Rahiman dekhi baden ko laghu na dijie daari,
Jahan kam aave sui kahan karo tarawari.

ଓଡ଼ିଆରେ ଦୋହା

ରାହୀମନ ଦେଖି ବଡେନ କୋ ଲଘୁ ନ ଡିଜିଏ ଦାରି।
ଜହାଂ କାମ ଆବେ ସୁଇ କହାଁ କରୋ ତରବାରୀ ॥

ଛୋଟ ଭିତରେ ବିରାଟର ସମ୍ଭାବନା ଲୁଚିରହିଥାଏ। ଯେଉଁ କାର୍ଯ୍ୟ ନାମିଦାମୀ ବ୍ୟକ୍ତି ବା ସହଜରେ ହୋଇପାରୁଥିବା ଦାମୀ ଯନ୍ତ୍ରପାତି ଦ୍ୱାରା ହୋଇପାରେନାହିଁ। ସେଇଭଳି କାର୍ଯ୍ୟ ଜଣାଶୁଣା ନଥିବା ଅଳ୍ପ ବୟସର ପିଲା ବା ଅତି କମ ମୂଲ୍ୟ ଯୁକ୍ତ ଜିନିଷଦ୍ୱାରା ହୋଇପାରେ। ତେଣୁ ଛୋଟକୁ ହେୟ ଜ୍ଞାନ କରି ଅଣଦେଖା କରିବା ଅନୁଚିତ। ଏହି ମହତ୍ୱପୂର୍ଣ୍ଣ ପରାମର୍ଶ ଦେବାର ଅଭିପ୍ରାୟ ନେଇ ସଦଗୁରୁ କବୀର ଉକ୍ତ ଦୋହାର ଅବତାରଣା କରିଛନ୍ତି।

ଆଜିର ଯୁଗରେ ବିଭିନ୍ନ କାର୍ଯ୍ୟକୁ ସ୍ୱଳ୍ପ ସମୟ ମଧ୍ୟରେ ସହଜରେ କରିବାପାଇଁ ଛୁଞ୍ଚିଠାରୁ ଆରମ୍ଭକରି ବଡ଼ବଡ଼ ହାତ ହତିଆର ପର୍ଯ୍ୟନ୍ତ ବିଭିନ୍ନ ଜିନିଷ ବଜାରରେ ଉପଲବ୍ଧ ହେଉଥିବାର ସାଧାରଣତଃ ଦେଖାଯାଏ। ପ୍ରତ୍ୟେକ କାର୍ଯ୍ୟର ସାଧନ ନିମନ୍ତେ ପୃଥକ ପୃଥକ ଜିନିଷର ଆବଶ୍ୟକତା ଥାଏ। ସାମାନ୍ୟ ଛୁଞ୍ଚିକୁ ପ୍ରୟୋଗକରି ଯେଉଁ କାର୍ଯ୍ୟ କରିହୁଏ ସେହି କାର୍ଯ୍ୟ ଅନ୍ୟ କୌଣସି ବଡ଼ ବଡ଼ ହାତ ହତିଆରର ପ୍ରୟୋଗ ଦ୍ୱାରା କରିବା ସମ୍ଭବ ପର ହୋଇନଥାଏ। ସୁତରାଂ, କୌଣସି କାର୍ଯ୍ୟ ସାଧନ କରିବା ପୂର୍ବରୁ ଛୋଟବଡ଼ ବିଚାର ରଖିବା ସମୀଚୀନ ନୁହେଁ। ସେହିପରି ଛୋଟ ପିଲା କିମ୍ବା ଶାରୀରିକ ଗଠନର ଭିନ୍ନତା ଦୃଷ୍ଟିରୁ କାହାରିକୁ ସାମାନ୍ୟ ବୋଲି ଭାବିବା ଅନୁଚିତ୍।

ଏହି ପ୍ରସଙ୍ଗକୁ ଭିତ୍ତିକରି ପୁରାଣ ପୃଷ୍ଠାରେ ରାଜା 'ଜନକ' ଏବଂ ବ୍ରହ୍ମର୍ଷି 'ଅଷ୍ଟବକ୍ର'ଙ୍କୁ ନେଇ ଯେଉଁ କଥାବସ୍ତୁ ବର୍ଣ୍ଣିତ ତାହାର ଉପସ୍ଥାପନା ଏଠାରେ ସମୀଚୀନ ମନେହୁଏ। ଏକଦା ମିଥିଳା ର ରାଜା ଜନକ ଏକ ତର୍କ ପ୍ରତିଯୋଗିତାର ଆୟୋଜନ କରିଥିଲେ। ବହୁ ବିଦ୍ୱାନ ପଣ୍ଡିତ ଉକ୍ତ ତର୍କ ପ୍ରତିଯୋଗିତାରେ ଅଂଶ ଗ୍ରହଣ କରିଥିଲେ। ବ୍ରହ୍ମର୍ଷି ଅଷ୍ଟଚକ୍ରଙ୍କ ପିତା 'କହୋଦା' (kahoda) ମଧ୍ୟ ସେହି ପ୍ରତିଯୋଗିତାରେ ଜଣେ ପ୍ରତିଯୋଗୀ ଭାବେ ଅଂଶ ଗ୍ରହଣ କରିଥିଲେ। ରାଜା ଜନକଙ୍କ ଦରବାରରେ ଥିବା ଖ୍ୟାତନାମା ପଣ୍ଡିତ 'ବନ୍ଦିନ'ଙ୍କ ନେତୃତ୍ୱରେ ଉକ୍ତ ପ୍ରତିଯୋଗିତା ଚାଲିଥିଲା। ପ୍ରତିଯୋଗିତାର ଫଳାଫଳରୁ ଜଣାଗଲା ଯେ ଯେତେ ଜ୍ଞାନୀଗୁଣି ପଣ୍ଡିତମାନେ ଅଂଶଗ୍ରହଣ କରିଥିଲେ ସମସ୍ତେ 'ବନ୍ଦିନ'ଙ୍କ ଦ୍ୱାରା ପରାସ୍ତ ହେଲେ।

ସର୍ତ୍ତଥିଲା, ଯେଉଁ ପ୍ରତିଯୋଗୀମାନେ ଉକ୍ତ ପ୍ରତିଯୋଗିତାରେ ପରାସ୍ତହେବେ, ସେମାନଙ୍କୁ ସମୁଦ୍ରରେ ବୁଡାଇ ଦିଆଯିବ। ଏହି ସର୍ତ୍ତଅନୁଯାୟୀ ସବୁ ପରାଜିତ ପ୍ରତିଯୋଗୀଙ୍କ ସମେତ 'କହୋଦା'ଙ୍କୁ ମଧ୍ୟ ବୁଡାଇଦେବା ନିଶ୍ଚିତ ହୋଇଗଲା। ବ୍ରହ୍ମର୍ଷି 'ଅଷ୍ଟବକ୍ର' ତାଙ୍କ ବନ୍ଧୁଙ୍କ ଠାରୁ ଏ ଖବର ଶୁଣି ତତ୍ କ୍ଷଣାତ୍ ରାଜା ଜନକଙ୍କ ଦରବାରରେ ପହଞ୍ଚି ନିଜର ପରିଚୟ ପ୍ରଦାନ କଲେ ଏବଂ ଦମ୍ଭୋକ୍ତି ପ୍ରକାଶ କରି କହିଲେ, ତାଙ୍କୁ ସୁଯୋଗ ଦିଆଗଲେ ସେ ତର୍କ ପ୍ରତିଯୋଗିତାରେ ଅଂଶ ଗ୍ରହଣକରି ପଣ୍ଡିତ 'ବନ୍ଦିନ'ଙ୍କୁ

ନିଶ୍ଚିତ ଭାବେ ପରାସ୍ତ କରିଦେବେ। 'ଅଷ୍ଟବକ୍ର'ଙ୍କର ଅସ୍ୱାଭାବିକ ଶାରୀରିକ ଅବସ୍ଥା ଦେଖି ଦରବାରରେ ଉପସ୍ଥିତ ସଦସ୍ୟ ବର୍ଗ ହେୟଜ୍ଞାନ କରି ତାଚ୍ଛଲ୍ୟ କରିବାକୁ ଲାଗିଲେ। ଏହାକୁ ଏକ ଆହ୍ୱାନ ମନେକରି ରାଜା ଜନକ ମଧ୍ୟ ତର୍କ ପ୍ରତିଯୋଗିତା ପାଇଁ ଅନୁମତି ଦେଲେ। 'ଅଷ୍ଟବକ୍ର' ଏବଂ 'ବନ୍ଦିନ'ଙ୍କ ମଧ୍ୟରେ ଯଥାରୀତି ପ୍ରତିଯୋଗିତା ଚାଲିଲା। ମାତ୍ର ଶେଷରେ ଦେଖାଗଲା 'ଅଷ୍ଟବକ୍ର'ଙ୍କ ଠାରୁ 'ବନ୍ଦିନ' ପରାସ୍ତ ହେଲେ। ପୂର୍ବ ସର୍ତ୍ତ ଅନୁଯାୟୀ 'ବନ୍ଦିନ'ଙ୍କୁ ସମୁଦ୍ରରେ ବୁଡ଼ାଇବାର ସମୟ ଉପଗତ ହେଲା। ମାତ୍ର ସମୁଦ୍ରର ଅଧିପତି 'ବରୁଣ' ହେଉଛନ୍ତି 'ବନ୍ଦିନ'ଙ୍କ ପିତା। ପରିସ୍ଥିତିର ଗୁରୁତ୍ୱ ଦୃଷ୍ଟିରୁ 'ବରୁଣ'ଙ୍କ ନିର୍ଦ୍ଦେଶ କ୍ରମେ ବୁଡ଼ିବାକୁ ଯାଉଥିବା ପଣ୍ଡିତଙ୍କ ସମେତ 'ଅଷ୍ଟବକ୍ର'ଙ୍କ ପିତା 'କହୋଦା' ମଧ୍ୟ ଉଦ୍ଧାର ପାଇଥିଲେ।

ଉପରୋକ୍ତ କଥାବସ୍ତୁର ନିଷ୍କର୍ଷ ଏୟା ଯେ, ନାମକରା, ଜଣାଶୁଣା, ଏବଂ ଖ୍ୟାତନାମା ପଣ୍ଡିତ ମାନଙ୍କ ଦ୍ୱାରା ଯେଉଁକାର୍ଯ୍ୟ ସମାପନ ହୋଇ ପାରିନଥିଲା। ସେହି ଭଳି ମର୍ଯ୍ୟାଦା ସମ୍ପନ୍ନ କାର୍ଯ୍ୟ 'ଅଷ୍ଟବକ୍ର'ଙ୍କ ଭଳି କମ୍ ବୟସର ଶାରୀରିକ ଭିନ୍ନକ୍ଷମ ବ୍ୟକ୍ତି ଦ୍ୱାରା ସମ୍ପନ୍ନ ହେବା ସମ୍ଭବପର ହୋଇପାରିଥିଲା ଏବଂ ପ୍ରତିଯୋଗିତାରେ ପରାଜିତ ପଣ୍ଡିତ ମାନଙ୍କର ଅମୂଲ୍ୟ ଜୀବନ ରକ୍ଷା ହୋଇପାରିଥିଲା। ଏହା କମ୍ ଗୌରବର କଥା ନୁହେଁ। ଏହାକୁ ସମସ୍ତେ ହେଜିବା ଦରକାର। ଛୋଟବଡ଼ ବିଚାରର କଥାକୁ ନେଇ ମନେପଡେ କବିଙ୍କର ଲିଖିତ କବିତାର ସେହି ଗୋଟିଏ ପଂକ୍ତି :-

"କ୍ଷୁଦ୍ର ଯହିଁ ନିହିତ ଥାଏ ସମ୍ଭାବନା ବହୁ
ସାଧନାବଳେ ଶକତି ଲଭି ବିକାଶ ଲଭେ ସେହୁ।"

ଏହି ପଂକ୍ତିର ସାରମର୍ମକୁ ପ୍ରତିପାଦନ କରିବାକୁ ଯାଇ ଇତିହାସର ସ୍ୱର୍ଣ୍ଣାକ୍ଷରରେ ଲିପିବଦ୍ଧ ହୋଇଥିବା ଏକ ଯୁଗାନ୍ତକାରୀ ଘଟଣାର ଅବତାରଣା କରିବା ଯୁକ୍ତିଯୁକ୍ତ ମନେ ହୁଏ। ୧୩ଶହ ଶତାବ୍ଦୀରେ ନିର୍ମିତ ହୋଇଥିବା କୋଣାର୍କ ସୂର୍ଯ୍ୟ ମନ୍ଦିରର ଇତିହାସ ଖୁବ୍ ରୋମାଞ୍ଚକର। ସୁଦକ୍ଷ କାରିଗର 'ବିଶୁମହାରଣାର' ନେତୃତ୍ୱରେ ଚାଲିଥିଲା କାରୁକାର୍ଯ୍ୟପୂର୍ଣ୍ଣ କୋଣାର୍କ ମନ୍ଦିରର ନିର୍ମାଣ କାର୍ଯ୍ୟ। ଏଥିପାଇଁ ନିଯୋଜିତ ହୋଇଥିଲେ ବାରଶହ ବଢ଼େଇ। ବାରବର୍ଷ କାଳ ବାରଶହ ବଢ଼େଇ ଅକ୍ଳାନ୍ତ ପରିଶ୍ରମ କରି ମନ୍ଦିର ନିର୍ମାଣ କାର୍ଯ୍ୟ ଶେଷ ପର୍ଯ୍ୟାୟରେ ପହଞ୍ଚାଇବାକୁ ଯଦିଓ ସମର୍ଥ ହୋଇଥିଲେ, ମନ୍ଦିରର ଶୀର୍ଷ ଭାଗରେ 'ଦଧିନଉତି' ସ୍ଥାପନ କରିବାରେ ସେମାନେ ଅସଫଳ ହୋଇଥିଲେ। ଏହା ସତ୍ତ୍ୱେ ରାଜା 'ଲାଙ୍ଗୁଲା ନରସିଂହ ଦେବ' ସେମାନଙ୍କୁ

ଆଉ ଗୋଟିଏ ଦିନ ସୁଯୋଗ ଦେଇଥିଲେ। ସର୍ତ୍ତ ଥିଲା ସେମାନଙ୍କୁ ଦିଆଯାଇଥିବା ଶେଷ ସୁଯୋଗକୁ ବିନିଯୋଗକରି 'ଦଧିନଉତି' ସ୍ଥାପନ କରିନପାରିଲେ ତହିଁ ପରଦିନ ଅର୍ଥାତ ରାତିପାହିଲେ ବାରଶହ ବଢେଇଙ୍କର ମୁଣ୍ଡକାଟ ହେବ। ରାଜାଙ୍କର ଏତାଦୃଶ ନିଷ୍ଠୁର ନିଷ୍ପତ୍ତି ବାରଶହ ବଢ଼େଇ କୁଳକୁ ଦୁଃଖାଭିଭୂତ କରିଥିଲା। ସେମାନଙ୍କ ଆଖିରେ ନଥିଲା ନିଦ, ମୁହଁରେ ନଥିଲା ଭାଷା, ଛାତିରେ ନଥିଲା ସ୍ପନ୍ଦନ,ସଂଯୋଗକ୍ରମେ ବିଶୁମହାରଣାର ବାରବର୍ଷର ପୁଅ ଧର୍ମପଦ (ଧରମା) ସେଦିନ ସେଠାରେ ଉପସ୍ଥିତ ଥିଲା। ପିତାଙ୍କଠାରୁ ସମସ୍ତ ବିବରଣୀ ଶୁଣି ମନ୍ଦିର ଚୂଡାରେ ସେ ନିଜେ 'ଦଧିନଉତି' ସ୍ଥାପନ କରିବାକୁ ସମର୍ଥ ବୋଲି ଦୃଢ ଆତ୍ମବିଶ୍ୱାସର ସହ କହିଥିଲା। ଯେଉଁ କାର୍ଯ୍ୟକୁ ଅଭିଜ୍ଞ ବାରଶହ ବଢ଼େଇ କରିବାକୁ ଅସମର୍ଥ ହୋଇଥିଲେ ସେହିକାର୍ଯ୍ୟକୁ ବାରବର୍ଷର ବାଳୁତ ପିଲା ଧରମା ରାତିକ ଭିତରେ ଅନାୟସରେ କରିବାକୁ ସମର୍ଥ ହୋଇଥିଲା। ଧର୍ମପଦ ସେହିକାର୍ଯ୍ୟକୁ କରିପାରିଛି ବୋଲି ରାଜାଙ୍କ କାନକୁ କଥା ଗଲେ କାଳେ ରାଜା ଲାଙ୍ଗୁଳା ନରସିଂହଦେବ ଉତକ୍ଷିପ୍ତ ହୋଇ ବାରଶହ ବଢେଇଙ୍କର ମୁଣ୍ଡକାଟ କରିବାକୁ ନିଷ୍ପତ୍ତି ନେବେ ସେଥିପାଇଁ ଧରମା "ବାରଶହ ବଢେଇର ଦାୟ ନାଁ ପୁଅର ଦାୟ" ନ୍ୟାୟରେ ରାତିପାହିବା ପୂର୍ବରୁ ମନ୍ଦିରର ଚୁଡା ଭାଗରୁ ସମୁଦ୍ରକୁ ଲମ୍ଫପ୍ରଦାନକରି ନିଜର ଅମୂଲ୍ୟ ଜୀବନକୁ ସମୁଦ୍ରର ଅଥଳ ଗର୍ଭରେ ଉତ୍ସର୍ଗ କରିଥିଲା। ଏପରି ଲୋମହର୍ଷଣକାରୀ ଘଟଣା ଘଟିବାର ଶହଶହ ବର୍ଷ ଅତିକ୍ରାନ୍ତ ହୋଇଥିଲେ ମଧ୍ୟ ଧର୍ମପଦର ସେହି କାଳଜୟୀ କୀର୍ତ୍ତି ଚିରଦିନ ପାଇଁ ଇତିହାସ ପୃଷ୍ଠାରେ ସ୍ୱର୍ଣ୍ଣାକ୍ଷରରେ ଲିପିବଦ୍ଧ ହୋଇରହିଛି। ଯଥାର୍ଥରେ କୁହାଯାଇଛି :- 'ସାନ ସିନା ଦାନ ତା ମହାନ।'

କ୍ଷୁଦ୍ର ବୀଜ ମଧ୍ୟରେ ଲୁଚିରହିଥାଏ ବିରାଟ ବଟବୃକ୍ଷର ସତ୍ତା, ଅପର ପକ୍ଷରେ ବିରାଟ ବଟବୃକ୍ଷ ଧାରଣ କରିଥାଏ ଅତି ଛୋଟ ଫଳ। ସୃଷ୍ଟିର କି ବିଚିତ୍ରତା। ଛୋଟ ହେଉ କିମ୍ବା ବଡ ହେଉ,କେତେବେଳେ କିଏ କେଉଁ କାମରେ ଆସିବାର ସମ୍ଭାବନା ଥାଏ ତାହା କହି ହୁଏ ନାହିଁ। ତେଣୁ କାହାରିକୁ ଅଦରକାରୀ ବୋଲି ବିବେଚନା କରିବା ଅନୁଚିତ। ସନ୍ଥ କବୀରଙ୍କର ଦିଗଦର୍ଶନ ଅତ୍ୟନ୍ତ ହୃଦୟଗ୍ରାହୀ।

■

ଦୋହା - ୧୪

जैसी परे सो सही रहे, कहि रहीम यह देह।
धरती ही पर परत है, सीत घाम औ मेह।

Doha in English

Jaisee pare so sahee rahe, kahi raheem yah deh,
Dharatee hee par parat hai, seet ghaam au meh.

ଓଡ଼ିଆରେ ଦୋହା

ଜେସି ପରେ ସୋ ସହୀ ରହେ, କହି ରହୀମ ୟଃ ଦେହ ।
ଧରତୀ ହୀ ପର ପରତ ହୈ, ସୀତ୍ ଘାମ ଆଉ ମେହ ॥

ସୁଖ ହେଉ କି ଦୁଃଖ ହେଉ ତାହା ମଣିଷ ଜୀବନର ସ୍ଥାୟୀ ଅନୁଭବ ନୁହେଁ। ଗୋଟିକର ଅବଧି ଶେଷ ହେଲେ ଆଉ ଗୋଟେ ଆସେ। ଏହା ସୃଷ୍ଟିର ଅପରିବର୍ତ୍ତିତ ନୀୟମ। ଏହି ନୀୟମର ଅଧୀନ ହୋଇ ମଣିଷ ତାର ଜୀବନକୁ ଠିକ୍ ଢଙ୍ଗରେ ଅତିବାହିତ କରିବା ଉଚିତ। ଏହିଭଳି ଗଠନମୂଳକ ଦିଗଦର୍ଶନ ଦେବାର ଉଦ୍ଦେଶ୍ୟ ନେଇ ସନ୍ଥ କବୀର ଉକ୍ତ ଦୋହାର ଅବତାରଣା କରିଛନ୍ତି।

ଗତିଶୀଳ ସମୟର ଆହ୍ୱାନରେ ସଂସାରର କୌଣସି ଅବସ୍ଥା ବା ବ୍ୟବସ୍ଥା ଚିରସ୍ଥାୟୀ ହୋଇ ରହିନାହିଁ। ଏହା ହିଁ ସତ୍ୟସିଦ୍ଧ। ସମୟ ସତେ ଯେପରି ନିମନ୍ତ୍ରଣ କରି ଡାକିଆଣେ ପରିବର୍ତ୍ତନ ସହ ନୂତନତ୍ୱକୁ। ଯେପରି ଋତୁ ଚକ୍ରର ଆବର୍ତ୍ତନରେ ଗୋଟିଏ ପରେ ଆଉ ଗୋଟେ ଋତୁ ପୃଥିବୀ ପୃଷ୍ଠରେ ବିରାଜ ମାନକରି ତାର ଲୀଳା ଖେଳା କରିଚାଲିଛି। ଏହି କ୍ରମରେ ପୌଷ ମାଘର ବାଘୁଆ ଶୀତ, ବୈଶାଖ ଜ୍ୟେଷ୍ଠର ମୁଣ୍ଡଫଟା ଖରା, ଆଷାଢ଼ ଶ୍ରାବଣର ଅସରନ୍ତି ଧାରାର ପ୍ରକୋପକୁ ମାତା ଧରିତ୍ରୀ ସହ୍ୟ କରି ସମଗ୍ର ଜୀବଜଗତକୁ କୋଳରେ ଧାରଣ କରିଛି। କେବଳ ସେତିକି ନୁହେଁ ଏ ସଂସାରର ଉତ୍ପତ୍ତି, ସ୍ଥିତି ଓ ବିକାଶ ନିମନ୍ତେ ଯାହା ଯାହା ଦରକାର ସେ ସବୁକୁ ଅନାୟସରେ ସେ ଯୋଗାଇ ଦେଉଛି। ଅତଏବ ସହନଶୀଳତା ଧରିତ୍ରୀ ମାତାର ଏକ ବିଶିଷ୍ଟ ଗୁଣ। ସେଥିପାଇଁ ଧରିତ୍ରୀକୁ ସର୍ବଂସହା ବୋଲି କୁହାଯାଏ।।

ନିଜ ଜୀବନ ଶୈଳୀକୁ ପରିମାର୍ଜିତ କରିବାପାଇଁ ପ୍ରତ୍ୟେକ ମଣିଷ ଏହି ସହନଶୀଳତା ଗୁଣଟିକୁ ଆପଣେଇବା ଏକାନ୍ତ ଜରୁରୀ। ଏ ସଚରାଚର ପୃଥିବୀରେ ଏମିତି କେହି ମଣିଷ ନାହିଁ ଯାହା ଜୀବନରେ ସୁଖ କିମ୍ବା ଦୁଃଖ କେବେ ଆସିନାହିଁ। ଏହି ଚକ୍ର ସୃଷ୍ଟିର ପ୍ରାରମ୍ଭରୁ ଅଦ୍ୟାବଧି ଚାଲିଆସୁଛି, ଚାଲି ଆସୁଥିଲା ଆଉ ଆଗକୁ ମଧ ଚାଲିଆସୁଥିବ। ଯେତେଦିନ ପର୍ଯ୍ୟନ୍ତ ଏ ବ୍ରହ୍ମାଣ୍ଡ ରହିଥିବା ସେତେଦିନ ପର୍ଯ୍ୟନ୍ତ ଏ ଚକ୍ର ଚାଲୁଥିବ। ଏ ଚକ୍ର ଏମିତି ଏକ ନିଆରା ଅନୁଭବ ଯାହାର କେବେ ଶେଷ ନଥାଏ, It is a never ending process. ଆଜି ଯେଉଁ ମଣିଷ ସୁଖରେ ଅଛି, ହୁଏତ ଏମିତି କିଛି ଦିନ ସେ ସୁଖରେ ରହିବ। ତାପରେ ସମୟର ପ୍ରବାହ ମାନ ଧାରାରେ ସୁଖ ତା ପାଖରୁ ଧୀରେ ଧୀରେ ଦୁରେଇ ଯିବାକୁ ଲାଗିବ। କ୍ରମେ କ୍ରମେ ଦୁଃଖ ମିଳିବା ଆରମ୍ଭ ହୋଇଯିବ। ଏମିତି କିଛିଦିନ ଅନ୍ତେ ସେ ଦୁଃଖୀ ହୋଇଯିବ। ଦୁଃଖଦ ଦିନ ଗୁଡିକ ବିତିଗଲା ପରେ ତାକୁ ପୁଣି ସୁଖର କିଛି ଝଲକ ମିଳିବ। ସେ ବ୍ୟକ୍ତିକୁ ଲାଗିବ ତାର ଭଲ ସମୟ ଆସୁଛି। ଦୁଃଖର ଦିନ ଘୁଞ୍ଚିଘୁଞ୍ଚି ଯାଉଛି। ତାକୁ ଖୁସି ମିଳୁଛି। ପରିଶେଷରେ ଏମିତି ସମୟ ଆସିବ ଖୁସି ଓ ଆନନ୍ଦର ଶୀର୍ଷତମ ସୋପାନରେ ପହଞ୍ଚିଛି ବୋଲି ତାର ଅନୁଭବ ହେବ। ସେଭଳି ସ୍ଥିତିରେ ପହଞ୍ଚିଲା ପରେ ତାର

ପରବର୍ତ୍ତୀ ଅବସ୍ଥା ହେଉଛି ସେହିପରି ବ୍ୟବସ୍ଥାରେ କିଛିଦିନ କାଳାତିପାତ କରିବା, ଯାହାକି ମଣିଷ ଜୀବନରେ ସେଭଳି ଅବସ୍ଥିତି ଆସିଥାଏ। ସମୟର ପ୍ରବାହମାନ ଧାରାରେ ସେ ଅବସ୍ଥାର ପୁଣି ପରିବର୍ତ୍ତନ ଘଟେ। ଏଣୁ ସୁଖ ଆଉ ଦୁଃଖ ଦିନ - ରାତି ଭଳି ନିରନ୍ତର ପରିବର୍ତ୍ତିତ ହେଉଥିବା ଏକ ପରିସ୍ଥିତି।

ସୁଖର ପ୍ରାପ୍ତି ଓ ଦୁଃଖର ନିବାରଣ ନିମନ୍ତେ ସମସ୍ତେ କର୍ମ ତତ୍ପର ଥାନ୍ତି। ଏହା ସତ୍ତ୍ୱେ ଦୁଃଖ କାହିଁକି ଆସେ ? ବିଭିନ୍ନ କାରଣରୁ ଉତ୍ପନ୍ନ ଦୁଃଖକୁ ମଣିଷ ବୁଝିବା ଦରକାର। ସେଗୁଡିକ ହେଲା (୧) ଶାରୀରିକ ଦୁଃଖ:- ଏଥିରେ ରୋଗ ଆଉ ଶାରୀରିକ କଷ୍ଟ ଥାଏ। (୨) ମାନସିକ ଦୁଃଖ :- ଏହା ମନ ଓ ହୃଦୟର ପୀଡା ଅଟେ। ଯାହାକି କ୍ଷତି,ଶୋକ ଓ ମାନସିକ ଯନ୍ତ୍ରଣାର କାରଣ ହୋଇଥାଏ। (୩) ସାମାଜିକ ଦୁଃଖ :- ଏ ପ୍ରକାର ଦୁଃଖ ଗରିବୀ ଭେଦଭାବ ଓ ସାମ୍ପ୍ରଦାୟିକ ସଂଘର୍ଷ ସଂଯୋଚିତ ହୋଇଥାଏ। (୪) ଅସ୍ତିତ୍ୱ ସମ୍ବନ୍ଧୀୟ ଦୁଃଖ :- ମଣିଷ ନିଜର ଅସ୍ତିତ୍ୱ ଓ ସ୍ୱାଭିମାନ ବଜାଇ ରଖିବା ପାଇଁ ବିଭିନ୍ନ ପ୍ରକାର ପ୍ରଚେଷ୍ଟା ଓ କସରତ କରିଥାଏ। ଏପ୍ରକାର ସଂଘର୍ଷ ଚାଲୁରଖିବା ସତ୍ତ୍ୱେ ମଣିଷ ଯେତେବେଳେ ଅସଫଳ ହୁଏ ସେତେବେଳେ ତାହା ଦୁଃଖର କାରଣ ହୋଇଥାଏ। (୫) ପୂର୍ବଜନ୍ମର ସଞ୍ଚିତ କର୍ମ :- ଆମର ମୁନିଋଷିମାନେ ଦୁଃଖର ଗୋଟିଏ ପ୍ରମୁଖ କାରଣ ସ୍ୱରୂପ ପୂର୍ବଜନ୍ମର ସଞ୍ଚିତ କର୍ମଫଳକୁ ଦର୍ଶାଇଛନ୍ତି।

ଦୁଃଖର ନିବାରଣ ନିମନ୍ତେ ମହାତ୍ମା ବୁଦ୍ଧ ଅଷ୍ଟାଙ୍ଗ ଯୋଗର ଉପଦେଶ ଦେଇଛନ୍ତି। ମହର୍ଷି ପତଞ୍ଜଳି ଆମକୁ ଯୋଗଦର୍ଶନର ମାର୍ଗ ବତାଇଛନ୍ତି। ତାହାଦ୍ୱାରା ମଣିଷ ଶାରୀରିକ ଓ ମାନସିକ ସ୍ତରରେ ସୁସ୍ଥ ରହି ଦୁଃଖକୁ ନିୟନ୍ତ୍ରଣ କରିପାରିବ। ଭଗବାନ ଶ୍ରୀକୃଷ୍ଣ ଗୀତାରେ କହିଛନ୍ତି:- ତାଙ୍କ ପ୍ରତି ଅତୁଟ ଭକ୍ତି ଭାବ ରଖି ଦୃଢ ନିଷ୍ଠାର ସହ ତାଙ୍କ ପ୍ରଦର୍ଶିତ ମାର୍ଗରେ ନିରନ୍ତର ଚାଲିଲେ ଆମକୁ ଶାନ୍ତି ଓ ମୁକ୍ତି ପ୍ରାପ୍ତ ହେବ। ଫଳ ପ୍ରାପ୍ତି ପ୍ରତି ଆଶା ନରଖି ସର୍ବଦା ନିଜର କର୍ତ୍ତବ୍ୟ କର୍ମ କରିଚାଲିଲେ ଆମେ ନିଜର ଅହଂକାର ଓ ମୋହଠାରୁ ମୁକ୍ତି ପାଇପାରିବା। ସତ୍ୟ, ଧର୍ମ ଆଉ ଭକ୍ତିର ପଥରେ ଚାଲିବା ହିଁ ଆମ ଜୀବନର ଲକ୍ଷ ହେବା ଦରକାର। ସର୍ବ ଶକ୍ତିମାନ ପ୍ରଭୁଙ୍କ କୃପାରୁ ଆମେ ଜୀବନର ସଙ୍କଟ ଆଉ ସଂଘର୍ଷର ସାମ୍ନା କରିପାରିବା, ପ୍ରକୃତ ଶାନ୍ତି ପ୍ରାପ୍ତ ହେବା, ଜୀବନକୁ ସାର୍ଥକ କରିପାରିବା

ଉକ୍ତ ଦୋହାର ଅବତାରଣାକରି ସନ୍ଥ କବୀର ସମାଜକୁ ଯେଉଁ ମୂଲ୍ୟବାନ ଦିଗଦର୍ଶନ ପ୍ରଦାନ କରିଛନ୍ତି, ତାହା ହେଲା - ମାତା ଧରିତ୍ରୀ ଯେପରି ବିଭିନ୍ନ ପ୍ରତିକୂଳ ପରିସ୍ଥିତିର ସମ୍ମୁଖୀନ ହୋଇ ନିଜର ସହନଶୀଳତା ବା ସର୍ବଂସହା ଗୁଣକୁ ଆପଣେଇ ସମଗ୍ର ଜୀବଜଗତକୁ ତା ବକ୍ଷରେ ଧାରଣ କରିଛି, ସେହିପରି ଏ ସୃଷ୍ଟିର ଶ୍ରେଷ୍ଠ ପ୍ରାଣୀ ମଣିଷ, ଦୁଃଖ ସୁଖ ସବୁ ଅବସ୍ଥାରେ ନିଜର ସାମର୍ଥ୍ୟ ଅନୁଯାୟୀ ସମାଜ ପାଇଁ କିଛି ଅବଦାନ ରଖିବା ଉଚିତ୍। ■

ଦୋହା - ୧୫

दोनों रहिमन एक्स जो लोगं बोलती नहीं
जाना परता हैं काक पिक ऋतु बसंत के माहीं

Doha in English

Dono rahiman ekas, jau lon bolati naahin,
Jaana parata hain kaak pik rutu basant ke maahin.

ଓଡ଼ିଆରେ ଦୋହା

ଦୋନୋ ରାହୀମନ ଏକସେ, ଯୋ ଲୋଗଁ ବୋଲତୀ ନହିଁ ।
ଜାନା ପରତା ହିଁ କାକ ପିକ ଋତୁ ବସନ୍ତ କେ ମାହିଁ ॥

ସମୟ ଓ ପରିସ୍ଥିତିର ପ୍ରଭାବରେ ଏ ସଂସାରରେ ମନୁଷ୍ୟ ସମେତ ପ୍ରତ୍ୟେକ ପ୍ରାଣୀ ନିଜର ଅନ୍ତର୍ନିହିତ ଗୁଣବତ୍ତାକୁ ପରିପ୍ରକାଶ କରିବାରେ କିପରି ସମର୍ଥ ହୋଇଥାନ୍ତି ସେ ସମ୍ବନ୍ଧରେ ସନ୍ଥ କବୀର ଉକ୍ତ ଦୋହାରେ କୁଆ ଓ କୋଇଲିର ଦୃଷ୍ଟାନ୍ତ ମାଧ୍ୟମରେ ତାହାର ଯଥାର୍ଥତା ପ୍ରତିପାଦନ କରିଛନ୍ତି।

ପକ୍ଷୀମାନଙ୍କ ମଧ୍ୟରେ କୁଆ ଓ କୋଇଲିର ଶାରୀରିକ ଗଠନ ଦେଖିବାକୁ ଏକାପରି। ଉଭୟଙ୍କର ରଙ୍ଗ ମଧ୍ୟ ସମାନ। ସେମାନଙ୍କ ମଧ୍ୟରୁ କିଏ କୁଆ କିଏ କୋଇଲି ଚିହ୍ନିବା ସହଜ ହୋଇନଥାଏ। ବର୍ଷ ତମାମ କୁଆ ସବୁବେଳେ ଏଣେତେଣେ ଉଡ଼ିବୁଲି କା କା ରାବ କରୁଥାଏ। କିନ୍ତୁ କୋଇଲି କାଁଭାଁ କେତେବେଳେ କେଉଁଠି ଦେଖାଯାଆନ୍ତି। ମାତ୍ର ବସନ୍ତ ଋତୁର ଆଗମନ ହେଲେ ବିଭିନ୍ନ ଗଛ ଡାଳ ମାନଙ୍କରୁ କୋଇଲିର ମନ ମତାଣିଆ କୁହୁ କୁହୁ ରାବ ଭାସିଆସେ। ଏହି ଦିଗ ଉଛୁଳା କୁହୁ କୁହୁ ତାନ ଜନ ମାନସରେ ଅପୂର୍ବ ଶିହରଣ ଖେଳାଇ ଥାଏ। କୁଆ ଓ କୋଇଲି ଏକାପରି ଦେଖାଗଲେ ମଧ୍ୟ କୋଇଲିର ସୁଲଳିତ ସ୍ୱର ଝଙ୍କାର ସେମାନଙ୍କ ମଧ୍ୟରେ ଥିବା ପ୍ରଭେଦ ସୃଷ୍ଟି କରେ। କୋଇଲି ଆଉ ଅଚିହ୍ନା ହୋଇ ରହେ ନାହିଁ। କୋଇଲିର ପରିଚୟ ସହଜରେ ମିଳିଯାଏ। ଅତଏବ କୁଆ ଆଉ କୋଇଲି ଉଭୟ ସମଜାତୀୟ ପକ୍ଷୀ ହେଲେ ମଧ୍ୟ କୋଇଲି କଣ୍ଠର କୁହୁ କୁହୁ ତାନ ଯେପରି କୋଇଲିର ସ୍ୱତନ୍ତ୍ର ପରିଚୟ ପ୍ରଦାନ କରେ, ଠିକ୍ ସେହିପରି ସମୟ, ସ୍ଥାନ, କାଳ, ପାତ୍ର ବିଶେଷରେ କେତେକ ଅସାଧାରଣ ଘଟଣାର ପ୍ରଭାବରେ ପ୍ରଭାବିତ ସାଧକକୁ ତାର କାର୍ଯ୍ୟାବଳୀହିଁ ତାକୁ ମହାନ କରିଥାଏ। ସେ ସଂପର୍କିତ ପୁରାଣ ପୃଷ୍ଠାରେ ଲିପିବଦ୍ଧ ହୋଇଥିବା କେତେକ ଉପଯୋଗୀ ତଥ୍ୟ ଏଠାରେ ଉପସ୍ଥାପନା କରିବା ସମୀଚୀନ ମନେ ହୁଏ।

ଆଚାର୍ଯ୍ୟ ଶଙ୍କର ଓ ସନନ୍ଦନଙ୍କୁ ନେଇ ରହିଥିବା ପୌରାଣିକ କିମ୍ବଦନ୍ତୀ:-

ଆଚାର୍ଯ୍ୟ ଶଙ୍କର ଥିଲେ ଜଣେ ଖ୍ୟାତିନାମା ଆଧ୍ୟାତ୍ମିକ ଗୁରୁ। 'ସନନ୍ଦନ' ଥିଲେ ତାଙ୍କର ଅତି ପ୍ରିୟ ଶିଷ୍ୟ। ନିଜର ପ୍ରତିଭା, ନିଃସ୍ୱାର୍ଥପର ପ୍ରେମ, ଅକପଟ ଶ୍ରଦ୍ଧା, ଜ୍ଞାନର ବିଦ୍-ବତ୍ତା ଓ ଅନନ୍ୟ ଗୁରୁ ଭକ୍ତି ଯୋଗୁଁ ସମସ୍ତ ଶିଷ୍ୟଙ୍କ ଅପେକ୍ଷା ସନନ୍ଦନ ବିଶେଷ କୃପାର ଅଧିକାରୀ ହୋଇପାରିଥିଲେ। ଗୁରୁ ଆଚାର୍ଯ୍ୟ ଶଙ୍କର ମଧ୍ୟ ସନନ୍ଦନଙ୍କୁ ଅଧିକ ଭଲ ପାଉଥିଲେ। ଏକଥା ଅନ୍ୟ ଶିଷ୍ୟମାନେ ଜାଣି ତାଙ୍କୁ (ସନନ୍ଦନଙ୍କୁ) ଈର୍ଷା କରିବାକୁ ଲାଗିଲେ। ଗୁରୁ ଶଙ୍କରଙ୍କୁ ମଧ୍ୟ ଏକଥା ଅଛପା ରହିଲା ନାହିଁ। ସେ (ଗୁରୁ) ମନେ ମନେ ସ୍ଥିର କଲେ ଯେ ସମସ୍ତ ଶିଷ୍ୟଙ୍କୁ ସନନ୍ଦନଙ୍କ ଗୁରୁଭକ୍ତିର ପରାକାଷ୍ଠା

ସମ୍ବନ୍ଧରେ ପରିଚିତ କରାଇ ସେମାନଙ୍କର ଭ୍ରମ ଦୂର କରିବେ। ଦିନ ପରେ ଦିନ ଗଡିଚାଲିଲା। ଦିନକର ଘଟଣା କୌଣସି ଏକ ଜରୁରୀ କାମରେ ସନନ୍ଦନଙ୍କୁ ନିକଟରେ ପ୍ରବାହିତ ହେଉଥିବା 'ଅଳକାନନ୍ଦା' ନଦୀର ଆରପଟକୁ ଯିବାକୁ ପଡିଲା। ଅଳ୍ପ ଦୂରରେ ସେହି ନଦୀ ଉପରେ ନିର୍ମିତ ହୋଇଥିବା ପୋଲକୁ ଅତିକ୍ରମ କରି ସନନ୍ଦନ ଆରପଟକୁ ଯାଇଥିଲେ। ଏପଟେ ଆଚାର୍ଯ୍ୟ ଶଙ୍କର ଅନ୍ୟ ଶିଷ୍ୟ ମାନଙ୍କ ସହ ନଦୀ କୂଳରେ ବସିଥିଲେ। ସେହି ସମୟରେ ନଦୀର ପ୍ରବାହ ଖୁବ୍ ପ୍ରଖର ଥିଲା। ଏଭଳି ଏକ ଗମ୍ଭୀର ସ୍ଥିତିରେ ହଠାତ୍ ଆଚାର୍ଯ୍ୟ ଶଙ୍କର ଅତି କରୁଣ ସ୍ୱରରେ ସନନ୍ଦନଙ୍କୁ ଡାକ ପକାଇଲେ କହିଲେ 'ସନନ୍ଦନ କେଉଁଠି ଅଛ ? ଶୀଘ୍ର ଆସ।' ଗୁରୁଙ୍କ କରୁଣ ଚିତ୍କାର ଶୁଣି ସନନ୍ଦନ ବ୍ୟସ୍ତ ବିବ୍ରତ ହୋଇ ମନେ ମନେ ଭାବିଲେ 'ଗୁରୁଦେବ ନିଶ୍ଚୟ କୌଣସି ଏକ ଅସୁବିଧାର ସମ୍ମୁଖୀନ ହୋଇଛନ୍ତି। ମୋତେ ତାଙ୍କ ନିକଟକୁ ତୁରନ୍ତ ଯିବାକୁ ପଡିବ। କିନ୍ତୁ ପୋଲ ବାଟ ଦେଇ ଗଲେ ଅଧିକ ସମୟ ଚାଲିଯିବ।' ଏହା ଭାବି କିଛି ଚିନ୍ତା ନକରି ଫୁଲି ଉଠିଥିବା ଅଳକାନନ୍ଦା ନଦୀର ପ୍ରଖର ସ୍ରୋତକୁ ଡେଇଁପଡ଼ିଲେ। ଯେଉଁ ପ୍ରବାହରେ ବଡ ବଡ ସନ୍ତରଣକାରୀ ହାରିଯାଆନ୍ତି ସେଭଳି କ୍ଷେତ୍ରରେ ସନନ୍ଦନ ନିଜ ଜୀବନକୁ ବାଜି ଲଗାଇଦେଲେ। ନଦୀର ଆରପଟ ବସିଥିବା ଅନ୍ୟ ଶିଷ୍ୟ ମାନେ ଏଭଳି ରୋମାଞ୍ଚକର ସ୍ଥିତି ଦେଖି ତାଙ୍କର ମୃତ୍ୟୁ ସୁନିଶ୍ଚିତ ବୋଲି ଧରିନେଲେ। କିନ୍ତୁ ସନନ୍ଦନଙ୍କ ଅସୀମ ଗୁରୁ ଭକ୍ତିର ନିଦର୍ଶନ ପାଇ ଅଳକାନନ୍ଦା ନଦୀ ତାର ଲକ୍ଷ୍ୟ ପଥକୁ ସୁଗମ କରିବାକୁ ଯାଇ ସନନ୍ଦନଙ୍କ ପ୍ରତ୍ୟେକ ପଦକ୍ଷେପରେ ପଦ୍ମ ଫୁଲ ଫୁଟାଇବାକୁ ଲାଗିଲେ। ପ୍ରସ୍ଫୁଟିତ ପଦ୍ମ ଫୁଲ ଉପରେ ପାଦ ରଖି ଅବିଳମ୍ବେ ଆଚାର୍ଯ୍ୟ ଶଙ୍କରଙ୍କ ଚରଣ କମଳ ନିକଟରେ ପହଞ୍ଚିଗଲେ। ଏଭଳି ଅନନ୍ୟ ଗୁରୁଭକ୍ତିର ନିଦର୍ଶନ ପାଇ ସେଠାରେ ଉପସ୍ଥିତ ଥିବା ଶିଷ୍ୟ ମାନେ ଆଶ୍ଚର୍ଯ୍ୟ ଚକିତ ହୋଇଯାଇଥିଲେ। ସେଠାରେ ଉପସ୍ଥିତ ଥିବା ସମସ୍ତ ଶିଷ୍ୟଙ୍କ ସମ୍ମୁଖରେ ଗୁରୁ ଆଚାର୍ଯ୍ୟ ଶଙ୍କର ପ୍ରକାଶ କଲେ "ଆଜିଠାରୁ ସନନ୍ଦନ 'ପଦ୍ମପାଦ' ନାମରେ ନାମିତ ହେଲେ।" ସେବେଠାରୁ ତାଙ୍କ ନାମ ସନନ୍ଦନ ପରିବର୍ତ୍ତେ 'ପଦ୍ମପାଦ' ରୂପେ ଦୁନିଆ ଜାଣିଲା। ଅସାଧାରଣ ଗୁରୁ ଭକ୍ତିର ପରାକାଷ୍ଠାହିଁ ସନନ୍ଦନଙ୍କର ମହନୀୟତା ପ୍ରଦର୍ଶନ କରିବା ସଙ୍ଗେ ସଙ୍ଗେ ତାଙ୍କୁ 'ପଦ୍ମପାଦ' ନାମରେ ନାମିତ କଲା।

ଅତଏବ କୋଇଲି କଣ୍ଠର ସୁମଧୁର ସ୍ୱରର ମାଧୁର୍ଯ୍ୟ କୋଇଲିକୁ ଯେପରି ସ୍ୱତନ୍ତ୍ର ପରିଚୟ ପ୍ରଦାନ କରିଥିଲା, ଏଠାରେ ସନନ୍ଦନଙ୍କ ଅସୀମ ଗୁରୁ ଭକ୍ତିର ପରାକାଷ୍ଠା ସନନ୍ଦନଙ୍କୁ ଅନୁରୂପ ଭାବରେ ସ୍ୱତନ୍ତ୍ର ପରିଚୟ ପ୍ରଦାନ କରିଥିଲା। ସେହି ମହନୀୟ ପରିଚୟକୁ ଆଧାର କାରି ସନନ୍ଦନଙ୍କ ନାମ ପରିବର୍ତ୍ତିତ ହୋଇ 'ପଦ୍ମପାଦ' ନାମରେ

ଇତିହାସ ପୃଷ୍ଠା ମଣ୍ଡନ କଲା । ତେଣୁ ସମୟ କାହାକୁ କେତେବେଳେ କେଉଁ ସ୍ଥିତିରେ ପହଞ୍ଚାଏ ତାହା କହିବା ମୁସ୍କିଲ ।

ଭକ୍ତ ହନୁମାନର ପରାକ୍ରମକୁ ନେଇ ଲିପିବଦ୍ଧ ହୋଇଥିବା ପୌରାଣିକ ଉପାଖ୍ୟାନ:-

ତ୍ରେତୟା ଯୁଗରେ ଦୁର୍ମତି ରାବଣ ଦ୍ୱାରା ସତୀ ସୀତା ଅପହୃତା ହେବାର ପରବର୍ତ୍ତୀ କଥାବସ୍ତୁ । ସାତ ସମୁଦ୍ର ପାର ହୋଇ ସତୀ, ସ୍ୱାଧ୍ୱୀ ସୀତାଙ୍କୁ ଠାବ କରିବା ପାଇଁ ରାମଙ୍କର ପ୍ରିୟ ଭକ୍ତ ହନୁମାନହିଁ ଏକମାତ୍ର ଯୋଗ୍ୟ ବୋଲି ସମସ୍ତଙ୍କ ଦ୍ୱାରା ସିଦ୍ଧାନ୍ତ ନିଆଗଲା । ହନୁମାନ ମଧ୍ୟ ଉକ୍ତ ପ୍ରସ୍ତାବକୁ ସାଦରେ ଗ୍ରହଣ କଲେ ଏବଂ ଯିବା ପାଇଁ ବାହାରି ପଡିଲେ । ମାତ୍ର ଦିଗନ୍ତ ବିସ୍ତାରୀ ସମୁଦ୍ରର ସୀମାହୀନ ରୂପକୁ କୂଳରୁ ଦେଖି ତାଙ୍କ ମନରେ ଭାବାନ୍ତର ସୃଷ୍ଟି ହେଲା । ସେ ମନେମନେ ଭାବିଲେ, 'ଏତେ ବଡ ସମୁଦ୍ର, ମୁଁ ଜଣେ ଛାର ବାନର । କେମିତି ଏ ସାତ ସମୁଦ୍ରକୁ ପାରି ହୋଇ ମାତା ସୀତାଙ୍କୁ ଠାବ କରିବି ?' ଏହା ଭାବି ଭାବି ହନୁମାନ ଆଶଙ୍କାର ଭଉଁରୀ ଭିତରେ ଫସିଗଲେ । ତାଙ୍କ ମନରେ ଏ ପ୍ରକାର ଅହେତୁକ ଶଙ୍କା ଆସିବାର କାରଣ - ହନୁମାନ ଯେତେବେଳେ ଛୋଟ ଥିଲେ, ସେତେବେଳେ ସେ ବହୁତ ଚଗଲା ବା ଦୁଷ୍ଟ ପ୍ରକୃତିର ଥିଲେ । ତାଙ୍କ ଦୁଷ୍ଟାମୀର ପ୍ରଭାବରେ ମୁନିଋଷି ମାନେ ବହୁ ଅସୁବିଧାର ସମ୍ମୁଖୀନ ହୋଇ ଘୋର ଅଶାନ୍ତିରେ କାଳାତିପାତ କରୁଥିଲେ । ଦିନକୁ ଦିନ ହନୁମାନଙ୍କର ଦୁଷ୍ଟାମୀ ବଢିଚାଲିଲା । ଦୁଷ୍ଟାମୀର ସୀମା ଅତିକ୍ରମ କରିବାରୁ ଏକଦା କ୍ରୋଧ ବଶତଃ ଜଣେ ମୁନି କହିଲେ 'ହେ ଦୁଷ୍ଟ ହନୁମାନ ! ତୋର ଦୁଷ୍ଟାମୀ ପଣିଆ ଦିନକୁ ଦିନ ବଢି ବଢି ଚାଲିଛି । ଏହା ଫଳରେ ସମଗ୍ର ମୁନି ସମାଜ ଅଶାନ୍ତି ଓ ଅସ୍ୱସ୍ତିରେ କାଳାତିପାତ କରୁଛନ୍ତି । ସବୁ କ୍ଷେତ୍ରରେ ସମସ୍ତଙ୍କ ପାଇଁ ବାଧା ବିଘ୍ନ ସୃଷ୍ଟି କରୁଛୁ । ଆଜି ଏହି ମୁହୁର୍ତ୍ତରେ ଅଭିଶାପ ଦେଉଛି, ତୁ ତୋର ସମସ୍ତ ଶକ୍ତି, ବଳ, ବୀର୍ଯ୍ୟ ଓ ପରାକ୍ରମକୁ ଭୁଲିଯିବୁ ।' ହନୁମାନ ମଧ୍ୟ ତାଙ୍କ ଅଭିଶାପ ପାଇ ତାଙ୍କର ସମସ୍ତ ପରାକ୍ରମ ଭୁଲିଗଲେ । ସେଥିପାଇଁ ହନୁମାନ ଅଶେଷ ବଳରେ ବଳିୟାନ, ଅଶେଷ ଶକ୍ତିର ଶକ୍ତିମାନ ହୋଇ ମଧ୍ୟ ସମୁଦ୍ର କୂଳରେ ଠିଆ ହୋଇ ସମୁଦ୍ର ଲଙ୍ଘନ କରିବାକୁ ମନରେ ଶଙ୍କା ଜାତ ହୋଇଥିଲା । ଏଭଳି ଏକ ଘଡ଼ିସନ୍ଧି ମୁହୂର୍ତ୍ତରେ 'ଜାମ୍ବବାନ' ଆସି ତାଙ୍କୁ (ହନୁମାନଙ୍କୁ) ସ୍ମରଣ କରାଇବାକୁ ଯାଇ କହିଥିଲେ, 'ହେ ହନୁମାନ ! ତମେ କୌଣସି ସାଧାରଣ ବାନର ନୁହଁ । ତୁମ ଦେହରେ ଅନନ୍ତ ଶକ୍ତି ସାମର୍ଥ୍ୟ ସନ୍ନିବେଶିତ ହୋଇ ରହିଛି । ତୁମେ ଏ ବିଶ୍ୱର ସମସ୍ତ ଶକ୍ତିର ମାଲିକ । ତୁମ ଶକ୍ତିର ପଟାନ୍ତର ନାହିଁ । ଚେଷ୍ଟା କର,

ଥରେ ଚେଷ୍ଟା କର। ଏ ସାତ ସମୁଦ୍ରକୁ ଗୋଟିଏ ଲମ୍ଫରେ ଅତିକ୍ରମ କରିପାରିବ।' 'ଜାମ୍ବବାନଙ୍କ' ଠାରୁ ଏତାଦୃଶ ସମୟଉପଯୋଗୀ ପ୍ରେରଣା ଦାୟକ ବାଣୀ ଶ୍ରବଣ କରି ମହାବଳୀ ହନୁମାନ 'ଜୟ ଶ୍ରୀରାମ' କହି ଗୋଟିଏ ଲମ୍ଫ ପ୍ରଦାନ କରି ସାତ ସମୁଦ୍ରକୁ ଅକ୍ଳେଶରେ ଅତିକ୍ରମ କରିଥିଲେ। ସ୍ୱର୍ଣ୍ଣମୟୀ ଲଙ୍କା ଗଡରେ ପହଞ୍ଚି କଳେବଳେ କୌଶଳେ ମାତା ସୀତାଙ୍କୁ ଠାବ କରିବାକୁ ସକ୍ଷମ ହୋଇଥିଲେ। ଏହି ଉପାଖ୍ୟାନରୁ ପ୍ରତୀତ ହୁଏ ଯେ ସବୁ ବାନର ହନୁମାନ ନୁହନ୍ତି। ଜ୍ଞାନୀ ମାନେ କହନ୍ତି, ଆକାଶର ବିକଳ୍ପ ହିଁ ଆକାଶ। ସାଗରର ବିକଳ୍ପ ହିଁ ସାଗର। ସେହିପରି ହନୁମାନଙ୍କର ବିକଳ୍ପ ହିଁ ହନୁମାନ।

ଏହି ଦୋହାର ଅନୁଶୀଳନ ଦ୍ୱାରା ସମାଜକୁ ଯେଉଁ ମୂଲ୍ୟବାନ ଶିକ୍ଷା ମିଳେ ତାହା ହେଲା ଗତିଶୀଳ ସମୟହିଁ କିଏ ସର୍ବୋତ୍ତମ ଆଉ କିଏ ମଧ୍ୟମ, କିଏ ସାଧାରଣ ଆଉ କିଏ ଅସାଧାରଣ କିଏ କାଚ ଆଉ କିଏ କାଞ୍ଚନ ତାହା ନିର୍ଦ୍ଧାରଣ କରିଥାଏ। ସନ୍ଥ କବୀରଙ୍କ ତାତ୍ତ୍ୱିକ ଦର୍ଶନ ଅତ୍ୟନ୍ତ ମର୍ମସ୍ପର୍ଶୀ।

■

ଦୋହା - ୧୬

जो रहीम उत्तम प्रकृति का करी सकत कुसंग।
चन्दन विष व्यापत नहीं लिपटे रहत भुजंग।।

Doha in English

Jo raheem uttam prakrti ka karee sakat kusang,
Chandan vish vyaapat nahin lipate rahat bhujang.

ଓଡ଼ିଆରେ ଦୋହା

ଜୋ ରହୀମ ଉତ୍ତମ ପ୍ରକୃତି କା କରୀ ସକତ କୁସଙ୍ଗ ।
ଚନ୍ଦନ ବିଶ୍ ବ୍ୟାପ୍ତ ନାହିଁ ଲିପଟେ ରହତ ଭୁଙ୍ଗ ॥

ଉତ୍ତମ ବ୍ୟକ୍ତିତ୍ୱ ସମ୍ପନ୍ନ ବ୍ୟକ୍ତି ଯେକୌଣସି ପରିସ୍ଥିତିରେ ସମ୍ମୁଖୀନ ହେଲେ ମଧ୍ୟ ନିଜର ନୀତି ଓ ଆଦର୍ଶରୁ କେବେହେଲେ ବିଚ୍ୟୁତ ହୁଅନ୍ତି ନାହିଁ। ଏହି ଉକ୍ତିର ଯଥାର୍ଥତା ପ୍ରତିପାଦନ କରିବାକୁ ଯାଇ ଉକ୍ତ ଦୋହାରେ ସନ୍ଥ କବୀର ଚନ୍ଦନ ବୃକ୍ଷ ଓ ସର୍ପର ଦୃଷ୍ଟାନ୍ତ ଦେଇଛନ୍ତି।

ଚନ୍ଦନ କାଠ ଓ ଚନ୍ଦନ ବୃକ୍ଷ ଅତ୍ୟନ୍ତ ପବିତ୍ର ଓ ମୂଲ୍ୟବାନ। ତା'ର ସୁବାସିତ ମହକ ସମସ୍ତଙ୍କୁ ଅମୋଦିତ କରେ। ଏହି ବୃକ୍ଷକୁ ସମସ୍ତେ ଆଦର କରନ୍ତି। ସର୍ପ ଏକ ବିଷଧର ପ୍ରାଣୀ। ଏହାର ବିଷର ପ୍ରଭାବ ଅତ୍ୟନ୍ତ ମାରାତ୍ମକ ଏବଂ ଜୀବନ ନାଶକ ହୋଇଥିବାରୁ ସର୍ପକୁ ସମସ୍ତେ ଘୃଣା କରନ୍ତି। ଏହାର ଶରୀର ଲମ୍ବାଳିଆ ହୋଇଥିବାରୁ ଭୂଇଁ ଉପରେ ଅଙ୍କେଇ ବଙ୍କେଇ ଗତିକରେ। କୌଣସି ପରିସ୍ଥିତିରେ ଏପରି ବିଷଧର ସର୍ପ ଚନ୍ଦନ ବୃକ୍ଷର ଚାରିପଟେ ଲଟେଇ ହୋଇ ବା ଗୁଡ଼େଇ ହୋଇ ରହିଲେ ମଧ୍ୟ ତାର ପାଟିରୁ ନିର୍ଗତ ହେଉଥିବା ବିଷ ଚନ୍ଦନ ବୃକ୍ଷର କୌଣସି କ୍ଷତି ସାଧନ କରେ ନାହିଁ କି ଚନ୍ଦନ ବୃକ୍ଷରେ ବିଷ ଚରିଯାଏ ନାହିଁ। ଚନ୍ଦନ ବୃକ୍ଷର ବାସ୍ନା ଏବଂ ସୁଗୁଣ ପୂର୍ବ ଭଳି ଅକ୍ଷୁର୍ଣ୍ଣ ରହେ। ଠିକ୍ ସେହି ନ୍ୟାୟରେ ନ୍ୟାୟ, ନୀତି, ସତ୍ୟ ସଦାଚାର କୁ ପାଥେୟ କରି ସମାଜରେ ଜୀବନ ନିର୍ବାହ କରୁଥିବା ବ୍ୟକ୍ତିବିଶେଷ ଅଖଣ୍ଡ କ୍ଷମତା, ପ୍ରତିପତ୍ତି ଓ ପ୍ରତିଷ୍ଠାର ଅଧିକାରୀ ହେଲେ ମଧ୍ୟ କିମ୍ବା କୌଣସି ପ୍ରତିକୂଳ ପରିସ୍ଥିତିରେ ଜୀବନ ଅତିବାହିତ କରୁଥିଲେ ମଧ୍ୟ ନିଜର ମହନୀୟ ନୀତି ଓ ଆଦର୍ଶରୁ ଓହରି ନଯାଇ ନିଜର ନୈତିକ କର୍ତ୍ତବ୍ୟ ସମ୍ପାଦନ କରି ସମସ୍ତଙ୍କ ନିକଟରେ ସ୍ମରଣୀୟ ହୋଇଥାନ୍ତି। ଏହି ପ୍ରସଙ୍ଗ କୁ ଆଧାର କରି କେତେକ ଉପଯୋଗୀ ତଥ୍ୟ ଏଠାରେ ରଖିବାକୁ ଉଚିତ ମନେହୁଏ।

ବିଭୀଷଣଙ୍କର ବ୍ୟକ୍ତିତ୍ୱର ବୈଶିଷ୍ଟ୍ୟ:-

ପବିତ୍ର ଗ୍ରନ୍ଥ ରାମାୟଣରେ ବର୍ଣ୍ଣିତ କଥାବସ୍ତୁ। ମହର୍ଷି ବିଶ୍ରବାଙ୍କ ଔରସରୁ ଏବଂ କୈକେଶୀଙ୍କ ଗର୍ଭରୁ ଜାତ ହୋଇଥିବା ତିନି ପୁତ୍ର ମଧ୍ୟରୁ ଜ୍ୟେଷ୍ଠ ପୁତ୍ର ଥିଲେ ଦଶାନନ ରାବଣ, ମଧ୍ୟମ ପୁତ୍ର ଥିଲେ କୁମ୍ଭକର୍ଣ୍ଣ ଏବଂ କନିଷ୍ଠ ପୁତ୍ର ଥିଲେ ବିଭୀଷଣ। ରାବଣ ଥିଲେ ସ୍ୱର୍ଣ୍ଣମୟୀ ଲଙ୍କାର ଜଣେ ଖଳ ଚରିତ୍ର ସମ୍ପନ୍ନ ବିଧର୍ମୀ ଶାସକ। କୁମ୍ଭକର୍ଣ୍ଣର ସ୍ୱଭାବ ଯଦିଓ ରାବଣ ଭଳି ଥିଲା କିନ୍ତୁ ସେ ପ୍ରତି ଛଅ ମାସରେ ଥରେ ନିଦରୁ ଉଠି ଯାହା ପାଉଥିଲା ତାକୁ ମାରି ପେଟପୁରା ଖାଇ ପୁଣି ଛଅ ମାସ ଯାଏଁ ଶୋଇ ରହୁଥିଲା। ବିଭୀଷଣ ଥିଲେ ଧର୍ମାତ୍ମା, ସତ୍ୟ ଓ ନ୍ୟାୟର ମୂର୍ତ୍ତିମନ୍ତ ପ୍ରତୀକ ତାଙ୍କର ସ୍ୱଭାବ ଥିଲା ରାବଣ ଓ କୁମ୍ଭକର୍ଣ୍ଣଙ୍କର ବିପରୀତ। ଦିନକୁ ଦିନ ରାବଣର ଅପରାଧିକ ପ୍ରବୃତ୍ତି ବୃଦ୍ଧି

ପାଇବାର ଦେଖି ସାନ ଭାଇ ହିସାବରେ ବଡ଼ ଭାଇଙ୍କୁ (ରାବଣଙ୍କୁ) ସତ୍ ପରାମର୍ଶ ଦେଇ ଭଲ ବାଟକୁ ଫେରାଇ ଆଣିବା ପାଇଁ ବିଭୀଷଣ ବହୁ ଚେଷ୍ଟା କରିଥିଲେ। ହେଲେ ରାବଣର ସ୍ୱଭାବରେ କୌଣସି ପରିବର୍ତ୍ତନ ହୋଇନଥିଲା। ପୁରୁଷୋତ୍ତମ ପ୍ରଭୁ ଶ୍ରୀରାମଙ୍କ ସହ ଶତ୍ରୁତା ଆଚରଣ କରି ସତୀ, ସ୍ୱାଧ୍ୱୀ ସୀତାଙ୍କୁ ଅପହରଣ କରି ଆଣିବା ଭଳି ନିନ୍ଦନୀୟ ଓ ଜଘନ୍ୟ ଅସାମାଜିକ କାର୍ଯ୍ୟ କରିବାକୁ ମଧ୍ୟ ରାବଣ ଦ୍ୱିଧା ପ୍ରକାଶ କରିନଥିଲା। ରାବଣର ଏତାଦୃଶ ଅନ୍ୟାୟ, ଅନୀତି କର୍ମ ବିଭୀଷଣଙ୍କୁ ବିଚଳିତ କରିଥିଲା। ସେ ଚୁପ ନରହି, ପର ସ୍ତ୍ରୀ ଅପହରଣ କରି ନିଜ ବିନାଶକୁ ଆମନ୍ତ୍ରଣ କରି ନଆଣିବାକୁ ରାବଣଙ୍କୁ ବହୁତ ବୁଝାଇଥିଲେ। ମାତ୍ର ବିନାଶ କାଳେ ବିପରୀତ ବୁଦ୍ଧି ନ୍ୟାୟରେ ରାବଣ ଏଥି ପ୍ରତି କର୍ଣ୍ଣପାତ ନକରି ଓଲଟା ବିଭୀଷଣଙ୍କୁ ନାନାଭାବରେ ଭର୍ତ୍ସନା କରିଥିଲେ। ଭର୍ତ୍ସନା ସହିନପାରି ବିଭୀଷଣ ଲଙ୍କା ତ୍ୟାଗ କରି ସତ୍ୟ, ଧର୍ମ ଓ ନ୍ୟାୟର ପ୍ରତିଷ୍ଠା ପାଇଁ ମର୍ଯ୍ୟାଦା ପୁରୁଷ ଶ୍ରୀରାମଙ୍କ ଶରଣାଗତ ହୋଇଥିଲେ। ବିଭୀଷଣ ଶ୍ରୀରାମଙ୍କ ଉଦାରତା, ମହାନତା ସମ୍ପର୍କରେ ପୂର୍ବରୁ ଅନେକ କିଛି ଶୁଣିଥିଲେ। ପରେ ଚାକ୍ଷୁସ ପ୍ରମାଣ ପାଇ ଆସ୍ଥା ଓ ବିଶ୍ୱାସକୁ ଅତୁଟ ରଖି ଠିକଣା ସମୟରେ ବିଶ୍ୱସ୍ତ ମିତ୍ରର ପରିଚୟ ଦେଇ ଶ୍ରୀରାମଙ୍କ ସମେତ ଅନ୍ୟ ମାନଙ୍କର ପ୍ରିୟର ପାତ୍ର ହୋଇପାରିଥିଲେ। ସୀତାଙ୍କୁ ଉଦ୍ଧାର କରିବା ପାଇଁ ରାବଣଙ୍କ ସହ ଯୁଦ୍ଧ ଅନିବାର୍ଯ୍ୟ ଥିଲା। ତତ୍ ପରବର୍ତ୍ତୀ କଥାବସ୍ତୁ ସମ୍ବନ୍ଧରେ ଆପଣମାନେ ଅବଗତ।

ଉଲ୍ଲିଖିତ କଥାବସ୍ତୁକୁ ପର୍ଯ୍ୟାଲୋଚନା କଲେ ଜଣାଯାଏ ଯେ - ବିଭୀଷଣ ହେଉଛନ୍ତି ସତ୍ୟ, ଧର୍ମ, ନ୍ୟାୟର ମୂର୍ତ୍ତିମନ୍ତ ପ୍ରତୀକ। ତାଙ୍କର ମନ ଓ ହୃଦୟ ମଧ୍ୟ ଚନ୍ଦନ ଭଳି ପବିତ୍ର ଓ ନିର୍ମଳ। ଏଭଳି ମହତ ଜନଙ୍କ କଥା ସ୍ମରଣକୁ ଆସିଲା ମାତ୍ରେ ଆମ ଭଳି ସାଧାରଣ ମଣିଷ ମାନଙ୍କ ମନ ଓ ହୃଦୟରେ ମହତ ଭାବ କ୍ଷଣିକ ଲାଗି ହେଉ ପଛେ ସଞ୍ଚାରିତ ହୋଇଯାଏ। ରାବଣ ଓ କୁମ୍ଭକର୍ଣ୍ଣଙ୍କ ଭଳି ମନ୍ଦ ତଥା ଖଳ ପ୍ରକୃତି ସମ୍ପନ୍ନ ବ୍ୟକ୍ତିବିଶେଷ, ସ୍ନେହ, ପ୍ରେମ, କରୁଣାର ଦିବ୍ୟ ଗୁଣଯୁକ୍ତ ବିଭୀଷଣଙ୍କୁ, ଚନ୍ଦନ ବୃକ୍ଷ ଚାରିପଟେ ଗୁଡେଇ ହୋଇ ରହିଥିବା ବିଷଧର ସର୍ପ ଭଳି ସର୍ବଦା ସବୁ ପ୍ରକାର ଲାଞ୍ଛନା, ଗଞ୍ଜଣା, ଅପମାନ ଦେବା ସତ୍ତ୍ୱେ ସେ (ବିଭୀଷଣ) ତାଙ୍କ ମହତ ପଣିଆକୁ ହରାଇନଥିଲେ। ବରଂ ସବୁ ପ୍ରତିକୂଳ ଅବସ୍ଥା ଭିତରେ ତାଙ୍କର ମହତପଣିଆ ଅଧିକ ପରିମାଣରେ ଜାଜ୍ୱଲ୍ୟମାନ ହୋଇ ଉଠିଥିଲା।

ଗୋଟିଏ ପରିବାର ଓ ଗୋଟିଏ ପରିବେଶରେ ଗଢା ହୋଇ ମଧ୍ୟ ରାବଣ ଓ କୁମ୍ଭକର୍ଣ୍ଣଙ୍କର ସ୍ୱଭାବ ଓ ଚରିତ୍ରର କୌଣସି ପ୍ରଭାବ ବିଭୀଷଣଙ୍କ ଉପରେ ପଡ଼ିନଥିଲା। ବାସ୍ତବରେ ବଜାରରେ ଅନେକ ଦୋକାନ ଥାଏ। ସେମାନଙ୍କ ମଧ୍ୟରେ ଜୀବନ

ନାଶକାରୀ ମଦ ଦୋକାନ ଥିଲାବେଳେ ଜୀବନ ରକ୍ଷାକାରୀ ଔଷଧ ଦୋକାନ ମଧ୍ୟ ଥାଏ। ଜଳ ସହିତ ଜଳ ସମ୍ପୂର୍ଣ୍ଣ ମାତ୍ରାରେ ମିଶିପାରେ, କିନ୍ତୁ ଜଳ ସହିତ ତେଲ ଆଦୌ ମିଶିପାରେ ନାହିଁ। ପ୍ରତ୍ୟେକଙ୍କର ସ୍ଥାନ ଓ ମାନ ସ୍ୱତନ୍ତ୍ର ଏହି ନ୍ୟାୟରେ ରାବଣ ଓ କୁମ୍ଭକର୍ଣ୍ଣର ମନ୍ଦ ପ୍ରକୃତିର ପ୍ରଭାବ ବିଭୀଷଣଙ୍କ ଉପରେ ପଡ଼ିନଥିଲା।

ଲାଲ ବାହାଦୂର ଶାସ୍ତ୍ରୀଙ୍କ ଜୀବନ ଦର୍ଶନ:-

ଦେଶ ସ୍ୱାଧୀନ ହେଲା ପରେ ସ୍ୱର୍ଗତ ଲାଲ ବାହାଦୂର ଶାସ୍ତ୍ରୀ କେନ୍ଦ୍ର ମନ୍ତ୍ରୀ ମଣ୍ଡଳରେ ସ୍ୱରାଷ୍ଟ୍ର ଓ ରେଳବାଇ ମନ୍ତ୍ରୀ ଭାବେ ଦାଇତ୍ୱ ଗ୍ରହଣ କରି ନିଜର ଦକ୍ଷତା ପ୍ରଦର୍ଶନ ସହିତ କାଳକାଳ ପାଇଁ ରଖିଯାଇଛନ୍ତି ମୂଲ୍ୟବୋଧ ଭିତ୍ତିକ ରାଜନୀତିର ନମୁନା। ରେଳବାଇ ମନ୍ତ୍ରୀ ଥିଲାବେଳେ ଘଟିଥିବା ରେଳ ଦୁର୍ଘଟଣାରେ ଅନେକ ଲୋକ ମୃତାହତ ହୋଇଥିବାରୁ ଶାସ୍ତ୍ରୀଜୀ ମର୍ମାହତ ହୋଇ ନୈତିକତା ଦୃଷ୍ଟିରୁ ମନ୍ତ୍ରୀପଦ ତ୍ୟାଗ କରି ଭାରତୀୟ ରାଜନୀତିରେ ଯୋଡ଼ିଥିଲେ ମୂଲ୍ୟବୋଧର ଏକ ନୂତନ ଅଧ୍ୟାୟ। ସରଳ ଜୀବନଯାପନ ଶୈଳୀ ଓ ମହତ୍ତର ଭାବନା ଥିଲା ତାଙ୍କ ବ୍ୟକ୍ତିତ୍ୱର ବିଶେଷତ୍ୱ। ପଣ୍ଡିତ ଜବାହାରଲାଲ ନେହେରୁଙ୍କ ଦେହାନ୍ତ ପରେ (୧୯୬୪) ଦେଶର ପ୍ରଧାନମନ୍ତ୍ରୀ ଆସନ ଅଳଙ୍କୃତ କରିଥିଲେ। ସାଧୁତା ଥିଲା ଶାସ୍ତ୍ରୀଜୀଙ୍କ ଚରିତ୍ରର ଭୂଷଣ। ଭାରତର ପ୍ରଧାନମନ୍ତ୍ରୀ ହେଲା ପରେ ବି ତାଙ୍କ ପାଖରେ ନଥିଲା ଗୋଟିଏ କାର କିଣିବାର ସମ୍ବଳ। ଆବଶ୍ୟକତାକୁ ଦୃଷ୍ଟିରେ ରଖି ପରବର୍ତ୍ତୀ ସମୟରେ ସେ ଏକ କାର କିଣିଥିଲେ ସତ ହେଲେ ଏଥିପାଇଁ ତାଙ୍କୁ ବ୍ୟାଙ୍କରୁ ଋଣ କରିବାକୁ ପଡିଥିଲା। ଜୀବନ କାଳ ମଧ୍ୟରେ ବ୍ୟାଙ୍କ ଋଣ ପରିଶୋଧ କରି ନପାରିବା କାରଣରୁ ତାଙ୍କୁ ଋଣ ଛାଡ କରିଦେଇଥିଲେ ପରବର୍ତ୍ତୀ ପ୍ରଧାନମନ୍ତ୍ରୀ ସ୍ୱର୍ଗତା ଇନ୍ଦିରା ଗାନ୍ଧୀ।

ଆଉ ଏକ ଘଟଣାକ୍ରମରେ ଶାସ୍ତ୍ରୀଜୀଙ୍କ ମହନୀୟତାର ନିଦର୍ଶନ ମିଳେ। ତାହାହେଲା ସ୍ୱାଧୀନତା ସଂଗ୍ରାମରେ ଯୋଗ ଦେଇ ସମ୍ପୂର୍ଣ୍ଣ ଭାବରେ ଦେଶସେବାରେ ନିଜକୁ ନିୟୋଜିତ କରିଥିବାରୁ ପ୍ରତି ମାସରେ ପରିବାରର ଭରଣ ପୋଷଣ ପାଇଁ ଲୋକସେବକ ମଣ୍ଡଳରୁ ତାଙ୍କୁ ଚାଳିଶି ଟଙ୍କା ଅନୁଦାନ ଆକାରରେ ମିଳୁଥିଲା। ତାହାକୁ ତାଙ୍କ ସହଧର୍ମିଣୀ ଶ୍ରୀମତୀ ଲଳିତା ଶାସ୍ତ୍ରୀ ରଖି ଘରର ଗୁଜୁରାଣ ମେଣ୍ଟାନ୍ତି। ଏକଦା ଜଣେ ପରିଚିତ ବ୍ୟକ୍ତି ଶାସ୍ତ୍ରିଜୀଙ୍କୁ କୋଡିଏ ଟଙ୍କା ଧାର ସୂତ୍ରରେ ମାଗନ୍ତେ ଶାସ୍ତ୍ରିଜୀ କହିଥିଲେ 'ମୋ ପାଖରେ ଆଦୌ ପଇସା ନାହିଁ।' ଲୋକଟି ଫେରିଯାଇଥିଲା ବେଳେ ଶ୍ରୀମତୀ ଶାସ୍ତ୍ରୀ ତାଙ୍କୁ ଡାକି କୋଡିଏ ଟଙ୍କା ଦେଇଥିଲେ। ଲୋକ ଜଣଙ୍କ ଗଲାପରେ ଶାସ୍ତ୍ରିଜୀ ଶ୍ରୀମତୀ ଶାସ୍ତ୍ରୀଙ୍କୁ ପଚାରିଲେ 'କୋଡିଏ ଟଙ୍କା କେଉଁଠୁ ଆସିଲା ?' ଶ୍ରୀମତୀ

ଶାସ୍ତ୍ରୀ କହିଲେ 'ଘର ଖର୍ଚ୍ଚ ପାଇଁ ଆସୁଥିବା ଚାଳିଶି ଟଙ୍କାରୁ କୋଡିଏ ଟଙ୍କାରେ ମୁଁ ଘର ଖର୍ଚ୍ଚ ମେଣ୍ଟାଇଥାଏ। ଅବଶିଷ୍ଟ କୋଡିଏ ଟଙ୍କାକୁ ମୁଁ ସୁବିଧା ଅସୁବିଧା ପାଇଁ ସାଇତି ରଖେ।' ଶାସ୍ତ୍ରିଜୀ ଏକଥା ଶୁଣି ଶ୍ରୀମତୀଙ୍କ ସହ କିଛି ବାକ୍ୟ ବିନିମୟ ନକରି ଲୋକ ସେବକ ମଣ୍ଡଳ କର୍ମକର୍ତ୍ତାଙ୍କୁ ଜଣାଇଦେଲେ, ମୋ ଘର ଖର୍ଚ୍ଚ ପାଇଁ କୋଡିଏ ଟଙ୍କା ଯଥେଷ୍ଟ। ଏଣିକି ଚାଳିଶି ଟଙ୍କା ପରିବର୍ତ୍ତେ ମୋତେ ପ୍ରତି ମାସ କୋଡିଏ ଟଙ୍କା ଦିଆଯାଉ।

ଏକଥାକୁ ଆଜି ସହଜରେ କେହି ଗ୍ରହଣ କରିପାରିବେ ନାହିଁ। ଶାସ୍ତ୍ରୀଜୀ ଅଖଣ୍ଡ କ୍ଷମତା, ପ୍ରତିପତ୍ତି ଓ ପ୍ରଲୋଭନୀୟ ବଳୟ ମଧ୍ୟରେ ଥାଇ ନିଜର ନୀତି, ଆଦର୍ଶ ଓ ସ୍ୱାଭିମାନକୁ ଅକ୍ଷୁର୍ଣ୍ଣ ରଖି ସମସ୍ତଙ୍କ ପାଇଁ ଏକ ଉଜ୍ଜ୍ୱଳ ଦୃଷ୍ଟାନ୍ତ ରଖିଯାଇଛନ୍ତି।

ବିଷଧର ସର୍ପର ବଳୟ ମଧ୍ୟରେ ଚନ୍ଦନ ବୃକ୍ଷ ରହିଲେ ମଧ୍ୟ ଚନ୍ଦନର ସୁବାସିତ ମହକ ପ୍ରତି ଯେପରି କୌଣସି ଆଞ୍ଚ ଆସେନାହିଁ, ସେହିପରି ନିଷ୍ଠାବାନ ଓ ଉଚ୍ଚତର ଚରିତ୍ର ସମ୍ପନ୍ନ ବ୍ୟକ୍ତି ଯେକୌଣସି ଅନୁକୂଳ ବା ପ୍ରତିକୂଳ ଅବସ୍ଥାର ବଳୟ ମଧ୍ୟରେ ରହିଲେ ମଧ୍ୟ ନିଜର ନୀତି ଓ ଆଦର୍ଶରୁ କେବେ ହେଲେ ଓହରି ଆସେ ନାହିଁ। ବିଭୀଷଣ ରାବଣ ରାଜ୍ୟରେ ଥାଇ ମଧ୍ୟ ତାଙ୍କର ଉଚ୍ଚତର ସ୍ୱଭାବର କୌଣସି ପରିବର୍ତ୍ତନ ହୋଇନଥିଲା। ଶାସ୍ତ୍ରିଜୀ ସର୍ବୋଚ୍ଚ କ୍ଷମତାର ବଳୟ ମଧ୍ୟରେ ଥାଇ ମଧ୍ୟ ତାଙ୍କ ନୀତି ଓ ଆଦର୍ଶରୁ ଓହରି ନଥିଲେ। ଭିନ୍ନ ଏକ ଦୃଷ୍ଟାନ୍ତ କ୍ରମେ ମନ୍ଥରା ରାମ ରାଜ୍ୟରେ ଅବସ୍ଥାନ କରି ମଧ୍ୟ ତାର ଖଳ ପ୍ରକୃତିର କୌଣସି ପରିବର୍ତ୍ତନ ହୋଇନଥିଲା । ତେଣୁ ଏଥିରୁ ସ୍ପଷ୍ଟ ପ୍ରତୀୟମାନ ହୁଏ ଯେ ବଦଳିବା ଓ ସୁଧୁରିବା ମଣିଷର ସ୍ୱଭାବ ଉପରେ ନିର୍ଭର କରିଥାଏ। ସ୍ଥାନ ବା କ୍ଷମତାର ପ୍ରଭାବ ଉପରେ ନୁହେଁ ।

ଯଶସ୍ୱୀ ସନ୍ଥ କବୀରଙ୍କର ମୂଲ୍ୟବୋଧ ଭିତ୍ତିକ ଦୃଷ୍ଟାନ୍ତ ଅତ୍ୟନ୍ତ ଭାବ ଉଦ୍ଦୀପକ ଓ ହୃଦୟସ୍ପର୍ଶୀ।

■

ଦୋହା - ୧୭

रहिमन विपदा हू भली, जो थोरे दिन होय।
हित अनहित या जगत में, जानि परत सब कोय।।

Doha in English

Rahiman vipada ho bhali, jo thore din hoy,
Hit anahit ya jagat mein, jaani parat sab koy.

ଓଡ଼ିଆରେ ଦୋହା

ରହୀମନ ବିପଦ ହୂ ଭଲୀ, ଜୋ ଥୋଡେ ଦିନ ହୟ।
ହିତ ଅଣହିତ ୟା ଜଗତ ମେ, ଜାନି ପରତ ସବ କୋୟ ॥

ଉକ୍ତ ଦୋହାର ଅବତାରଣା କରି ଯଶସ୍ୱୀ କବୀର ଜନ ସମାଜକୁ ଯେଉଁ ମହତ୍ତ୍ୱପୂର୍ଣ୍ଣ ବାଣୀ ପ୍ରଦାନ କରିଛନ୍ତି ତାହା ହେଲା- କଷଟି ପଥରରେ ଘଷା ହେବା ପରେ ଯେପରି ଶୁଦ୍ଧ ସୁବର୍ଣ୍ଣର ପରିଚୟ ମିଳେ, ଠିକ୍ ସେହିପରି ବିପଦ ରୂପକ କଷଟି ପଥରରେ ସଂଯୋଜିତ ହେବା ପରେ ପ୍ରକୃତ ବନ୍ଧୁର ପରିଚୟ ମିଳିଥାଏ।

ସାଧାରଣତଃ ଜଙ୍ଗଲରେ ବିଭିନ୍ନ ଆକାର ଆକୃତିର ବୃକ୍ଷଲତା ଦେଖାଯାଏ। କିନ୍ତୁ ସବୁ ବୃକ୍ଷର ଔଷଧୀୟ ଗୁଣ ନଥାଏ। ଯେଉଁ ବୃକ୍ଷର ଔଷଧୀୟ ଗୁଣ ଥାଏ ସେଗୁଡିକ ଆମ ପାଇଁ ବିଶଲ୍ୟକରଣୀ ସଦୃଶ ଦରକାରୀ ଅଟନ୍ତି। ଏ ବସ୍ତୁବାଦୀ ଦୁନିଆରେ ଗତାନୁଗତିକ ଜୀବନ ଚଳଣି ମଧ୍ୟରେ ଆମେ ବହୁ ଲୋକଙ୍କ ସଂସ୍ପର୍ଶରେ ଆସୁ। ସମୟକ୍ରମେ ବହୁ କ୍ଷେତ୍ରରେ ସେମାନଙ୍କ ସହିତ ଆମର ସମ୍ପର୍କ ଯୋଡି ହୋଇଯାଏ। ସେମାନଙ୍କୁ ଆମେ ବନ୍ଧୁ ଆଖ୍ୟା ଦେଉ। ଏମାନଙ୍କ ମଧ୍ୟରୁ କେତେକ ପରିଚିତ ବା ଭାବଗତ ବନ୍ଧୁ ହୋଇଥିବା ବେଳେ ଆଉ କେତେକ ରକ୍ତଗତ ବନ୍ଧୁ ହିସାବରେ ବିବେଚିତ ହୋଇଥାନ୍ତି। ଏମିତିବି ନିତିଦିନିଆ ଜୀବନରେ ହ୍ୟାଲୋ ହାୟ ବନ୍ଧୁତ ଅନେକ। ବନ୍ଧୁତାର ବନ୍ଧନରେ ଆବଦ୍ଧ ହୋଇଥିବା ସବୁ ବନ୍ଧୁଙ୍କର ଚଳଣି ଚରିତ୍ର ମତଲବ ସମାନ ନୁହେଁ। ବିଶେଷତଃ ଆଜିର ଏହି ଭୌତିକ ଜଗତରେ ମତଲବୀ ବନ୍ଧୁ ମାନଙ୍କର ସଂଖ୍ୟା କ୍ରମଶଃ ବଢ଼ିବାରେ ଲାଗିଛି। ଏମାନେ ନିଜର ମତଲବ ହାସଲ ପାଇଁ ବିଭିନ୍ନ ପ୍ରକାର ତରିକା (ଉପାୟ) ପ୍ରୟୋଗ କରିଥାନ୍ତି। ସ୍ଥାନ, କାଳ, ପାତ୍ର କୁ ଦୃଷ୍ଟିରେ ରଖି କେଉଁ ତରିକା କେଉଁ କାର୍ଯ୍ୟ ପାଇଁ ପ୍ରଯୁଜ୍ୟ ତାର ହିସାବ କିତାବ ଅତି ସତର୍କତାର ସହିତ ଏମାନେ କରିଥାନ୍ତି। ସୁଯୋଗ ଉଣ୍ଡି ସେମାନେ ତାଙ୍କର ମତଲବ ହାସଲ କରନ୍ତି। ତାପରେ ସେମାନେ ତାଙ୍କ ବାଟ ଧରନ୍ତି। ଏହା ହେଉଛି ନିଛକ ବାସ୍ତବତା। ଜ୍ଞାନୀ ମାନେ କହିଛନ୍ତି – ବିପଦ ବା ସଙ୍କଟ ହେଉଛି ଜୀବନ ଜିଇଁଥିବା ପ୍ରତ୍ୟେକ ମଣିଷର ଅଙ୍ଗେନିଭା ଅଭିଜ୍ଞତା, ଯାହାକି ମଣିଷକୁ ବିଭିନ୍ନ ଅନୁଭୂତି ହାସଲ କରିବାର ସୁଯୋଗ ଦିଏ। ଆମ ସହିତ ଯୋଡିହୋଇଥିବା ବିଭିନ୍ନ ବନ୍ଧୁମାନଙ୍କ ମଧ୍ୟରୁ ପ୍ରକୃତ ନିଃସ୍ୱାର୍ଥପର ବନ୍ଧୁ କିଏ ତାହା ଚିହ୍ନିବାରେ ସଙ୍କଟ ହିଁ କ୍ଷେତ୍ର ପ୍ରସ୍ତୁତ କରିଥାଏ। ପ୍ରକୃତ ବନ୍ଧୁ, ଜଙ୍ଗଲରେ ଥିବା ବିଭିନ୍ନ ପ୍ରକାର ବୃକ୍ଷ ମାନଙ୍କ ମଧ୍ୟରୁ ଆମ ପାଇଁ ଜୀବନ ରକ୍ଷାକାରୀ ଔଷଧୀୟ ବୃକ୍ଷ ଭଳି। ଅତଏବ ବନ୍ଧୁତା କେବଳ ଏକ ସମ୍ପର୍କ ନୁହେଁ, ଏହା ଏକ ରକ୍ଷା କବଚ ଯାହା ସଙ୍କଟ ସମୟରେ ଦରଦୀ ବନ୍ଧୁ ରୂପେ ଆବିର୍ଭୂତ ହୋଇ ଠିକ୍ କୃଷ୍ଣ – ସୁଦାମା ଭଳି ଯିଏ ବନ୍ଧୁର ମୁଖ ଦର୍ଶନ କରି ଦୁଃଖକୁ ଆପେ ଆପେ ବୁଝିଯାଏ। ସେଥିପାଇଁ କଥାରେ ଅଛି – 'ବନ୍ଧୁ ଦିଏ ବଳ, ନଦୀ ଦିଏ ଥଳ।' ଜଣେ ଦରଦୀ ବନ୍ଧୁ ସବୁବେଳେ ଛାଇ ପରି ପାଖେ ପାଖେ ଥାଏ। ଆମ ପଛେ ପଛେ ରହି ଆମ ଭୁଲ କୁ ସୁଧାରି ଦିଏ। ଆମକୁ ଆମ ଲକ୍ଷ୍ୟସ୍ଥଳରେ ପହଞ୍ଚାଇବା ପାଇଁ

ସହାୟତାର ହାତ ବଢାଏ ବିନା ସ୍ୱାର୍ଥରେ ବିନା ଆପତ୍ତିରେ। ଆମ ଅନୁପସ୍ଥିତରେ ଯଦି କେହି ଆମ ବିରୋଧରେ କେହି କିଛି କୁହେ ସେ ତାର ପ୍ରତିବାଦ କରେ। ସେ କେବଳ ପ୍ରଂଶସା ନକରି ଆମର ଦୁର୍ବଳତା, ଆମର ଅସଙ୍ଗତ ବ୍ୟବହାରକୁ ସଂଶୋଧନ କରି ଆମକୁ ଠିକ୍ ବାଟକୁ ଆଣିଥାଏ। ଦୂରରେ ଥାଇ ମଧ୍ୟ ଆମର ମନକୁ ପଢ଼ିପାରେ ସେହିଁତ ଆମର ପ୍ରକୃତ ବନ୍ଧୁ। ଭକ୍ତ କବି ମଧୁସୂଦନ ରାଓ ତାଙ୍କ କବିତାରେ ସେଥିପାଇଁ ଲେଖିଥିଲେ:-

'କାହିଁ ବନ୍ଧୁତା କାହିଁ ପ୍ରେମ ସୁନ୍ଦର
ଯାର ପ୍ରାପତି ଲାଗି ଦେବତା ନର।'

ସଙ୍କଟ ସମୟରେ ଆମେ ଯେତେବେଳେ ମାନସିକ ଭାରସାମ୍ୟ ହରାଇ ଘୋର ନୈରାଶ୍ୟ ଓ ବିଷାଦରେ ଜର୍ଜରିତ ହୋଇ କାଳାତିପାତ କରୁ ସେହି ଦରଦୀ ବନ୍ଧୁହିଁ ଆମ ହୃଦୟରେ ଆତ୍ମବଳ ଓ ଆତ୍ମବିଶ୍ୱାସ ଜାଗ୍ରତ କରେ। ତାଙ୍କର ମୂଲ୍ୟବାନ ଉପଦେଶ ଓ ଅକୁଣ୍ଠ ସହାନୁଭୂତି ଆମ ଜୀବନରେ ମୋଡ ବଦଳାଇଦିଏ। ଆମ ଶାସ୍ତ୍ରରେ ବନ୍ଧୁତ୍ୱର ସଂଜ୍ଞା ନିରୂପଣ କରି କୁହାଯାଇଛି: -

"ଉତ୍ସବେ ବ୍ୟାସନେ ଚୈବ
ଦୁର୍ଭିକ୍ଷେ ରାଷ୍ଟ୍ର ବିପ୍ଳବେ
ରାଜଦ୍ୱାରେ ଶ୍ମଶାନେଚ
ଯଃ ତିଷ୍ଠତି ସଃ ବାନ୍ଧବଃ।"

ଅର୍ଥାତ ଜୀବନରେ ଏମିତି ବନ୍ଧୁଟିଏ ଲୋଡ଼ା ଯିଏ ଦୂରରୁ ଦେଖି ହସେ, ଶ୍ମଶାନରେ ଛିଡ଼ାହୁଏ, ଦୁଃଖ ଓ ସଙ୍କଟ ବେଳେ ପାଖେ ପାଖେ ଥାଏ, ଦୁର୍ଭିକ୍ଷରେ ଲୋଡ଼େ, ଅଭାବ ଅନାଟନ ସମୟରେ ସହଯୋଗର ହାତ ବଢାଏ, ରାଜଦ୍ୱାରେ ଆମ ପାଇଁ ଛିଡ଼ାହୁଏ। ସୌଭାଗ୍ୟବାନ ମଣିଷ ତାଙ୍କ ଜୀବନର ଚଲାପଥରେ ଦୁଇ ପ୍ରକାର ବନ୍ଧୁଙ୍କର ସଂଯୋଗ ଲାଭ କରନ୍ତି। ଜଣେ କୃଷ୍ଣ ପରି ଯିଏ ବିନାଶକାରୀ କୁରୁକ୍ଷେତ୍ର ଯୁଦ୍ଧରେ ନିଜେ ଯୁଦ୍ଧ ନଲଢ଼ି ମଧ୍ୟ ତାଙ୍କର ପ୍ରିୟ ସଖା ଅର୍ଜୁନଙ୍କୁ ଯୁଦ୍ଧରେ ଜିତେଇ ଦେଇପାରନ୍ତି। ଆଉ ଜଣେ କର୍ଣ୍ଣ ଭଳି ଯିଏ ସେହି ଲୋମ ହର୍ଷଣକାରୀ ମହାଭାରତ ଯୁଦ୍ଧରେ ପରାଜୟ ସୁନିଶ୍ଚିତ ଜାଣି ମଧ୍ୟ କୁରୁ ଶ୍ରେଷ୍ଠ ଦୁର୍ଯ୍ୟୋଧନଙ୍କ ପକ୍ଷ ଛାଡ଼ାନ୍ତି ନାହିଁ। ସେଥିପାଇଁତ କୁହାଯାଏ 'ଦେଶର ସର୍ବୋଚ୍ଚ ଶାସନ କର୍ତ୍ତା' ସମାଜରେ ହିତାକାଂକ୍ଷୀ 'ଗୁରୁ' ପରିବାରରେ

'ମାତାପିତା' ଘରେ ସୀତା ସାବିତ୍ରୀଙ୍କ ପରି ପତିବ୍ରତା ସ୍ତ୍ରୀ କେବେ ସାଧାରଣ ନୁହଁନ୍ତି। ସେମାନେ ଅସାଧାରଣ, ଅନନ୍ୟ ଓ ମହାନ। 'ଫେସବୁକ' ଓ 'ହ୍ୱାଟ୍ସଆପ' ଭଳି ବନ୍ଧୁ ସମ୍ପର୍କର ପରିସର ଖୁବ୍ ବ୍ୟାପକ। ମାତ୍ର ସେମାନଙ୍କ ମଧ୍ୟରୁ ଦୁଃଖ ସୁଖରେ ଭାଗିଦାର ହେବା ପାଇଁ କେତେ ଜଣ ଅଛନ୍ତି? ରକ୍ତସମ୍ପର୍କ ବନ୍ଧୁତ ବିଭିନ୍ନ ବାହାନା ଦେଖାଇ ଦୂରେଇ ରୁହନ୍ତି। ଅନ୍ୟମାନଙ୍କ କଥା ନକହିବା ଭଲ।

ବନ୍ଧୁତାର ଏଭଳି ଉତ୍କଟ ସଙ୍କଟ ବେଳେ ଗ୍ରୀକ କିମ୍ବଦନ୍ତୀ ସାହିତ୍ୟରୁ ଆନୀତ 'ଡାମୋନ' ଓ 'ପିଥିଆସ' ଙ୍କ ଅବିସ୍ମରଣୀୟ ବନ୍ଧୁତ୍ୱର ଜ୍ୱଳନ୍ତ ନିଦର୍ଶନ ଏଠାରେ ଉପସ୍ଥାପନା କରିବା ପ୍ରାସଙ୍ଗିକ ମନେହୁଏ। 'ଡାମୋନ' ଓ 'ପିଥିଆସ' ନାମକ ଦୁଇ ଜଣ ବ୍ୟକ୍ତିଙ୍କ ମଧ୍ୟରେ ନିବିଡ ବନ୍ଧୁତା ସୂତ୍ରରେ ଆବଦ୍ଧ ଥିଲେ। ଶରୀର ଥିଲା ଦୁଇଟି ମାତ୍ର ଆତ୍ମା ଥିଲା ଗୋଟିଏ। ଏମାନେ ଉଭୟ ଗ୍ରୀକର 'ସାଇରାକିଉସ'ରେ ଅବସ୍ଥାନ କରୁଥିଲେ। ସେତେବେଳେ 'ସାଇରାକିଉସ'ରେ ଥିଲେ ଏକଛତ୍ରବାଦ ଶାସକ 'ଡାଇଆନୋସିଆସ'। ଏକଦା ଏହି ଦୁର୍ଦ୍ଦାନ୍ତ ଶାସକ ଡାଇଆନୋସିଆସଙ୍କର କୋପ ଦୃଷ୍ଟିରେ ପଡିଲେ 'ପିଥିଆସ'। ସଂଗଠିତ ଘଟଣା ପାଇଁ 'ପିଥିଆସ'ଙ୍କୁ ପ୍ରାଣ ଦଣ୍ଡର ଆଦେଶ ହେଲା। ମୃତ୍ୟୁ ପୂର୍ବରୁ ଶେଷ ଅଭିଳାଷ ପରିପୂରଣ ନିମନ୍ତେ ସପ୍ତାହକ ପାଇଁ ବିରତି ମାଗିଲେ 'ପିଥିଆସ'। ଶେଷଥର ପାଇଁ ଦୂରବର୍ତ୍ତୀ ଗ୍ରାମକୁ ଯାଇ ପରିବାର ଠାରୁ ଚିର ବିଦାୟ ନେଇ ଆସିବେ। ଏଥି ପାଇଁ ଏକ ବିଚିତ୍ର ସର୍ତ୍ତ ରଖିଲେ 'ଡାଇଆନୋସିଆସ'। ତାହାଥିଲା - "ତୁମର ଯଦି କେହି ବନ୍ଧୁ ତୁମ ପାଇଁ ମୁଣ୍ଡ ଜାମିନ ରହିବ ଏବଂ ତୁମେ ଯଦି ନିର୍ଦ୍ଧାରିତ ଦିନ ସୂର୍ଯ୍ୟୋଦୟ ସୁଦ୍ଧା ଲେଉଟି ନଆସିବ ତେବେ ସେ ଜାମିନଦାର ମୃତ୍ୟୁଦଣ୍ଡ ଭୋଗିବାକୁ ପ୍ରସ୍ତୁତ ଥିବ ତାହେଲେ ତୁମକୁ ସପ୍ତାହକ ପାଇଁ ବିରତି ମିଳିପାରେ।" ଏକଥା ଶୁଣି ଅବିଳମ୍ବେ ଆଗଭର ହେଲେ 'ଡାମୋନ'। ସର୍ତ୍ତାନୁଯାୟୀ 'ଡାମୋନ'ଙ୍କୁ କାରାରୁଦ୍ଧ କରାଗଲା। 'ପିଥିଆସ'ଙ୍କୁ ଗାଁକୁ ଯିବାକୁ ଅନୁମତି ମିଳିଲା। ଷଷ୍ଠ ଦିନ ରାତି ସୁଦ୍ଧା 'ପିଥିଆସ' ଫେରିଲେ ନାହିଁ। ତେଣୁ ସପ୍ତମ ଦିନ ପ୍ରଭାତରେ 'ଡାମୋନ'ଙ୍କୁ ଫାଶୀ ମଞ୍ଚକୁ ନିଆଗଲା। ସେଠାରେ ଉପସ୍ଥିତ ଥିଲେ ଶାସକ 'ଡାଇଆନୋସିଆସ'। 'ଡାମୋନ'ଙ୍କ ଆଖିରେ ଅଶ୍ରୁ ଦେଖି ଅଟ୍ଟହାସ୍ୟ କଲେ ଏବଂ କହିଲେ - 'ମୁଁ ଠିକ ଜାଣିଥିଲି ତୁମ ବନ୍ଧୁ ତୁମକୁ ଦଗା ଦେବ। ଏବେ ଅଶ୍ରୁପାତ କଲେ ଲାଭ କଣ?' 'ଡାଇଆନୋସିଆସ'ଙ୍କ ପରିହାସ ମୂଳକ ମନ୍ତବ୍ୟ ଶୁଣି କାଳବିଳମ୍ବ ନକରି 'ଡାମୋନ' କହିଲେ - 'ହେ ମହାମାନ୍ୟ ଶାସକ! ଏ ଅଶ୍ରୁ ଦୁଃଖର ଅଶ୍ରୁ ନୁହେଁ, ଇଏ ମୋର ଆନନ୍ଦର ଅଶ୍ରୁ। ମୋ ବନ୍ଧୁ 'ପିଥିଆସ' କୌଣସି ଏକ ଅଲଂଘନୀୟ ଅସୁବିଧା ହେତୁ ଅଟକି ଯାଇଛନ୍ତି। ଭଗବାନ ମୋତେ ମୋ ବନ୍ଧୁ

ପାଇଁ ପ୍ରାଣ ଦେବାର ଅପୂର୍ବ ସୁଯୋଗ (ଫାଶୀ ଖୁଣ୍ଟରେ ଝୁଲିବାର ଅପୂର୍ବ ସୁଯୋଗ) ଦେଇଥିବାରୁ ମୁଁ ଅତ୍ୟନ୍ତ ପୁଲକିତ। ଆଜି ନହେଲେ କାଲିତ ମୃତ୍ୟୁବରଣ କରିଥାନ୍ତି, ହେଲେ ବନ୍ଧୁ ହୋଇ ବନ୍ଧୁ ପାଇଁ ଜୀବନ ଦେବା କେତେଜଣଙ୍କ ଭାଗ୍ୟରେ ଯୁଟେ? ସେହି ଦୃଷ୍ଟିରୁ ମୋ ଜୀବନ ଆଜି ଧନ୍ୟ ହୋଇଗଲା।' ହଠାତ ଅଦୂରରୁ ଶୁଣାଗଲା ଏକ ଉତ୍କଣ୍ଠିତ ବିକଳ ଚିତ୍କାର - 'ରହିଯାଅ ମୁଁ ଆସିଲିଣି।' ଚାହୁଁ ଚାହୁଁ 'ପିଥିଆସ' ବ୍ୟସ୍ତ ବିବ୍ରତ ହୋଇ ଫାଶୀ ମଞ୍ଚରେ ପହଞ୍ଚିଗଲେ ଏବଂ ବନ୍ଧୁ 'ଡାମୋନ'ଙ୍କୁ ଆଲିଙ୍ଗନ କରି କାନ୍ଦିବାକୁ ଲାଗିଲେ, କହିଲେ 'ଭଗବାନଙ୍କୁ ଧନ୍ୟବାଦ ମୁଁ ଠିକ ସମୟରେ ପହଞ୍ଚିଗଲି। ନଦୀରେ ପ୍ରବଳ ବନ୍ୟା ଯୋଗୁଁ ଆସିବାରେ ମୋର ବିଳମ୍ବ ହୋଇଗଲା। ଆଉଟିକିଏ ବିଳମ୍ବ ହୋଇଥିଲେ ବନ୍ଧୁତାର ପବିତ୍ର ସମ୍ପର୍କରେ କଳଙ୍କ ଲାଗିଥାନ୍ତା।' ନୀରବ, ନିଶ୍ଚଳ, ସ୍ତବ୍ଧ ପରିବେଶ। ତତ୍କାଳୀନ ରୋମାଞ୍ଚକର ଦୃଶ୍ୟପଟ୍ଟ 'ଡାଇଆନୋସିଆସ'ଙ୍କ ଆଖିରେ ଆଣିଦେଲା ଭାବପ୍ରବଣତାର ଅଶ୍ରୁ। 'ଡାଇଆନୋସିଆସ' ନିଜକୁ ସମ୍ଭାଳି ନପାରି ଅତ୍ୟନ୍ତ ଆବେଗର ସହ କହିଲେ 'ମୋତେ ତୁମର ତୃତୀୟ ବନ୍ଧୁ ରୂପେ ଗ୍ରହଣ କର।'

ଉପରୋକ୍ତ ଉପଖ୍ୟାନରୁ ମାନବ ସମାଜ ପାଇଁ ଯେଉଁ ମହତ୍ତ୍ୱପୂର୍ଣ୍ଣ ଶିକ୍ଷା ମିଳେ ତାହା ହେଲା ଈଶ୍ୱରଙ୍କର ସବୁଠାରୁ ଦୁର୍ଲ୍ଲଭ ଉପହାର ହେଉଛି ବନ୍ଧୁତା। ସଂସାରରେ ଏମିତି କେହି ନାହିଁ ଯିଏକି ବିନା ବନ୍ଧୁର ବଞ୍ଚିଛି। କିନ୍ତୁ ଫରକ ଏତିକି ଯେ - ଯେପରି ସମୁଦ୍ର କୂଳରେ ବହୁ ସାମୁକା ମିଳୁଥିଲେବି ସବୁ ସାମୁକା ଭିତରେ ମୁକ୍ତା ନଥାଇ କିଛି ସାମୁକା ଭିତରେ ମୁକ୍ତା ଥାଏ। ସେହିପରି ବନ୍ଧୁ ଆମର ଅନେକ ଥିଲେବି କିଛି ବନ୍ଧୁଙ୍କ ପାଖରେ ମୁକ୍ତା ସଦୃଶ ଓ ହୃଦୟ ଥାଏ ମନ ବି ଥାଏ। ବାକି ସବୁ ବନ୍ଧୁ ସେହି ମିଛ ଖୋଳପାଧାରୀ ସାମୁକା ସଦୃଶ। ବାସ୍ତବିକ ବନ୍ଧୁହୀନ ଜୀବନ ରସହୀନ ଜୀବନ ପରି। ସେଥିପାଇଁ କୁହାଯାଇଛି:-

'ଅବନ୍ଧୁ ଜୀବନ, ଅସୂର୍ଯ୍ୟମହୀ
ଦେହ ଧରି କେ ପାରିବ ସହି ?'

ବନ୍ଧୁ ଅର୍ଜନ କରିବାର କୌଶଳ ଓ କଳା ଆମେ ସମସ୍ତେ ଶିଖିବା ଆବଶ୍ୟକ। ସନ୍ଥ କବୀରଙ୍କ ଦାର୍ଶନିକ ତତ୍ତ୍ୱ ଅତ୍ୟନ୍ତ ହୃଦୟସ୍ପର୍ଶୀ।

■

ଦୋହା - ୧୮

तरुवर फल नहीं खाते है, सरवर पिए न पाना।
कहि रहीम परकाज हित संपति सँचहि सुजान।।

Doha in English

Taruvar phal nahi khaate hai, sarovar pie na paana,
Kahi raheem parakaaj hit sampati sanchahi sujan.

ଓଡ଼ିଆରେ ଦୋହା

ତରୋବର ଫଲ ନାହିଁ ଖାତେ ହୈ, ସରବର ପିଏ ନ ପାନା।
କହି ରହୀମ ପରକାଜ ହିତ ସମ୍ପତି ସଂଚାହିଁ ସୁଜାନ ॥

ପରମଯୋଗୀ କବୀର ଉକ୍ତ ଦୋହାର ଅବତାରଣା କରି ବୃକ୍ଷଲତା ଓ ନଦୀର ଅବଦାନ ସମ୍ପର୍କରେ ଆଲୋକପାତ କରିବା ସଙ୍ଗେ ସଙ୍ଗେ ସାଧୁ, ସତଜନ ଓ ଦିବ୍ୟ ଜ୍ଞାନ ସମ୍ପନ୍ନ ବ୍ୟକ୍ତି ବିଶେଷ ନିଜର ସଞ୍ଚିତ ଧନ, ସମ୍ପଦକୁ ଜଗତର କଲ୍ୟାଣ ନିମନ୍ତେ ବିନିଯୋଗ କରିବା ସେମାନଙ୍କ ଜୀବନର ଲକ୍ଷ୍ୟ ହେବା ଉଚିତ ବୋଲି ଦର୍ଶାଇଛନ୍ତି।

ଏହା ସତ୍ୟ ଯେ ବୃକ୍ଷ ଧାରଣ କରିଥିବା ଫଳ ନିଜେ ଖାଏ ନାହିଁ କି ନଦୀ ନିଜ ପାଇଁ ଜଳ ଧାରଣ କରେ ନାହିଁ। ମନୁଷ୍ୟ, ପଶୁପକ୍ଷୀ ମାନେ ବୃକ୍ଷର ଫଳକୁ ଖାଦ୍ୟ ରୂପେ ଗ୍ରହଣ କରି ଜୀବନ ଧାରଣ କରିଥାନ୍ତି। ନଦୀର ଜଳକୁ ସଂରକ୍ଷିତ କରାଯାଇ ବିଭିନ୍ନ କୃଷି କାର୍ଯ୍ୟରେ ବିନିଯୋଗ କରିବା ସଙ୍ଗେ ସଙ୍ଗେ ନିତ୍ୟ ନୈମିତ୍ତିକ କାର୍ଯ୍ୟରେ ମଧ୍ୟ ବ୍ୟବହାର କରାଯାଏ। ଜଳ ବିନା ମନୁଷ୍ୟ, ପଶୁପକ୍ଷୀ ତିଷ୍ଠି ରହିବ ଆଦୌ ସମ୍ଭବପର ନୁହେଁ। ସେଥିପାଇଁ କୁହାଯାଏ 'ଜଳ ହିଁ ଜୀବନ।' ସମଗ୍ର ଜୀବଜଗତର ସଂରଚନା ପାଇଁ ବୃକ୍ଷ, ଲତା, ନଦୀ, ସମୁଦ୍ରର ଯେଉଁ ଅବଦାନ ରହିଛି ତାହାର ବିକଳ୍ପ ନାହିଁ। ମାତ୍ର କ୍ଷୋଭ ତଥା ପରିତାପର ବିଷୟ ଏହିଯେ ଆଜିର ସମାଜରେ ମଣିଷର ଚଳଣି ଓ ସ୍ୱଭାବ ତୁଳନାତ୍ମକ ଭାବେ ବିପରୀତ ଧର୍ମୀ ହୋଇଯାଇଛି। ସେ ସମ୍ବନ୍ଧରେ କେତେକ ପ୍ରସଙ୍ଗ ଉପଯୋଗୀ ତଥ୍ୟର ଉପସ୍ଥାପନା ସମୀଚୀନ ମନେହୁଏ।

ପ୍ରଖ୍ୟାତ ଫୁଟବଲ ଖେଳାଳି 'ସାଦୀଓମାନେ'ଙ୍କ ଜୀବନ ଦର୍ଶନ:-

ଜୀବନ ଜିଇଁବା ପାଇଁ ଧନର ଆବଶ୍ୟକତା ରହିଛି। ସତ ମାର୍ଗରେ ଧନ ଉପାର୍ଜନ କରିବା ମଧ୍ୟ ଜରୁରୀ। ହେଲେ ଆଜିର ମଣିଷ ଅଧିକ ଧନ ଉପାର୍ଜନ କରିବା ଲକ୍ଷ୍ୟରେ ଅହର୍ନିଶୀ ପାଗଳ ପରି ଧାଇଁଛି। ଉପାର୍ଜିତ ଧନର ସଦୁପଯୋଗ କରିବାର ମାନସିକତା ମଧ୍ୟ ନାହିଁ। ବିଳାସ ବ୍ୟସନ ଓ ଉନ୍ନତ ମାନର ଆହାର ବିହାର କରିବା ସପ୍ତ ପୁରୁଷଙ୍କ ଭବିଷ୍ୟତ ନିମନ୍ତେ ଧନ ଠୁଳ କରି ରଖିବାରେ ମସଗୁଲ ହେଉଛି। ଶାସ୍ତ୍ର କହେ:- ସତ ଅର୍ଜିତ ଧନକୁ ନିଜର ଆବଶ୍ୟକତା ଆଧାରରେ ରଖି ଅବଶିଷ୍ଟକୁ ଧର୍ମ କାର୍ଯ୍ୟରେ ବିନିଯୋଗ କଲେ ଜୀବନ ସାର୍ଥକ ହୁଏ।

ଏହି ପରିପ୍ରେକ୍ଷୀରେ ସ୍ମରଣରେ ଆସନ୍ତି ପଶ୍ଚିମ ଆଫ୍ରିକାର ପ୍ରଖ୍ୟାତ ଫୁଟବଲ ତାରକା 'ସାଦୀଓମାନେ'ଙ୍କ ଜୀବନ ଦର୍ଶନର ମହତ୍ୱପୂର୍ଣ୍ଣ କଥାବସ୍ତୁ। ଭାରତୀୟ ଟଙ୍କା ତୁଳନାରେ 'ସାଦୀଓମାନେ' ସପ୍ତାହକୁ ଦୁଇ କୋଟିରୁ ଅଧିକ ଟଙ୍କା ରୋଜଗାର କରନ୍ତି। ଦିନେ ଏକ ସାକ୍ଷାତକାର (interview) ରେ ତାଙ୍କୁ ଭଙ୍ଗା ମୋବାଇଲି ଫୋନ ଧରିବାର ଦେଖି ଉପସ୍ଥାପକ ତାଙ୍କ ମୋବାଇଲି ଫୋନ ବିଷୟରେ ପଚାରିଲେ। ସେ ('ସାଦୀଓମାନେ') କହିଲେ ଏହା ଭାଙ୍ଗିଯାଇଛି ମୁଁ ସଜାଡି ଦେବି। ପୁଣି ଉପସ୍ଥାପକ

ମହାଶୟ ପଚାରିଲେ, "ଆପଣ କାହିଁକି ନୂଆ ମୋବାଇଲି ଫୋନ କିଣୁନାହାନ୍ତି ?" ଉତ୍ତରରେ ସେ କହିଲେ, 'ମୁଁ ଏମିତି ହଜାରେ ମୋବାଇଲି ଫୋନ କିଣି ପାରିବି ମାତ୍ର ଏ ସବୁ ମୋର କଣ ହେବ? ମୁଁ ଦାରିଦ୍ର୍ୟ ଦେଖିଛି ମୁଁ ଭଲ ଭାବରେ ପାଠ ପଢି ପାରିନି, ଏହା ମୋତେ ବ୍ୟଥିତ କରିଥିଲା। ମୁଁ ଚାହେଁନାହିଁ ମୋ ପରି କେହି ସେମିତି ନିଷ୍ଠୁର ଦାରିଦ୍ର୍ୟର ସାମ୍ନା କରୁ। ଏଥିପାଇଁ ମୋ ସଞ୍ଚିତ ଅର୍ଥରେ ମୁଁ ସ୍କୁଲ ତିଆରି କରିଛି। ପିଲାମାନେ ପାଠ ପଢିପାରିବେ। ଦିନ ଥିଲା ମୋର ଜୋତା ନଥିଲା। ମୁଁ ବିନା ଜୋତାରେ ଫୁଟବଲ ଖେଳିଛି। ଦିନକୁ ଗୋଟେ ବେଳାବି ଖାଇବାକୁ ପାଇନି। ମୋତେ ଆଜି ଏସବୁ ମିଳିଛି ବୋଲି ମୁଁ କ'ଣ ଦେଖେଇହେବି ?' ସତରେ 'ସାଦୀଓମାନେ'ଙ୍କ ମାନସିକ ଚିନ୍ତାଧାରା କେତେ ଉଚ୍ଚକୋଟିର ଓ କେତେ ମହତ୍ୱପୂର୍ଣ୍ଣ। ଆଜିର ମଣିଷ ଆତ୍ମସ୍ୱାର୍ଥ ସାଧନାରେ ବ୍ୟସ୍ତ। ନିଜ ସ୍ତ୍ରୀ ଛୁଆପିଲାଙ୍କୁ ଅୟସରେ ରଖିବାକୁ ଯାଇ ଲୋକଙ୍କୁ ମିଛସତ କହି ଅନ୍ୟକୁ ଶୋଷଣ କରିଚାଲିଛି। କିଛି ଲୋକଙ୍କୁ ବଡ଼ଲୋକ ହେବାର ମୋହ ଅହରହ ଘାରିଛି। ଏପରିକି ଆଜିର ଏହି ଲାଞ୍ଚ ମିଛ ଦୁନିଆରେ ସାଧାରଣ ଲୋକଟେ ଅଣନିଶ୍ୱାସୀ ହୋଇପଡୁଛି।

ଗାନ୍ଧିଜୀ, ବିନୋବାଭାବେ, ବିବେକାନନ୍ଦ, ଗୋପବନ୍ଧୁଙ୍କ ପରି ମହାପୁରୁଷ ମାନେ ସରଳ ଜୀବନ ଜାପାନ କରି ମାନବ ସେବାରେ ନିଜକୁ ନିୟୋଜିତ କରିଥିଲେ। ସେଥିପାଇଁ ସେମାନେ ଆଜି ଚିରସ୍ମରଣୀୟ ହୋଇ ରହିଛନ୍ତି। ଆଜିର ମାନବ ସମାଜ ସେମାନଙ୍କ ନୀତି ଆଦର୍ଶକୁ ଅନୁସରଣ କରି ନିଜର ବ୍ୟକ୍ତିଗତ ସ୍ୱାର୍ଥକୁ ପ୍ରାଧାନ୍ୟ ନଦେଇ ସମୂହ ସ୍ୱାର୍ଥସାଧନାରେ ବ୍ରତୀ ହେଲେ ଦେଶ ଓ ଜାତି ପ୍ରତି ସେମାନଙ୍କ ଅବଦାନ ରହିବ। ସମ୍ପଦ ଓ ସମ୍ପତ୍ତି ଠୁଳ କରିବା ମଣିଷ ଜୀବନର ସାର୍ଥକତା ନୁହେଁ। ବରଂ ଅଳ୍ପରେ ସନ୍ତୁଷ୍ଟ ହୋଇ ଅନ୍ୟର ଉପକାର କରିବା ହିଁ ଜୀବନର ସାର୍ଥକତା।

କଟକ ବାସୀଙ୍କ ପାଇଁ ବାଇମୁଣ୍ଡିର ଅବଦାନ:-

ଆମ ଓଡ଼ିଶା ଜନଜୀବନରେ ଏକ ଚର୍ଚ୍ଚିତ ବ୍ୟକ୍ତିତ୍ୱ ବାଇମୁଣ୍ଡିର ଜୀବନ ଦର୍ଶନ ଏଠାରେ ପ୍ରଯୁଜ୍ୟ। ମହାନଦୀ ଓ କାଠଯୋଡ଼ି ଏହି ଦୁଇ ନଦୀ ମଧ୍ୟବର୍ତ୍ତୀ ଅଞ୍ଚଳରେ ହଜାରେ ବର୍ଷର କଟକ ସହର ଅବସ୍ଥିତ। ବାରବାଟୀ, ବିଡାନାସୀ, ରାମଗଡ଼, ତୁଳସୀପୁର, କେଶପୁର, ହରିପୁର ଆଦି ଜନବସତି ଗୁଡିକ କଟକ ସହରର ପାର୍ଶ୍ୱବର୍ତ୍ତୀ ଅଞ୍ଚଳ ଅଟେ। ଏହି ଅଞ୍ଚଳ ଖୁବ ଉର୍ବର ହୋଇଥିବାରୁ ଏହାର ଅଧିବାସୀମାନେ କୃଷିଜୀବୀ ଥିଲେ। ବର୍ଷା ଦିନେ ବନ୍ୟା ଜଳ ଏହି ଦୁଇ ନଦୀର କୂଳ ଲଘି ପ୍ରବଳ ବେଗରେ ଏହି ଅଞ୍ଚଳକୁ ମାଡିଆସୁଥିବାରୁ ଚାଷ ନଷ୍ଟ ହେବା ସଙ୍ଗେ ସଙ୍ଗେ ବହୁ ଧନ ଜୀବନ ହାନୀ ମଧ୍ୟ

ଘଟୁଥିଲା । ବନ୍ୟା ଦାଉରୁ କଟକ ସହର ଓ ଏହାର ଆଖପାଖ ଅଞ୍ଚଳକୁ ରକ୍ଷା କରିବା ନିହାତି ଜରୁରୀ ହୋଇପଡ଼ିଥିଲା । ଏଭଳି ସଙ୍କଟ ଜନକ ସ୍ଥିତିରେ ବିଡାନାସିର ଜନୈକ କୃଷକ 'ବାଇଧର ମୁଣ୍ଡି' ବା ଡାକ ନାଁ ବାଇମୁଣ୍ଡି ତତ୍କାଳୀନ ରାଜା ମର୍କତ କେଶରୀଙ୍କୁ ଏକାଧିକ ବାର ଭେଟି ଏକ ପଥର ବନ୍ଧ ନିର୍ମାଣ କରିବାକୁ ବହୁ ଅନୁନୟ ବିନୟ ସହକାରେ ତାଙ୍କର (ମର୍କତ କେଶରୀଙ୍କର) ଦୃଷ୍ଟି ଆକର୍ଷଣ କରିଥିଲା । ବାଇମୁଣ୍ଡିର ଅନୁରୋଧ କ୍ରମେ ରାଜା ମର୍କତ କେଶରୀ ମହାନଦୀ ଓ କାଠଯୋଡ଼ି ନଦୀ କୂଳେ କୂଳେ କଟକର ପଥର ବନ୍ଧ ନିର୍ମାଣ କରିଥିଲେ । ଏହି ମହତ କାର୍ଯ୍ୟ ସାଧନ ଉଦ୍ଦେଶ୍ୟରେ ବାଇମୁଣ୍ଡି ନିଜର କିଛି ସଞ୍ଚିତ ଧନ ମଧ୍ୟ ରାଜା ମର୍କତ କେଶରୀଙ୍କୁ ପ୍ରଦାନ କରିଥିଲା । ଏହାର ମୂଳଭିତ୍ତି ରାଜା ମର୍କତ କେଶରୀ ପକାଇଥିଲେ । ସମୟକ୍ରମେ ଏହାର ଚତୁର୍ପାର୍ଶ୍ୱରେ ସୁଉଚ୍ଚ ପଥର ବନ୍ଧ ଗଢିଉଠିଛି । କାଠଯୋଡ଼ି ପଥର ବନ୍ଧ ଆଦ୍ୟ ଚେତନାର ମୁଖ୍ୟ ଚିନ୍ତା ନାୟକ 'ବାଇମୁଣ୍ଡି' ଆଜିବି ଲୋକଙ୍କ ସ୍ମୃତିରେ ଉଜ୍ଜୀବିତ ହୋଇ ରହିଛି । ଓଡ଼ିଶାର କୋଣାନୁକୋଣରେ ଲୋକଙ୍କ ମୁଖରେ ଆଜିବି ଗୁଞ୍ଜରିତ ହେଉଛି 'କଟକ ଚିନ୍ତା ବାଇମୁଣ୍ଡିକି ।' ବାଇମୁଣ୍ଡିର ଅବଦାନ ତାକୁ ଆଜି ମଧ୍ୟ ଆମର କରି ରଖିଛି ।

'ସାଦୀଓମାନେ' ଓ 'ବାଇମୁଣ୍ଡି' ଭଳି ଆମେ ମଧ୍ୟ ଜଣେ ଜଣେ ସାମାଜିକ ପ୍ରାଣୀ । ସମାଜ ବିନା କେହି ସ୍ୱୟଂପୁଷ୍ଟ ହୋଇପାରେନା । ଯେଉଁ ସମାଜର ସହାୟତା ବଳରେ ଆମେ ବିକଶିତ ସେହି ସମାଜର କଲ୍ୟାଣ ନିମନ୍ତେ କିଛି କରିବାର ନୈତିକ ଦାୟିତ୍ୱ ଆମ ସଭିଙ୍କର ରହିଛି । ଜ୍ଞାନ ବୁଦ୍ଧି ବିବେକ ଆଦି ମାନବୀୟ ଗୁଣର ମଣିଷ ଆମେ । ଆମ ଜୀବନ କେବଳ ନିଜ ଓ ନିଜ ପରିବାର ପାଇଁ ଉଦ୍ଦିଷ୍ଟ ନୁହେଁ । 'ପରୋଉପକାରାୟ ଇଦଂ ଶରୀରମ୍' ସୁତରାଂ 'ସର୍ବଜନ ହିତାୟ ସର୍ବଜନ ସୁଖାୟ' ମନ୍ତ୍ରରେ ଅଭିମନ୍ତ୍ରିତ ହୋଇ ଲୋକ କଲ୍ୟାଣମୂଳକ କାର୍ଯ୍ୟ ସମ୍ପାଦନ କରି ଏ ନଶ୍ୱର ଜୀବନକୁ ମହିମାନ୍ୱିତ କରିବାକୁ ଆମେ ସଂକଳ୍ପବଦ୍ଧ ହେବା । ଜୀବନର ନିଚ୍ଛକ ସତ୍ୟକୁ ଚେତାଇ ଦେବାର ଅଭିଳାଷ ନେଇ ଗଣ କବି ବୈଷ୍ଣବ ପାଣି କହିଛନ୍ତି:-

"ଯାହା କରିଗଲେ ଭାବିବ ଦୁନିଆ
ତାହା ଯାଉଥାରେ କରି
ମରିଯିବୁ ଯେବେ କାନ୍ଦିବେ ସରବେ
ନୟନୁ ବୁହାଇ ବାରି ।"

ସନ୍ଥ କବୀରଙ୍କର ମୂଲ୍ୟବୋଧ ଭିତ୍ତିକ ଦିଗଦର୍ଶନ ଆମ ସମସ୍ତଙ୍କର ଧ୍ୟେୟ ହେବ ଉଚିତ ।

ଦୋହା - ୧୯

पावस देखि रहीम मन,कोइल साधे मौन।
अब दादुर बक्ता भए, हमको पूछत कौन।।

Doha in English

Paavas dekhi raheem mann, koel sadhe maon,
Ab daadur bakta bhaye, humko puchat kaun.

ଓଡ଼ିଆରେ ଦୋହା

ପାୱାସ ଦେଖ୍ ରହୀମ ମନ, କୋଏଲ ସାଧେ ମୋନ୍।
ଅବ ଦାଦୁର ବକ୍ତା ଭାଏ, ହମକୋ ପୁଛତ କୌନ ॥

ଏ ସଚରାଚର ସଂସାରରେ ମଣିଷ, ପଶୁ, ପକ୍ଷୀ ଆଦି ପ୍ରତ୍ୟେକ ପ୍ରାଣୀ ସମୟ, ସ୍ଥାନ, କାଳ ପାତ୍ରର ପ୍ରଭାବର ବେଷ୍ଟନୀ ମଧ୍ୟରେ ଆବଦ୍ଧ ହୋଇ ସେମାନଙ୍କର ଶକ୍ତି ଓ ସାମର୍ଥ୍ୟକୁ ସାମୟିକ ଭାବେ କିପରି ହରାଇ ବସନ୍ତି ସେ ସମ୍ପର୍କରେ ସନ୍ଥ କବୀର ଆଲୋକପାତ କରିଛନ୍ତି।

ରାତିରେ ସୂର୍ଯ୍ୟଙ୍କ ଅବର୍ତ୍ତମାନରେ ଚନ୍ଦ୍ର ଶୀତଳ କିରଣ ପ୍ରଦାନ କରୁଥିବା ହେତୁ ନିଜକୁ ବଡ଼ ମନେକରେ। କିନ୍ତୁ ପ୍ରଭାତରେ ସୂର୍ଯ୍ୟୋଦୟ ହେଲେ ଆପେ ଆପେ ଅଦୃଶ୍ୟ ହୋଇଯାଏ। ପୁଣି ଦିବସର ଅବସାନ ପରେ ଚନ୍ଦ୍ର ପୂର୍ବଭଳି ତାର ସ୍ୱରୂପ ପ୍ରକାଶ କରେ। ସେହିପରି ସମୁଦ୍ର ଦେଖିନଥିବା ଯାଏ ନଦୀ ନିଜକୁ ବଡ଼ ମନେକରେ। ମାତ୍ର ସମୁଦ୍ର ଦେଖିଦେଲାପରେ ସେ ସମୁଦ୍ର ନିକଟରେ ଆତ୍ମ ସମର୍ପଣ କରେ। ଏହି ଭାବଧାରାକୁ ନେଇ ପ୍ରାଚୀନ କାଳରୁ ଅଦ୍ୟାବଧି ଲୋକ ମୁଖରୁ ଗୋଟିଏ ଉଦ୍ଧୃତି ଶୁଣିବାକୁ ମିଳେ ତାହାହେଲା:-

‘ଗରୁଡ଼ ଉପରେ ଦେଖାନ୍ତି ପ୍ରତାପ
ସେ ଯେଣୁ ଅଟନ୍ତି ଶିବଙ୍କର ସାପ।’

ଏହି ଉଦ୍ଧୃତାଂଶକୁ ବ୍ୟାଖ୍ୟା କଲେ ଜଣାଯାଏ:- ସାଧାରଣତଃ ଗରୁଡ ସାପର ଖାଦକ। ସର୍ପ ହେଉଛି ଗରୁଡର ଖାଦ୍ୟ। ଏମାନଙ୍କ ମଧ୍ୟରେ ସମ୍ପର୍କ ‘ଅହି’ ସହିତ ‘ନକୁଳର’ ସମ୍ପର୍କ ଭଳି। ସର୍ପ ଠାରୁ ଗରୁଡ ଶକ୍ତିଶାଳୀ। ମାତ୍ର ଭଗବାନ ଶିବଙ୍କ ଗଳାରେ ସର୍ପ ସ୍ଥାନ ପାଇଥିବାରୁ ଅର୍ଥାତ ଶିବଙ୍କ ସଙ୍ଗ ଲାଭର ମାହାତ୍ମ୍ୟ ଯୋଗୁଁ ତାଙ୍କ ବଳରେ ବଳିୟାନ ହୋଇ ଗରୁଡ ଉପରେ ନିଜର ଔକାତ ବିସ୍ତାର କରିବାକୁ ପଶ୍ଚାତ୍ ପଦ ହୁଏ ନାହିଁ। କିନ୍ତୁ ସର୍ବଶକ୍ତିବାନ ଶିବଙ୍କ ଗଳାରୁ ଯେଉଁ ମୁହୂର୍ତ୍ତରେ ସର୍ପ ସ୍ଥାନଚ୍ୟୁତ ହୁଏ ସେହି ମୁହୂର୍ତ୍ତରୁ ଗରୁଡ ପ୍ରତି ଥାଏ ପ୍ରାଣଭୟ। ଏଥିରୁ ପ୍ରତୀତ ହୁଏ ଯେ, ଯେ ଯେତେ ବଳବାନ, ଶକ୍ତିମାନ ହେଲେ ମଧ୍ୟ ସ୍ଥାନ, କାଳ, ପାତ୍ରର ପ୍ରଭାବରେ ବଶବର୍ତ୍ତୀ ହୋଇ ଦୁର୍ବଳ ନିକଟରେ ହାର ମାନିବାକୁ ବାଧ୍ୟ ହୋଇଥାଏ। ଏହାକୁ ସମୟର ଖେଳ କହିଲେ ଅତ୍ୟୁକ୍ତି ହେବ ନାହିଁ। ଏହି ଗତିଶୀଳ ସମୟର ଗତି ରୀତିକୁ ଆଧାର କରି କେତେକ କ୍ଷେତ୍ରରେ ପ୍ରତିକୂଳ ପରିବେଶ ଓ ପରିସ୍ଥିତି ସୃଷ୍ଟି ହେବାର ଦେଖାଯାଏ। ଏଭଳି ସ୍ତିତିରେ ଜ୍ଞାନୀ, ଗୁଣୀ ଓ ବିଦ୍ୱାନ ମାନଙ୍କୁ ଚୁପ ରହିବାକୁ ପଡେ। ବେଙ୍ଗ ଓ କୋଇଲିର ଆଚରଣ ଦୃଷ୍ଟାନ୍ତ ଏଠାରେ ଉଲ୍ଲେଖଯୋଗ୍ୟ।

ବର୍ଷା ଋତୁର ଆଗମନ ବେଙ୍ଗ ମାନଙ୍କ ପାଇଁ ଅନୁକୂଳ ବାତାବରଣ ସୃଷ୍ଟି କରେ।

ବର୍ଷା ଋତୁରେ ତୁହାକୁ ତୁହା ବର୍ଷା ହେବ ସଙ୍ଗେ ସଙ୍ଗେ ଚାରିଆଡେ ଜଳମୟ ହୋଇଯାଏ। ଫଳରେ ବିଲ, ବାଡ଼ି, ଗାଡ଼ିଆ, ପୋଖରୀ ଆଦିରେ ଛପି ରହିଥିବା ବେଙ୍ଗ ମାନେ ବହୁ ସଂଖ୍ୟାରେ ବାହାରକୁ ବାହାରି ଅତ୍ୟୁଚ୍ଚ ସ୍ୱରରେ କେଁ କଟର ରାବ କରିଥାନ୍ତି। ବେଙ୍ଗ ମାନଙ୍କର ଶ୍ରୁତିକଟୁ ରାବର କୁପ୍ରଭାବରେ କୋଇଲି ନୀରବ ରହେ। କୋଇଲିର ସୁମଧୁର ସ୍ୱର ଆଉ ଶୁଣାଯାଏ ନାହିଁ। ପରିବେଶ ଓ ପରିସ୍ଥିତିର ପ୍ରତିକୂଳ ପ୍ରଭାବ ହେତୁ ସମସ୍ତଙ୍କ ଦ୍ୱାରା ଆଦୃତ ହୋଇଥିବା କୋଇଲି ଲୋକଲୋଚନର ଆଢୁଆଳରେ ରହିଯାଏ। କିଛିଦିନ ଅନ୍ତେ ବର୍ଷା ଋତୁର ପରିସମାପ୍ତି ଘଟିଲେ ବେଙ୍ଗ ମାନଙ୍କ ପାଇଁ ବାତାବରଣ ପ୍ରତିକୂଳ ହୋଇଥାଏ। ବେଙ୍ଗ ମାନଙ୍କର ରାବ ଆଉ ଶୁଣାଯାଏ ନାହିଁ। ସମୟକ୍ରମେ ପରିବେଶର ସୁଯୋଗ ନେଇ ଆଢୁଆଳରେ ରହିଥିବା କୋଇଲି ପୁଣି ବାହାରକୁ ବାହାରି ସୁମଧୁର ସ୍ୱର ଝଙ୍କାରରେ ଚତୁର୍ଦିଗ ଝଙ୍କୃତ କରେ। ଏଥିରୁ ପ୍ରତୀତ ହୁଏ ମନୁଷ୍ୟ, ପଶୁପକ୍ଷୀ ବା ଯେକୌଣସି ପ୍ରାଣୀର ଅନ୍ତର୍ନିହିତ ସୁଗୁଣ କ୍ଷଣସ୍ଥାୟୀ ନୁହେଁ ତାହା ଦୀର୍ଘସ୍ଥାୟୀ।

ଆମ ସମସ୍ତଙ୍କ ଜୀବନରେ କଠିନ ପରିସ୍ଥିତି ଓ ପ୍ରତିକୂଳ ସମୟ ନିଶ୍ଚୟ ଆସେ। ତାହା ଜୀବନରେ କେତେବେଳେ ଆସେ ସେକଥା କାହାରିକୁ ଜଣା ନଥାଏ। ଏଭଳି ପ୍ରତିକୂଳ ପରିସ୍ଥିତିରେ ବଡ଼ କଲବଲ ଲାଗେ। ହେଲେ ଏହି କଲବଲିଆ କାଳକୁତ ପୁଣି ଅତିକ୍ରମ କରିବାକୁ ପଡେ। ଏହା ସତ୍ୟଯେ ଜ୍ଞାନୀ, ଗୁଣୀ, ବିଦ୍ୱାନ ଓ ପଣ୍ଡିତ ମାନଙ୍କ ଜୀବନରେ ଯେତେବେଳେ କଠିନ ପରିସ୍ଥିତି ଆସେ ବା ଅଭାବନୀୟ ଘଟଣା ଘଟେ ସେମାନେ ଅସୀମ ଧୈର୍ଯ୍ୟ ଧାରଣ କରି ପରିସ୍ଥିତିକୁ ଅତିକ୍ରମ କରନ୍ତି। ଏଥିପାଇଁତ କଥିତ ଅଛି:-

"ଦୁର୍ଦର ରାବ ଶୁଣି ନୀରବ ପିକ
ମୂର୍ଖ ସଭାରେ ଯଥା ମୂକ ଧାର୍ମିକ।"

ସାଧାରଣତଃ କୌଣସି କଠିନ ପରିସ୍ଥିତି ବା ଜଟିଳ ସମସ୍ୟାକୁ ନେଇ ଜ୍ଞାନୀ ଗୁଣୀ ଲୋକଙ୍କ ସହ ଆଲୋଚନା କଲେ ସୁଫଳ ମିଳିବାର ସମ୍ଭାବନା ଥାଏ। ତାହା ନକରି କୌଣସି ମୂର୍ଖ ବ୍ୟକ୍ତିଙ୍କ ସହ ଆଲୋଚନା କଲେ ବା ଯୁକ୍ତିତର୍କ କଲେ ସୁଫଳ ତ ମିଳେ ନାହିଁ ବରଂ ସମୟ ଓ ସମ୍ମାନ ନଷ୍ଟ ହୋଇଥାଏ। ବେଙ୍ଗ ମାନଙ୍କର ରାବ ଶୁଣି କୋଇଲି ଚୁପ ରହେ କାରଣ, ସେମାନଙ୍କର ଶ୍ରୁତିକଟୁ ରାବକୁ ଭେଦ କରି ଲୋକମାନଙ୍କ ମନରେ ସନ୍ତୋଷ ଭାବ ସଞ୍ଚାର କରିବା କୋଇଲି ପକ୍ଷେ ସମ୍ଭବପର

ହୁଏ ନାହିଁ। ତେଣୁ ସେ ନୀରବ ରହେ। ସେହିଭଳି କୌଣସି ପ୍ରସଙ୍ଗକୁ କେନ୍ଦ୍ର କରି ଜଟିଳ ପରିସ୍ଥିତି ଦେଖାଦେଲେ ପଣ୍ଡିତମାନଙ୍କର ପରାମର୍ଶକୁ ମୂର୍ଖମାନେ ବୁଝିନପାରି ଅଗ୍ରାହ୍ୟ କରନ୍ତି। ସେଭଳି କ୍ଷେତ୍ରରେ ପଣ୍ଡିତ ମାନେ ନିଜ ସମୟର ଅପଚୟ ନଘଟାଇ ଏବଂ ସମ୍ମାନ ରକ୍ଷା କରିବାକୁ ଯାଇ ଚୁପ ରହିବାକୁ ଶ୍ରେୟସ୍କର ମନେକରନ୍ତି।

ବାସ୍ତବିକ ସମୟର ଇଙ୍ଗିତରେ ସବୁକିଛି ଘଟେ। ତାହାସହିତ ଖାପଖୁଆଇ ନଚଳିଲେ ପରିସ୍ଥିତି ଶୁଭଙ୍କର ହୋଇନଥାଏ। ସବୁ ଅବସ୍ଥାରେ ବୁଝିବିଚାରି ଚଳିବାକୁ ମହାଯୋଗୀ କବୀର ସମସ୍ତଙ୍କୁ ସଚେତନ କରାଇବାର ଲକ୍ଷ୍ୟ ନେଇ ଉକ୍ତ ଦୋହାର ଅବତାରଣା କରିଛନ୍ତି। ଏହା ଅତ୍ୟନ୍ତ ପ୍ରଣିଧାନ ଯୋଗ୍ୟ।

■

ଦୋହା - ୨୦

साधु सराहै साधुता, जाती जोखिता जान।
रहिमन सांचे सुर को बैरी कराइ बखान।।

Doha in English

Sadhu saraahai saadhuta, jaatee jokhita jaan,
Rahiman saanche sur ko bairee karai bakhaan.

ଓଡ଼ିଆରେ ଦୋହା

ସାଧୁ ସରହେ ସାଧୁତା, ଜାତୀ ଯୋଖିତା ଜାନ।
ରହୀମନ ସାଁଚେ ସୁର କୋ ବୈରୀ କରାଇ ବଖାନ ॥

ଦୁଇ ପକ୍ଷଙ୍କ ମଧ୍ୟରେ ଯୁଦ୍ଧ ଲାଗିଥିଲେ ଗୋଟିଏ ପକ୍ଷର ଯୋଦ୍ଧା ଅପରପକ୍ଷ ଯୋଦ୍ଧାର ଯୁଦ୍ଧକାଳୀନ ଅପୂର୍ବ ରଣକୌଶଳର ପରିଚୟ ପାଇ କିପରି ତାହାର ପ୍ରଶଂସା କରିବାକୁ ଦ୍ୱିଧା ପ୍ରକାଶ କରେନାହିଁ ସେ ସମ୍ବନ୍ଧରେ ସନ୍ଥ କବୀର ଉକ୍ତ ଦୋହା ମାଧ୍ୟମରେ ଆଲୋକପାତ କରିଛନ୍ତି ।

ଏହା ସତ୍ୟଯେ, ଆମ ସମାଜରେ ଜଣେ ସାଧୁ ଆଉ ଜଣେ ପ୍ରକୃତ ସାଧୁଙ୍କୁ ଜଣେ ସନ୍ଥ ଆଉ ଜଣେ ପ୍ରକୃତ ସନ୍ଥଙ୍କୁ ଜଣେ ଯୋଗୀ ଆଉ ଜଣେ ପ୍ରକୃତ ଯୋଗୀଙ୍କୁ ପ୍ରଶଂସା କରିବାର ଦେଖାଯାଏ । ସେହିଭଳି ଜଣେ ଅଭିନେତା ଆଉ ଜଣେ ଅଭିନେତାଙ୍କୁ, ଜଣେ ଖେଳାଳି ଆଉ ଜଣେ ଖେଳାଳିଙ୍କୁ, ଜଣେ କଣ୍ଠଶିଳ୍ପୀ ଆଉ ଜଣେ କଣ୍ଠଶିଳ୍ପୀଙ୍କୁ, ଜଣେ କବି ବା ଲେଖକ ଆଉ ଜଣେ କବି ବା ଲେଖକଙ୍କୁ ପ୍ରଶଂସା କରିବା ଏକାଧିକ ନଜିର ରହିଛି । ଜଣଙ୍କର ଅନ୍ତର୍ନିହିତ ଅସାଧାରଣ ପ୍ରତିଭା ଉପଯୁକ୍ତ କ୍ଷେତ୍ର ବିଶେଷରେ ସ୍ୱତଃ ପ୍ରକାଶିତ ହେଲେ ସେ ଅନ୍ୟ ମାନଙ୍କର ପ୍ରଶଂସାର ପାତ୍ର ହୋଇଥାନ୍ତି । ଏହି ପ୍ରଥା ଆବହମାନ କାଳରୁ ସ୍ୱତଃ ପ୍ରଚଳିତ ହୋଇ ଆସୁଛି । କିନ୍ତୁ ଜଣେ ପ୍ରକୃତ ଯୋଦ୍ଧା ଶତ୍ରୁ ପକ୍ଷର ଯୋଦ୍ଧାଙ୍କୁ ପ୍ରଶଂସା କରିବା ଖୁବ କ୍ୱଚିତ ଶୁଣିବାକୁ ମିଳେ । ଯୁଦ୍ଧ ଏକ ଆତଙ୍କ ସୃଷ୍ଟିକାରୀ ଘଟଣା । ସାମ୍ପ୍ରତିକ ପରିସ୍ଥିତିରେ ଦୁଇ ପକ୍ଷଙ୍କ ମଧ୍ୟରେ ଶତ୍ରୁତା ଆଚରଣକୁ ଆଧାର କରି ପରସ୍ପର ମଧ୍ୟରେ ଯୁଦ୍ଧ ଚାଲେ । ଯୁଦ୍ଧର ହାରଜିତର ପ୍ରଶ୍ନ ଉଭୟ ପକ୍ଷଙ୍କ ପାଇଁ ଆହ୍ୱାନ ସୃଷ୍ଟି କରେ । ପରିଣତି ସ୍ୱରୂପ ଗୋଟିଏ ପକ୍ଷ ପରାଜୟ ସ୍ୱୀକାର କଲାବେଳେ ଅପର ପକ୍ଷ ବିଜୟୀ ଘୋଷିତ ହୁଏ । ମାତ୍ର ଯିଏ ପ୍ରକୃତ ଯୋଦ୍ଧା ସେ ହାର-ଜିତର ଫଳାଫଳ ବିଶେଷ ଗୁରୁତ୍ୱ ନଦେଇ ଯୁଦ୍ଧକାଳୀନ ଶତ୍ରୁ ପକ୍ଷର ରଣକୌଶଳ ଉପରେ ଗୁରୁତ୍ୱାରୋପ କରିଥାଏ । ଯେଉଁ ପକ୍ଷର ଯୋଦ୍ଧା ଅଭିନବ ରଣକୌଶଳ ପ୍ରୟୋଗ କରି ଅପରପକ୍ଷର ଯୋଦ୍ଧା ଉପରେ ଜବରଦସ୍ତ ପ୍ରଭାବ ବିସ୍ତାର କରେ ସେହିଭଳି ବିଚକ୍ଷଣ ଯୋଦ୍ଧାଙ୍କୁ ଶତ୍ରୁ ପକ୍ଷର ଯୋଦ୍ଧା ମଧ୍ୟ ଖୋଲା ହୃଦୟରେ ପ୍ରଶଂସା କରିଥାଏ । ଏହି ପ୍ରସଙ୍ଗକୁ ଭିତ୍ତି କରି ତ୍ରେତୟା ଯୁଗରେ ଭଗବାନ ଶ୍ରୀରାମ ଓ ଲଙ୍କେଶ୍ୱର ରାବଣ ମଧ୍ୟରେ ହୋଇଥିବା ଲୋମହର୍ଷଣକାରୀ ଯୁଦ୍ଧର ଶେଷ ପରିଣତିର ଶେଷ କଥା ଏଠାରେ ପ୍ରାସଙ୍ଗିକ ମନେ ହୁଏ ।

ସତୀ ସ୍ୱାଧୀ ଶିରୋମଣୀ ସୀତା ରାବଣ ଦ୍ୱାରା ଅପହୃତା ହେଲା ପରେ ତାଙ୍କୁ (ସୀତାଙ୍କୁ) ରାବଣ କବଳରୁ ଉଦ୍ଧାର କରିବାକୁ ଯାଇ ରାମ ଓ ରାବଣ ଦୁଇ ପକ୍ଷ ମଧ୍ୟରେ ଚାଲିଥିଲା ଭୟଙ୍କର ଯୁଦ୍ଧ । ଯୁଦ୍ଧରେ ରାବଣ ପରାସ୍ତ ହୋଇ ଧରାଶାୟୀ ହୋଇଥାନ୍ତି । ଏହି ଖବର ପ୍ରଚାରିତ ହେବା ପରେ ମନ୍ଦୋଦରୀ ଦୁଃଖରେ ଭାଙ୍ଗିପଡି ଆଖିରୁ ଲୁହ ଝରାଉଥାନ୍ତି । ରାବଣର କ୍ଷତ ବିକ୍ଷତ ଶରୀର ନିକଟରେ ଉପସ୍ଥିତଥାନ୍ତି

ଭଗବାନ ଶ୍ରୀରାମ, ଅନୁଜ ଲକ୍ଷ୍ମଣ ଓ ରାବଣର କନିଷ୍ଠ ଭ୍ରାତା ବିଭୀଷଣ। ରାବଣର ମୃତ୍ୟୁ ଆସନ୍ନ ପ୍ରାୟ। ଇତ୍ୟବଶରେ ଭଗବାନ ଶ୍ରୀରାମ ଅନୁଜ ଲକ୍ଷ୍ମଣଙ୍କୁ କହିଲେ 'ବିଶ୍ରବା' ନନ୍ଦନ ରାବଣ ଜଣେ ପରମ ଜ୍ଞାନୀ ଓ ନୈଷ୍ଠିକ ବେଦଜ୍ଞ ବ୍ରାହ୍ମଣ। ଶେଷ ମୁହୂର୍ତ୍ତରେରେ ତାଙ୍କ ଠାରୁ ଜୀବନର ହିତୋପଯୋଗୀ କିଛି ମୂଲ୍ୟବାନ ଶିକ୍ଷା ଗ୍ରହଣ କରିବା ଶ୍ରେୟସ୍କର ହେବ। ରାବଣ ମଧ୍ୟ ଅନ୍ତିମ କ୍ଷଣରେ ଶ୍ରୀରାମଙ୍କ ବୀରତ୍ୱର ଭୂୟସୀ ପ୍ରଶଂସାକରି ପାର୍ଶ୍ୱରେ ଦଣ୍ଡାୟମାନ ହୋଇଥିବା 'ଲକ୍ଷ୍ମଣ'ଙ୍କୁ କେତେକ ମହତ୍ତ୍ୱପୂର୍ଣ୍ଣ ଶିକ୍ଷା ପ୍ରଦାନ କରିଥିଲେ। ଅପରପକ୍ଷରେ ଭଗବାନ ଶ୍ରୀରାମ ମଧ୍ୟ ନିଜର ପରମ ଶତ୍ରୁ ରାବଣର ବୀରତ୍ୱ ଏବଂ ପାଣ୍ଡିତ୍ୱର ଗୁଣାବଳୀକୁ ସ୍ୱୀକାର କରି ତାଙ୍କୁ (ରାବଣଙ୍କୁ) ପ୍ରଶଂସା କରିବାକୁ ଦ୍ୱିଧା ପ୍ରକାଶ କରିନାହାନ୍ତି।

ଏତଗଲା ତ୍ରେତୟା ଯୁଗର କଥାବସ୍ତୁ। ଟିକିଏ ପଛକୁ ଫେରିଯାଇ ଇତିହାସ ପୃଷ୍ଠାରେ ଲିପିବଦ୍ଧ ହୋଇଥିବା ଖ୍ରୀ:ପୂ: ୩୨୬ କଥାବସ୍ତୁ ଉପରେ ନଜର ଦେବା। ଗ୍ରୀକର ମାସିଡୋନିଆର ରାଜା ଥିଲେ ଆଲେକଜାଣ୍ଡର ଦି ଗ୍ରେଟ। ତାଙ୍କର ଏକ ଶକ୍ତିଶାଳୀ ସୈନ୍ୟବାହିନୀ ଥିଲା। ସେ (ଆଲେକଜାଣ୍ଡର) ନିଜେ ମଧ୍ୟ ଜଣେ ପରାକ୍ରମୀ ଯୋଦ୍ଧା ଥିଲେ। ତାଙ୍କର ସାମ୍ରାଜ୍ୟ ବିସ୍ତାର ଲିପ୍ସା ପ୍ରବଳ ଥିବାରୁ ପଡ଼ୋଶୀ ରାଜା ମାନଙ୍କୁ ପରାସ୍ତ କରି ତାଙ୍କ ସାମ୍ରାଜ୍ୟକୁ ନିଜ ଅଧୀନକୁ ଆଣୁଥିଲେ। ବିଭିନ୍ନ ପଡୋଶୀ ରାଜ୍ୟ ଜୟ କରିବା ପରେ ତାଙ୍କର ସେହି ସୁଦକ୍ଷ ସେନାବାହିନୀଙ୍କ ସହାୟତାରେ ଭାରତରେ ରାଜୁତି କରୁଥିବା ରାଜାମାନଙ୍କ ରାଜ୍ୟକୁ ନିଜ ଅଧୀନକୁ ଆଣିବାରେ ସଫଳ ହେଉଥିଲେ। ଭାରତର ତତ୍କାଳୀନ କିଛି ରାଜା ମଧ୍ୟ ଭୀତତସ୍ତ ହୋଇ ତାଙ୍କ ସହିତ ଯୁଦ୍ଧ ନକରି ତାଙ୍କର ବଶ୍ୟତା ସ୍ୱୀକାର କରି ନିଜ ରାଜ୍ୟକୁ ହସ୍ତାନ୍ତର କରିଥିଲେ। ସମୟକ୍ରମେ ଆଲେକଜାଣ୍ଡରଙ୍କ ନଜର ପଡିଲା ଅଭିବକ୍ତ ଭାରତର 'ହାଇଡାସ ସ୍ପେସ' (ବର୍ତ୍ତମାନ ପାକିସ୍ତାନ ଅଧୀନରେ ଥିବା) ର ରାଜା 'ପୁରୁ'ଙ୍କ ରାଜ୍ୟ ଉପରେ। ଉକ୍ତ ରାଜ୍ୟକୁ ତାଙ୍କ ଅଧୀନକୁ ଆଣିବା ପାଇଁ ଆଲେକଜାଣ୍ଡର ଯେତେବେଳେ ଚାହିଁଲେ ସେତେବେଳେ ରାଜା 'ପୁରୁ' ଅପୂର୍ବ ସାହସ ଓ ବୀରତ୍ୱର ସହ କହିଥିଲେ:- 'ମୁଁ ମୋ ରାଜ୍ୟର ସୁରକ୍ଷା ନିମନ୍ତେ ଶେଷ ରକ୍ତ ବିନ୍ଦୁ ଥିବା ପର୍ଯ୍ୟନ୍ତ ତୁମ ସହିତ ଲଢେଇ କରିବାକୁ ପ୍ରସ୍ତୁତ। ଯୁଦ୍ଧରେ ମୋତେ ପରାସ୍ତ କରି ତୁମେ ମୋ ରାଜ୍ୟକୁ ତୁମ ଅଧୀନକୁ ନେଇପାର।' ଏହାପରେ ରାଜା 'ପୁରୁ' ଓ ଆଲେକଜାଣ୍ଡରଙ୍କ ମଧ୍ୟରେ ଘମାଘୋଟ ଯୁଦ୍ଧ ଚାଲିଥିଲା। ଯୁଦ୍ଧରେ ରାଜା 'ପୁରୁ' ନିଜ ପୁତ୍ରଙ୍କୁ ହରାଇଥିଲେ। ଏବଂ ନିଜେ ମଧ୍ୟ ପରାସ୍ତ ହୋଇଥିଲେ। ଏହାପରେ ଆଲେକଜାଣ୍ଡର ରାଜା 'ପୁରୁ'ଙ୍କୁ ବନ୍ଦୀ କରି ନିଜ ରାଜ୍ୟକୁ ନେଇଆସିଥିଲେ। ବନ୍ଦୀ ଅବସ୍ଥାରେ ରାଜା ପୁରୁ ଥିଲାବେଳେ

ଆଲେକଜାଣ୍ଡର ଦି ଗ୍ରେଟ ତାଙ୍କୁ ପଚାରିଲେ 'ତୁମେତ ବର୍ତ୍ତମାନ ମୋ ନିକଟରେ ବନ୍ଦୀ, ଏବେ ତୁମେ କଣ ଚାହଁ?' ଏହାର ଉତ୍ତରରେ ରାଜା ପୁରୁ କହିଥିଲେ 'ମୁଁ ମଧ୍ୟ ଆପଣଙ୍କ ଭଳି ଜଣେ ରାଜା, ତେଣୁ ରାଜା ହିସାବରେ ଆପଣଙ୍କ ଭଳି ଜଣେ ରାଜାଙ୍କ ଠାରୁ ଚାହେଁ ରାଜୋଚିତ ସମ୍ମାନ।' ବନ୍ଦୀ ଅବସ୍ଥାରେ ମଧ୍ୟ ଭାଙ୍ଗି ନପଡ଼ି ରାଜା ପୁରୁଙ୍କର ଏତାଦୃଶ ସାହସ ଓ ବୀରତ୍ୱର ପରିଚୟ ପାଇ ଆଲେକଜାଣ୍ଡର ସ୍ତମ୍ଭୀଭୂତ ହୋଇ ତାଙ୍କୁ ବନ୍ଧନ ମୁକ୍ତ କରି କହିଥିଲେ, 'ରାଜା ପୁରୁ! ତୁମର ଏ ଅପୂର୍ବ ବୀରତ୍ୱର ଝଲକ ନିକଟରେ ନୈତିକତା ଦୃଷ୍ଟିରୁ ମୁଁ ପରାସ୍ତ। ତୁମର ଏ ବୀରତ୍ୱର ପଟାନ୍ତର ନାହିଁ। ତୁମର ନିର୍ଭିକତା ଓ ବୀରତ୍ୱ ପଣିଆ ମୋ ହୃଦୟକୁ ରେଖାପାତ କରିଛି। ତୁମର ରାଜ୍ୟ ମୁଁ ଅବିଳମ୍ବେ ଫେରାଇ ଦେଉଛି। ତୁମେ ପୂର୍ବପରି ତୁମ ରାଜ୍ୟର ରାଜା ହୋଇ ନିର୍ଭିଘ୍ନରେ ରାଜ୍ୟ ଶାସନ କର।'

ଗ୍ରୀକବୀର, ବିଶ୍ୱବିଜୟୀ ଆଲେକଜାଣ୍ଡର ଦି ଗ୍ରେଟଙ୍କ ଭଳି ଜଣେ ଅପରାଜୟ ଯୋଦ୍ଧା ରାଜା ପୁରୁଙ୍କ ଅସାଧାରଣ ବୀରତ୍ୱକୁ ନିର୍ବିକାର ଚିତ୍ତରେ ସ୍ୱୀକାର କରି ତାଙ୍କର ପ୍ରଶଂସା କରିବାକୁ ତିଳେ ହେଲେ କୁଣ୍ଠାବୋଧ କରି ନାହାଁନ୍ତି। ଏହା ଏକ ବିରଳ ଘଟଣା। ଏଭଳି ଉଚ୍ଚକୋଟୀର ଚିନ୍ତାଧାରା ଖୁବ କମ ଯୋଦ୍ଧାଙ୍କ ପାଖରେ ଦେଖାଯାଏ। ସନ୍ଥ କବୀରଙ୍କର ଏହି ମହନୀୟ ଦିଗଦର୍ଶନ ସଭିଙ୍କ ଚେତନାକୁ ଜାଗ୍ରତ କରିବ, ଏଥିରେ ଦ୍ୱିମତ ହେବାର ନାହିଁ।

■

ଦୋହା -୨୧

जैसा भोजन खाइये, तैसा ही मन होय।
जैसा पानी पीजिये , तैसी वाणी होय।।

Doha in English

Jaisa bhojan khaiye, taisa hee man hoy,
Jaisa pani pijiye, taisee vaanee hoy.

ଓଡ଼ିଆରେ ଦୋହା

ଜୈସା ଭୋଜନ ଖାଇଏ, ତୈସା ହୀ ମନ ହୋଏ।
ଜୈସା ପାନୀ ପୀଜିଏ, ତୈଷୀ ବାଣୀ ହୋଏ ॥

ଆମେ ପ୍ରତିଦିନ ଖାଉଥିବା ଖାଦ୍ୟ ପଦାର୍ଥ ଆମର ଶାରୀରିକ ଓ ମାନସିକ ପ୍ରକ୍ରିୟାକୁ କିପରି ପ୍ରଭାବିତ କରେ ସେ ସମ୍ବନ୍ଧରେ କେତେକ ଗଠନମୂଳକ ପରାମର୍ଶ ଦେବା ଉଦ୍ଦେଶ୍ୟରେ ସନ୍ଥ କବୀର ଉକ୍ତ ଦୋହାର ଅବତାରଣା କରିଛନ୍ତି ।

ମନୁଷ୍ୟ ଶରୀରର ଅନ୍ତଃକରଣ ଅବସ୍ଥା ଭେଦରେ ଚାରିଭାଗରେ ବିଭକ୍ତି ଯଥା - ମନ, ବୁଦ୍ଧି, ଚିତ୍ତ ଓ ଅହଂକାର । ମନ ସର୍ବଦା ଚେତନ ଆତ୍ମାଦ୍ୱାରା କ୍ରିୟାଶୀଳ ହୋଇଥାଏ । କୌଣସି ଏକ କର୍ମ କରିବା କି ନାହିଁ ଏ ସମ୍ବନ୍ଧରେ ମନ ଚିନ୍ତାକରେ କିନ୍ତୁ ନିର୍ଣ୍ଣୟ କରିପାରେ ନାହିଁ । କେଉଁ କର୍ମ କରିବା ଉଚିତ ଏବଂ କେଉଁ କର୍ମକରିବା ଅନୁଚିତ ତାହା ନିର୍ଣ୍ଣୟ କରେ ଚିତ୍ତ ବା ବିବେକ । କିପରି କଲେ ଠିକ୍ ହେବ ତାହା ନିର୍ଣ୍ଣୟ କରେ ବୁଦ୍ଧି । ମନ ସଂସାରର ସବୁଠାରୁ ବେଗବାନ ତତ୍ତ୍ୱ ବା ବେଗବାନ ଉତ୍ସ, ଦଶଗୋଟି ଇନ୍ଦ୍ରିୟର ରାଜା ଅଟେ । ମନର ଆଦେଶବିନା ଇନ୍ଦ୍ରିୟ ମାନେ କୌଣସି କର୍ମ କରନ୍ତି ନାହିଁ । ଇନ୍ଦ୍ରିୟ ମାନଙ୍କୁ କର୍ମକ୍ଷମ କରାଇବାପାଇଁ ଖାଦ୍ୟର ରହିଛି ଏକ ଗୁରୁତ୍ୱପୂର୍ଣ୍ଣ ଭୂମିକା, କିଛି ଖାଦ୍ୟ ଆମେ କଞ୍ଚାଖାଉ, ଆଉ କିଛି ଖାଦ୍ୟ ଆମେ ରୋଷେଇ କରି ଖାଉ । କେଉଁ ଖାଦ୍ୟ ଆମ ଦେହ ପାଇଁ ହିତକର, ପୁଣି କେଉଁ ଖାଦ୍ୟ ଦେହ ପାଇଁ ଅହିତକର ତାହା ଜାଣିବା ନିହାତି ଜରୁରୀ । କାରଣ ଶରୀରର ଗଠନ,ଚଳନ ଓ ବୃଦ୍ଧି ପାଇଁ ଖାଦ୍ୟର ରହିଛି ଯଥେଷ୍ଟ ଆବଶ୍ୟକତା । ଆମ ଶରୀର ଅସଂଖ୍ୟ ଜୀବ କୋଷକୁ ନେଇ ଗଠିତ । ଯେଉଁ ଖାଦ୍ୟ ଆମ ଶରୀରରେ ଥିବା ଜୀବକୋଷ ମାନଙ୍କୁ ସବୁପ୍ରକାର ପୋଷକତତ୍ତ୍ୱ ଯୋଗାଏ ଯଥା - ପୁଷ୍ଟିସାର, ସ୍ନେହସାର, ଶ୍ୱେତସାର, ଧାତବଲବଣ, ଭିଟାମିନ ଓ ଜଳ ସେଗୁଡିକୁ ସନ୍ତୁଳିତ ଖାଦ୍ୟ ବା Balanced diet କୁହାଯାଏ । ସନ୍ତୁଳିତ ଖାଦ୍ୟ ଆମ ଶରୀରକୁ ନିରୋଗ ରଖିବା ସଙ୍ଗେ ସଙ୍ଗେ ମନକୁ ମଧ୍ୟ ସତେଜ ଓ ନିର୍ମଳ ରଖିବାରେ ସହାୟକ ହୋଇଥାଏ । ଆମ ଶରୀର ସାତ ପ୍ରକାର ଧାତୁକୁ ନେଇ ଗଠିତ ଯଥା- ରକ୍ତ, ରସ, ମେଦ, ମାଂସ, ଅସ୍ଥି, ମଜ୍ଜା, ଓ ଶୁକ୍ର । ଆମେ ଯେଉଁ ଖାଦ୍ୟ ବା ଅନ୍ନ ଗ୍ରହଣକରୁ ତାର ସାର ତତ୍ତ୍ୱ ବା ନିର୍ଯ୍ୟାସ ସେହି ସପ୍ତଧାତୁ (ରକ୍ତ, ରସ, ମେଦ, ମାଂସ, ଅସ୍ଥି, ମଜ୍ଜା ଓ ଶୁକ୍ର) ରେ ପରିଣତ ହୁଏ । ତେଣୁ ଆମର ଶାରୀରିକ ଓ ମାନସିକ ସ୍ୱାସ୍ଥ୍ୟ ନିର୍ଭର କରେ ଆମେ ଗ୍ରହଣ କରୁଥିବା ଖାଦ୍ୟର ପୋଷକତତ୍ତ୍ୱ ଉପରେ । ଖାଦ୍ୟ ସାଧାରଣତଃ ୨ ପ୍ରକାର ଯଥା - ଆମିଷ ଓ ନିରାମିଷ । 'ଆମ' ଧାତୁରୁ 'ଆମିଷ' ଶବ୍ଦ ଉତ୍ପନ୍ନ । 'ଆମ' ଅର୍ଥ ରୋଗ । ଯେଉଁ ଖାଦ୍ୟ ଖାଇଲେ ରୋଗ ସୃଷ୍ଟି ହୁଏ ତାହାକୁ ଆମିଷ ଖାଦ୍ୟ କୁହାଯାଏ । ମାଛ, ମାଂସ, ଅଣ୍ଡା ଅଧିକ ତେଲ ମସଲାଯୁକ୍ତ ଖାଦ୍ୟ, ଫାଷ୍ଟଫୁଡ, ପିଜା, ପିଆଜ, ରସୁଣ, ଛତୁ ଇତ୍ୟାଦିକୁ ଆମିଷ ଜାତୀୟ ଖାଦ୍ୟ

କୁହାଯାଏ। ଏହି ଆମିଷ ଜାତୀୟ ଖାଦ୍ୟ ଖାଇବାକୁ ଆମ ଶରୀର ତଦନୁସାରେ ଗଠିତ ହୋଇ ନାହିଁ। ଏହା ଆମ ଶରୀରର ବିଭିନ୍ନ ଅଙ୍ଗପ୍ରତ୍ୟଙ୍ଗରୁ ପ୍ରମାଣ ମିଳେ। ଆମିଷ ଜାତୀୟ ଖାଦ୍ୟ ବା ଅପମିଶ୍ରିତ ଖାଦ୍ୟ ଖାଇବା ଦ୍ୱାରା ଆମକୁ ବିଭିନ୍ନ ପ୍ରକାର ରୋଗହୁଏ। ରାଗ, ତେଲ, ମସଲା ଯୁକ୍ତ ଖାଦ୍ୟ, ମାଦକ ଦ୍ରବ୍ୟ ସେବନ ଦ୍ୱାରା ଯକୃତ ଜନିତ ରୋଗହୁଏ। ଆମିଷ ଖାଦ୍ୟ ବା ପ୍ରାଣୀଜ ଖାଦ୍ୟ ଭକ୍ଷଣ ଯୋଗୁଁ ଦୈହିକ ସଦାଚାର ରକ୍ଷା କରିହୁଏ ନାହିଁ। ଶରୀରବିତ୍‌ମାନଙ୍କ ମତରେ ଆମ ଶରୀର ଯେଉଁ ସବୁ କୋଷକୁ ନେଇ ଗଠିତ ସେଗୁଡ଼ିକ ପ୍ରାଣୀ କୋଷ ବା ଜୈବିକ କୋଷ Animal food ବା ମାଛ ମାଂସ ଇତ୍ୟାଦିରେ ରହିଥିବାକୋଷ ଗୁଡ଼ିକ ଆମ ଶରୀରରେ ଥିବା କୋଷଭଳି ଏକ ଜାତୀୟ ହୋଇଥିବାରୁ ଖାଦ୍ୟପେୟର ଦ୍ୱନ୍ଦ୍ୱ ବା ବିକୃତି ଯୋଗୁଁ ବିଷକ୍ରିୟା ସୃଷ୍ଟିହୁଏ। ଏହି ବିଷକ୍ରିୟା ହିଁ ବିଭିନ୍ନ ରୋଗ ସୃଷ୍ଟିର କାରକ ହୋଇଥାଏ। ଆମିଷ ଆହାରୀ ଲୋକ ଚଞ୍ଚଳମନା, କୌଣସି କାର୍ଯ୍ୟରେ ନିରବଛିନ୍ନ ଭାବରେ ଲାଗି ରହିପାରନ୍ତି ନାହିଁ। ସେମାନେ ନିଷ୍ଠାଚ୍ୟୁତ, ଧୈର୍ଯ୍ୟହରା ଓ ଉତ୍ତେଜନାପ୍ରବଣ ହୋଇଥାନ୍ତି। ବାଘ, ଭାଲୁ, ସିଂହ, ମାଂସାହାରୀ ପ୍ରାଣୀ ହୋଇଥିବାରୁ ଏମାନେ ହିଂସ୍ର, ଭୟଙ୍କର, ଉତ୍ତେଜନାପ୍ରବଣ ଓ ଆକ୍ରମଣାତ୍ମକ ହୋଇଥାନ୍ତି। ଏମାନଙ୍କର ସ୍ନାୟୁବିକ ସଂହତି ଠିକ୍ ନଥାଏ।

ବିଶିଷ୍ଟ ଶରୀରବିତ ମାନଙ୍କ ମତରେ ମାନସିକ ଓ ଶାରୀରିକ ସ୍ୱାସ୍ଥ୍ୟ ନିର୍ଭର କରେ ସକାରାତ୍ମକ ଚିନ୍ତନ ଓ ନିରାମିଷ ସାତ୍ତ୍ୱିକ ଆହାର ଉପରେ ଏତଦଦୃଷ୍ଟେ ଆମ୍ଭେମାନେ ଉଦ୍ଭିଦ ଜାତ ଓ ସାତ୍ତ୍ୱିକ ଖାଦ୍ୟ ଗ୍ରହଣ କରିବା ସଙ୍ଗେ ସଙ୍ଗେ ମାଦକ ଦ୍ରବ୍ୟ ସେବନ (ମଦ, ଗଞ୍ଜେଇ, ଭାଙ୍ଗ) ଇତ୍ୟାଦି ଠାରୁ ଦୁରେଇ ରହିବ ଉଚିତ। ସେଥିପାଇଁ କୁହାଯାଏ 'ଶରୀର ମାଦ୍ୟଂ ଖଲୁ ଧର୍ମ ସାଧନଂ' ଧର୍ମ ସାଧନ ପାଇଁ ଦୈହିକ ସଦାଚାର ରକ୍ଷା କରିବା ନିହାତି ଜରୁରୀ। ଏଥିପାଇଁ ମୁନିଋଷି ମାନେ ତିନୋଟି ମାର୍ଗ ଦର୍ଶାଇଛନ୍ତି। ସେଗୁଡ଼ିକ ହେଲା - ୧) ସତଭୂକ - ଅର୍ଥାତ ସଚୋଟ ଓ ସତ ଉପାୟରେ ଅର୍ଜିତ ଅନ୍ନ ଭୋଜନ। ୨) ହିତଭୂକ - ଅର୍ଥାତ ଶରୀରର ହିତ ପାଇଁ ଶୁଦ୍ଧ ଓ ସାତ୍ତ୍ୱିକ ନିରାମିଷ ଭୋଜନ। ୩) ମିତଭୂକ - ଅର୍ଥାତ ପେଟପୁରା ପରିବର୍ତ୍ତେ ଅଧା ପେଟ ଭୋଜନ କରିବା। ଏହି ନୀୟମ ଓ ନୀତି ଆଧାରରେ ଭୋଜନ କଲେ ଆମର ଶାରୀରିକ ଓ ମାନସିକ ସ୍ୱାସ୍ଥ୍ୟ ଠିକ ରହିବା ସଙ୍ଗେ ସଙ୍ଗେ ଆମର ଦୈହିକ ସଦାଚାର ରକ୍ଷା ହୋଇପାରିବ। ତେଣୁ କଥାରେ ଅଛି ଯେପରି ଅନ୍ନ ସେପରି ମନ। ଯେପରି ପାଣି ସେହିପରି ବାଣୀ। ଆମେ ଯେପରି ଭୋଜନ କରିବା ତାର ଗୁଣଗତ ପରିଣାମ ଠିକ ସେମିତି ମିଳିବ। ଶରୀର, ମନ ଓ ଆତ୍ମାର ଶୁଦ୍ଧତା ପାଇଁ ଆମେ ଯେତେ ଯତ୍ନବାନ

ହେବା ଆମର ଜୀବନ ସେତେ ସୁଖମୟ ଓ ଆନନ୍ଦମୟ ହେବ। 'ସ୍ୱାସ୍ଥ୍ୟ ହିଁ ସମ୍ପଦ' ଏହା ସମସ୍ତଙ୍କ ଜୀବନର ମୂଳମନ୍ତ୍ର ହେବା ଉଚିତ।

ବାସ୍ତବିକ ଆମେ ଗ୍ରହଣ କରୁଥିବା ଖାଦ୍ୟପେୟ ଆମର ଆଚାର ବ୍ୟବହାର ଓ ଚାଲିଚଲଣକୁ ନିୟନ୍ତ୍ରଣ କରେ। ସମାଜ ସଂସ୍କାରକ କବୀର ସମଗ୍ର ମାନବ ଜାତିକୁ ଦେଇଥିବା ଗଠନ ମୂଳକ ପରାମର୍ଶ ମହତ୍ତ୍ୱପୂର୍ଣ୍ଣ ଅଟେ।

■

ଦୋହା - ୨୨

जाती न पूछो साधुकी पूछ लीजिये ज्ञान।
मूल करो तलवारके पड़रहेने दो मान।।

Doha in English

Jaati na poochho sadhu kee, puch lijiye gyan,
mool karo talavaarke, pad rehne do maan.

ଓଡ଼ିଆରେ ଦୋହା

ଜାତୀ ନ ପୂଛୋ ସାଧୁ କୀ, ପୂଛ ଲିଜିଏ ଜ୍ଞାନ।
ମୂଲ କରୋ ତଲବାରକେ, ପଡ଼ ରେହେନେ ଦୋ ମାନ ॥

କୌଣସି ବ୍ୟକ୍ତିର ବ୍ୟକ୍ତିତ୍ୱ ଓ ଜ୍ଞାନର ଗଭୀରତା ଆକଳନ କରିବାକୁ ହେଲେ କେଉଁ ଦିଗ ପ୍ରତି ଧ୍ୟାନ ଦେବା ବିଧେୟ ସେ ସମ୍ବନ୍ଧରେ ସନ୍ଥ କବୀର ଜନମାନସକୁ ସଚେତନ କରାଇବାର ଅଭିପ୍ରାୟ ନେଇ ଉକ୍ତ ଦୋହରା ଅବତାରଣା କରିଛନ୍ତି।

ଉଲ୍ଲିଖିତ ଦୋହାର ତାତ୍ତ୍ୱିକ ଅର୍ଥ ବ୍ୟଖ୍ୟା କରିବାକୁ ଯାଇ ପରମଯୋଗୀ କବୀର ଖଣ୍ଡା ତଲୱାରର ଗୁଣବତ୍ତା ଉପରେ ଦୃଷ୍ଟାନ୍ତ ମୂଳକ ତଥ୍ୟ ରଖିଛନ୍ତି।

ମଲାଟକୁ ଦେଖି ବହିର ଗୁଣବତ୍ତା ଯେପରି ଆକଳନ କରିହୁଏ ନାହିଁ, ସେହିପରି ଖୋଳକୁ ଦେଖି ଖଣ୍ଡା ତଲୱାରର ଗୁଣବତ୍ତା ନିର୍ଦ୍ଧାରଣ କରିବା ମଧ୍ୟ ଠିକ ହୁଏ ନାହିଁ। ସାଧାରଣତଃ ଖଣ୍ଡା ତଲୱାରର ଭଳି ବିଭିନ୍ନ ଅସ୍ତ୍ର ଗୁଡିକ ଖୋଳ ଭିତରେ ଥିବାର ସମସ୍ତଙ୍କ ନଜରକୁ ଆସେ। ଏହାର ଖୋଳଟି ଯେତେ ଆକର୍ଷଣୀୟ ହୋଇଥାଉନା କାହିଁକି ସେଥିରେ ଥିବା ଅସ୍ତ୍ରର ଧାର ଯଦି ତୀକ୍ଷ୍ଣ ବା ସନ୍ତୋଷଜନକ ହୋଇନଥାଏ ତାହେଲେ ତାହା ବର୍ଜନୀୟ ହୋଇଥାଏ। ଅପରପକ୍ଷରେ ଖୋଳ (Cover) ଆକର୍ଷଣୀୟ ନହୋଇ ଅସ୍ତ୍ରର ଧାର ଯଦି ତୀକ୍ଷ୍ଣ ବା ବ୍ୟବହାର ଉପଯୋଗୀ ହୋଇଥାଏ ତାହେଲେ ସେ ପ୍ରକାର ଅସ୍ତ୍ରର ଚାହିଦା (Demand) ଅଧିକ ଥାଏ। ଏଠାରେ ତାହାର ଖୋଳକୁ ଗୁରୁତ୍ୱ ଦିଆନଯାଇ ଅସ୍ତ୍ରର ଉପଯୋଗିତା ପ୍ରତି ଗୁରୁତ୍ୱାରୋପ କରାଯାଇଥାଏ। ଅନୁରୂପ ଦୃଷ୍ଟିଭଙ୍ଗୀ ନେଇ ବିଚାର କଲେ ଜାତି, ଗୋତ୍ର, ରୂପକାନ୍ତି, ବେଶପୋଷାକ ଆଧାରରେ କୌଣସି ବ୍ୟକ୍ତି ସମାଜର ବଡ ବା ଆଦର୍ଶସ୍ଥାନୀୟ ହୁଏ ନାହିଁ। ଜ୍ଞାନର ବିଦବତ୍ତା, ସଦାଚାର ଚଳନ ଓ ନୈତିକ ମୂଲ୍ୟବୋଧ ହିଁ ବ୍ୟକ୍ତିକୁ ସମାଜରେ ମହିମାନ୍ୱିତ ତଥା ଆଦର୍ଶ ସ୍ଥାନୀୟ କରିଥାଏ।

ସାମ୍ପ୍ରତିକ ସମୟରେ ଆମ ସାମାଜିକ ବ୍ୟବସ୍ଥାରେ କେତେଗୁଡିଏ ଅସଙ୍ଗତି ବା ବ୍ୟତିକ୍ରମ ଆମ ନଜରକୁ ଆସେ। ଯଥା - ୧) ସହରର ଗୋଟିଏ ମାର୍ଗରେ ଚୋରି ଡକାୟତି ଭଳି କିଛିନା କିଛି ଅପ୍ରୀତିକର ଘଟଣା ଘଟୁଥାଏ କିନ୍ତୁ ମାର୍ଗର ନାମ ରଖାଯାଇଥାଏ 'ମହାତ୍ମା ଗାନ୍ଧୀ ମାର୍ଗ'। ୨) ଲୋକଟି ସବୁବେଳେ କଞ୍ଚା ମିଛ କହିବାରେ ଅଭ୍ୟସ୍ତ ଥାଏ। କିନ୍ତୁ ନାଁ ଥାଏ 'ଯୁଧିଷ୍ଠିର'। ୩) କିଛି ଲୋକ ଘରେ ମା'ଙ୍କୁ ଖରାପ ବ୍ୟବହାର ଦେଖାନ୍ତି କିନ୍ତୁ ଘରର ନାମ ରଖିଥାନ୍ତି 'ମାତୃ ଭବନ'। ଏସବୁ କଥା ଯେପରି ଅରୁଚିକର, ଅଯୁକ୍ତିକର, ଶ୍ରୁତିକଟୁ ଏବଂ ମୂଲ୍ୟହୀନ ସେହିପରି ବାହ୍ୟ ବେଶପୋଷାକ ମଧ୍ୟ କୌଣସି ବ୍ୟକ୍ତିର ବ୍ୟକ୍ତିତ୍ୱର ମାପକାଠି ରୂପେ ବିବେଚିତ ହୋଇନଥାଏ। ମଣିଷର ଚଳଣି, ଜ୍ଞାନ ଗରିମା ଓ ବ୍ୟକ୍ତିତ୍ୱର ଆଭାସ ମିଳେ ତାର କର୍ମନିଷ୍ଠା ଓ ଚାରିତ୍ରିକ ଶୁଦ୍ଧତା ଦ୍ୱାରା। ଏହି ପରିପ୍ରେକ୍ଷୀରେ କେତେକ ରୋଚକ ତଥ୍ୟ ଏଠାରେ ପ୍ରଯୁଜ୍ୟ।

୧୮୩୯ ମସିହା, ବ୍ରିଟିଶ ଶାସନ ସମୟର କଥା। ପୁଣ୍ୟ ମାଟି ଭାରତରେ ଜନ୍ମ ହୋଇଥିବା ମହାନ ପ୍ରାଜ୍ଞ ଓ ବିଜ୍ଞ ଈଶ୍ୱରଚନ୍ଦ୍ର ବିଦ୍ୟାସାଗରଙ୍କୁ ନେଇ ଏକ ଘଟଣା। ଏକଦା କୌଣସି ଏକ ପ୍ରୀତିଭୋଜନ ନିମନ୍ତେ ବିଦ୍ୟାସାଗରଙ୍କୁ କେତେକ ବିଶିଷ୍ଟ ବ୍ୟକ୍ତି ନିମନ୍ତ୍ରଣ କରିଥିଲେ। ସେମାନଙ୍କ ନିମନ୍ତ୍ରଣ ରକ୍ଷା କରି ବିଦ୍ୟାସାଗର ନିର୍ଦ୍ଧାରିତ ସ୍ଥାନରେ ପହଞ୍ଚି ଭୋଜନ କକ୍ଷକୁ ଯିବାବେଳେ ସମ୍ମୁଖରେ ଥିବା ଗେଟର ଦ୍ୱାରପାଳ (Gate keeper) ଙ୍କ ଦୃଷ୍ଟି ବିଦ୍ୟାସାଗରଙ୍କ ଉପରେ ପଡ଼ିଲା। ବିଦ୍ୟାସାଗର ଭାରତୀୟ ପୋଷାକ (ଧୋତି, ପଞ୍ଜାବୀ) ପିନ୍ଧି ଯାଇଥିବା ଦେଖି ଗେଟ କିପର ତାଙ୍କୁ ଅଟକାଇ କହିଲା ଆୟୋଜିତ ସମାରୋହକୁ ସ୍ୱଦେଶୀ ପୋଷାକ ପରିବର୍ତ୍ତେ ବିଦେଶୀ ପୋଷାକ (ପ୍ୟାଣ୍ଟ, କୋଟ, ଜୋତା, ଟାଇ) ପିନ୍ଧି ଆସିବା ସମସ୍ତଙ୍କ ପାଇଁ ବାଧ୍ୟତାମୂଳକ ଅଟେ। ଏକଥା ଶୁଣି ବିଦ୍ୟାସାଗର ଦ୍ୱାରପାଳଙ୍କୁ ଧନ୍ୟବାଦ ଦେଇ ଫେରିଆସିଲେ। ଘରେ ପହଞ୍ଚି ବିଦେଶୀ ପୋଷାକ ପିନ୍ଧି ପୁଣି ସେହି ନିମନ୍ତ୍ରିତ ସ୍ଥାନକୁ ଗଲେ। ବିଦ୍ୟାସାଗର ବିଦେଶୀ ପୋଷାକ ପିନ୍ଧିଥିବାର ଦେଖି ଗେଟ କିପର ସସମ୍ମାନେ ଭୋଜନ କକ୍ଷକୁ ନେଇ ମୁଖ୍ୟ ବ୍ୟବସ୍ଥାପକଙ୍କୁ ତାଙ୍କ ଆଗମନର ବାର୍ତ୍ତା ଜଣାଇଲେ। ମୁଖ୍ୟ ବ୍ୟବସ୍ଥାପକ ମଧ୍ୟ ବିଦ୍ୟାସାଗରଙ୍କୁ ଯଥୋଚିତ ସମ୍ମାନ ଜଣାଇ ପ୍ରୀତି ଭୋଜନକୁ ନିମନ୍ତ୍ରିତ ହୋଇ ଆସିଥିବା VIP ମାନଙ୍କ ଗହଣରେ ବସାଇଲେ। Dinning table ରେ ଖାଦ୍ୟ ପରିବେଷଣ ଅନ୍ତେ ଅତିଥି ମାନେ ନିଜ ନିଜ ଖାଦ୍ୟ ସାମଗ୍ରୀ ଯଥାରୀତି ଖାଇବାକୁ ଲାଗିଲେ। ସମସ୍ତେ ଗୋଟିଏ ଲମ୍ବା Dinning table ଚାରିପଟେ ବସି ଖାଦ୍ୟ ଖାଉଥିବା ବେଳେ ବିଦ୍ୟାସାଗର ନିଜେ ନଖାଇ ପରସା ଯାଇଥିବା ଖାଦ୍ୟ ସାମଗ୍ରୀକୁ ଚାମଚରେ ନେଇ ନିଜ ପିନ୍ଧା ପୋଷାକରେ ଢାଳିବାକୁ ଲାଗିଲେ। ତାଙ୍କର ଏ ପ୍ରକାର ଆଚରଣ ଦେଖି ଆଶ୍ଚର୍ଯ୍ୟ ଚକିତ ହୋଇ ସେ ପ୍ରକାର ଆଚରଣ ପ୍ରଦର୍ଶନ କରିବାର କାରଣ ସମ୍ବନ୍ଧରେ ପଚାରିବାରୁ ବିଦ୍ୟାସାଗର କହିଲେ 'ପ୍ରୀତିଭୋଜନ ପାଇଁ ବ୍ୟକ୍ତିକୁ ନୁହେଁ ପୋଷାକ ପରିପାଟୀକୁ ନିମନ୍ତ୍ରଣ କରାଯାଇଛି। ଏକଥା ଅନ୍ତରାଳରେ ଥିବା ସମସ୍ତ ତତ୍ତ୍ୱ ବିଦ୍ୟାସାଗରଙ୍କ ଠାରୁ ଜାଣିବା ପରେ ବ୍ୟବସ୍ଥାପକ ଲଜ୍ଜିତ ହୋଇ ତାଙ୍କୁ କ୍ଷମା ମାଗିଲେ। ତାପରେ ବିଦ୍ୟାସାଗର ତାଙ୍କ ସ୍ୱାଭାବିକ ଅବସ୍ଥାକୁ ଫେରି ତାଙ୍କର ଆତିଥ୍ୟ ଗ୍ରହଣ କରିଥିଲେ।'

ବର୍ଣ୍ଣିତ କଥାବସ୍ତୁର ପ୍ରଚ୍ଛଦପଟରେ ସନ୍ଥ କବୀରଙ୍କର ଯେଉଁ ଦର୍ଶନ ନିହିତ ତାହା ହେଲା କୌଣସି ପରିସ୍ଥିତିରେ ବ୍ୟକ୍ତିର ଜାତି, ଗୋତ୍ର, ବେଶ ପୋଷାକକୁ ଗୁରୁତ୍ୱ ନଦେଇ ତାହାର ବ୍ୟକ୍ତିତ୍ୱକୁ ଯଥେଷ୍ଟ ଗୁରୁତ୍ୱ ଦେବା ଉଚିତ। କାରଣ ପଇସା ଥିଲାବାଲା ଲୋକ ଦାମୀ ପୋଷାକ, ଦାମୀ ଗାଡ଼ି, ଦାମୀ ଘର କିଣିପାରେ ମାତ୍ର

ବ୍ୟକ୍ତିତ୍ୱ କିଣିପାରେନା । ଖୋଳ ବା Cover ଭିତରେ ଥିବା ଅସ୍ତ୍ରର ମୂଲ୍ୟାଙ୍କନ ଯେପରି ତାର ଖୋଳ ଦ୍ୱାରା କରାନଯାଇ ଅସ୍ତ୍ରର ଉପଯୋଗିତା ଉପରେ କରାଯାଏ । ସେହିପରି ବ୍ୟକ୍ତିର ଓଜନ ଓ ଜ୍ଞାନର ବିଦବତ୍ତା ତାର ବାହ୍ୟ ପୋଷାକ ପରିଛଦରୁ ଆକଳନ କରାନଯାଇ ବ୍ୟକ୍ତିତ୍ୱ ଆଧାରରେ କରାଯାଏ । ଏହି ପ୍ରସଙ୍ଗକୁ ଭିତ୍ତି କରି ରାମାୟଣରେ ବର୍ଣ୍ଣିତ କଥାବସ୍ତୁର ଉପସ୍ଥାପନା ସମୀଚୀନ ମନେ ହୁଏ ।

ଭଗବାନ ଶ୍ରୀରାମ, ଜନକ ନନ୍ଦିନୀ ସୀତା, ଭାତୃଭକ୍ତ ଲକ୍ଷ୍ମଣଙ୍କର ପଞ୍ଚବଟୀ ବଣରେ ଅବସ୍ଥାନ କାଳର ଘଟଣା । ଦୁର୍ମତି ରାବଣ ଚକ୍ରାନ୍ତ କରି ସାଧୁର ଛଦ୍ମ ବେଶ ଧାରଣ କରି କୌଶଳକ୍ରମେ ସତୀ ସୀତାଙ୍କୁ ଅପହରଣ କରିନେବା କାହାଣୀ ସମସ୍ତଙ୍କୁ ଜଣା । ତତ୍କାଳୀନ ସମୟ, ସ୍ଥାନ, କାଳ, ପାତ୍ର ସମ୍ବନ୍ଧରେ ସତୀ ଶିରୋମଣି ସୀତାଙ୍କର ବିବେଚନା କରିବାର ଥିଲା । ବନ ମଧ୍ୟରେ ପୁଣି ଶ୍ରୀରାମ ଓ ଲକ୍ଷ୍ମଣ ନଥିବା ଅବସ୍ଥାରେ ସାଧୁ ବେଶ ଧାରଣ କରି ଆସିଥିବା ଭିକ୍ଷୁକର ଆଚରଣ କେତେ ନିର୍ମଳ, କେତେ ନିଷ୍କପଟ, କେତେ ବାସ୍ତବ ସେ ସବୁକୁ ଗଭୀର ଭାବେ ଅନୁଶୀଳନ କରିବାର ଥିଲା । ତା ନକରି ବନ ମଧ୍ୟରେ ସାଧୁ ବେଶ ଧାରୀ ଅପରିଚିତକୁ ପ୍ରକୃତ ସାଧୁ ବୋଲି ବିବେଚନା କରିବା ବିଜ୍ଞତାର ପରିଚୟ ନୁହେଁ । ସେଥି ପାଇଁ କୁହାଯାଏ :- All that glitter are not gold. ସୁନା ଭଳି ଚକ ଚକ କରୁଥିବା ଜିନିଷ ସବୁ ସୁନା ନୁହେଁ । କିଏ ସୁନା କିଏ ପିତ୍ତଳ ତାକୁ ଭଲ ଭାବରେ ପରଖିବା ଉଚିତ ।

ସୁତରାଂ ସନ୍ଥ କବୀର ଉକ୍ତ ଦୋହାର ଅବତାରଣା କରି ସମାଜକୁ ଯେଉଁ ଦିଗଦର୍ଶନ ଦେଇଛନ୍ତି ତାହା ହେଲା, କିଏ କେଉଁ ଚରିତ୍ରର ଲୋକ ତାହା ବ୍ୟକ୍ତିର ବେଶ ପୋଷାକ, ଜାତି କିମ୍ବା ଗୋତ୍ରରୁ ଜଣାଯାଏ ନାହିଁ । ସମୟର କଷଟି ପଥରରୁ ତାହା ଜାଣିହୁଏ ।

■

ଦୋହା - ୨୩

समय पाय फल होत है, समय पाय झरी जात।
सदा रहे नहिं एक सी, का रहीम पछिताए।।

Doha in English

Samay paaye phal hai, samay paaye jhari jaat,
Sada rahe nahin ek si, ka raheem pachitaaye.

ଓଡ଼ିଆରେ ଦୋହା

ସମୟ ପାଏ ଫଲ ହୋ, ସମୟ ପାଏ ଝରି ଜାତ।
ସଦା ରହେ ନହିଁ ଏକ ସି, କା ରହୀମ ପଛିତାଏ।।

ସନ୍ଥ କବୀର ଉକ୍ତ ଦୋହା ର ଅବତାରଣା କରି ଜନ ଚେତନାର ଜାଗୃତି ନିମନ୍ତେ ଯେଉଁ ଦିବ୍ୟ ବାଣୀ ପ୍ରଦାନ କରିଛନ୍ତି, ତାହା ହେଲା- ଏ ଦୁନିଆ ପରିବର୍ତ୍ତନଶୀଳ। ପରିବର୍ତ୍ତନ, ଏ ଦୁନିଆର ଏକ ଅପରିବର୍ତ୍ତନୀୟ ନୀୟମ। ଏଇ ପରିବର୍ତ୍ତନ ର ଅନ୍ୟ ନାମ ସମୟ। ସମୟ ଅନୁସାରେ ଜୀବନର ଚିତ୍ରପଟ ବି ବଦଳି ଯାଏ। ସମୟର ପ୍ରବାହମାନ ଧାରାକୁ ନିଜ ଆୟତ୍ତରେ ରଖିବା ପାଇଁ କାହାରି ଶକ୍ତି ନାହିଁ। ଏହା ସତ୍ୟସିଦ୍ଧ।

ସମୟର ଆଦି ନାହିଁ। ସେ ଅନାଦି। ସମୟର ଅନ୍ତ ନାହିଁ। ସେ ଅନନ୍ତ। ସମୟର ଯାଦୁକରୀ ସ୍ପର୍ଶରେ ବୃକ୍ଷରାଜି ପତ୍ର, ଫୁଲ, ଫଳ ଧାରଣ କରି ପ୍ରକୃତିର ଶୋଭା ବର୍ଦ୍ଧନ କରନ୍ତି। ପୁଣି ସେହି ସମୟର ଇଙ୍ଗିତରେ ବୃକ୍ଷ ଧାରଣା କରିଥିବା ପତ୍ର ଫୁଲ ଫଳ ତ୍ୟାଗ କରି ପ୍ରକୃତିକୁ ଭିନ୍ନ ରୂପରେ ସଜାଇଥାନ୍ତି। ସୃଷ୍ଟିର ଏହା ଏକ ସ୍ୱୟଂ ଚାଳିତ ପ୍ରକ୍ରିୟା। ଗତିଶୀଳ ସମୟର ଜବରଦସ୍ତ ପ୍ରଭାବରେ ସୃଷ୍ଟିର ରୂପରେଖ ବଦଳି ଯାଏ। ସମୟ କାହା ସହିତ ସାଲିସ କରେ ନାହିଁ। ସେ ତା'ର ନିଜ ବେଗରେ ଅନବରତ ଚାଲି ଥାଏ। ତାର ବେଗକୁ ନିଜ ଇଚ୍ଛା ମତେ ନେବା ପାଇଁ କାହାରି ଶକ୍ତି ନାହିଁ।

ସମୟକୁ ଖାପ ଖୁଆଇ କୃଷକ କ୍ଷେତରେ କୃଷି କାର୍ଯ୍ୟ ଆରମ୍ଭ କରେ। ଭଲ ଅମଳ ପାଇଁ ଯେତେ ବେଳେ ଯାହା କରିବା କଥା ସେହି ଅନୁସାରେ ଚାଷର ଯତ୍ନ ନିଏ ଏବଂ ଉପଯୁକ୍ତ ସମୟ ଆସିଲେ ଫସଲ ଅମଳ କରେ। ମାଳି ବଗିଚାରେ ରୋପଣ କରା ଯାଇଥିବା ବୃକ୍ଷର ଯତ୍ନ ନିୟମିତ ନିଏ। କିନ୍ତୁ ଉପଯୁକ୍ତ ସମୟ ଆସିଲେ ଗଛ ଗୁଡିକ ଫୁଲ ଫଳ ଧାରଣ କରି ବଗିଚାର ଶ୍ରୀ ବୃଦ୍ଧି କରନ୍ତି। ଗ୍ରୀଷ୍ମ ଦାଉରୁ ରକ୍ଷା ପାଇବା ପାଇଁ ବର୍ଷାକୁ ଅପେକ୍ଷା କରିବାକୁ ପଡେ। ସେମିତି ଶୀତ ପ୍ରକୋପରୁ ରକ୍ଷା ପାଇବା ପାଇଁ ଟାଣ ଖରାକୁ ଖୋଜିବାକୁ ହୁଏ। ଖରା ଆଉ ବର୍ଷା ଏ ସବୁ ଆମ ହାତରେ ନଥାଏ। ଏଥି ପାଇଁ ଆମକୁ ପରିବର୍ତ୍ତିତ ସମୟକୁ ଅପେକ୍ଷା କରିବାକୁ ପଡେ। ଏ ଦୁନିଆର ସମସ୍ତ ଜାଗତିକ ଘଟଣା ସମୟ ଅନୁସାରେ ସଂଗଠିତ ହୁଏ। ସମୟ ହେଉଛି ସବୁ ଠାରୁ ମୂଲ୍ୟବାନ। ଆମେ ଖର୍ଚ୍ଚ କରୁଥିବା ଧନ ପୁଣି ରୋଜଗାର କରି ପାରିବା। କିନ୍ତୁ ବିତି ଯାଇଥିବା ସମୟକୁ ଆମେ ଫେରାଇ ପାରିବା ନାହିଁ। ଏଥି ପାଇଁ ସମୟକୁ ଧନ ସମ୍ପଦ ଠାରୁ ଅଧିକ ମୂଲ୍ୟବାନ ବୋଲି ବିବେଚନା କରଯାଏ।

ସମୟ ଉପଗତ ହେଲେ ସମୁଦ୍ରରେ ଜୁଆର ଆସେ। ପୁଣି ନିରୁପିତ ସମୟାନ୍ତରରେ ଭଟ୍ଟା ପଡି ଯାଏ। ସୃଷ୍ଟିର କୌଣସି କାର୍ଯ୍ୟ ପାଇଁ ଜୁଆର ଓ ଭଟ୍ଟା ଅପେକ୍ଷା କରେ ନାହିଁ। ସମୁଦ୍ରର ଏହି ଜୁଆର ଭଟ୍ଟାକୁ ଆକଳନ କରି ମତ୍ସ୍ୟଜୀବୀମାନେ ଚିରାଚରିତ ଢଙ୍ଗରେ ମତ୍ସ୍ୟ ସଂଗ୍ରହ କରି ଲାଭବାନ ହୁଅନ୍ତି। କିନ୍ତୁ ଯେତେବେଳେ ସମୁଦ୍ରରେ

ପ୍ରବଳ ବେଗରେ ସୁନାମି ମାଡି ଆସେ, ସେତେବେଳେ ଖାଲି ମତ୍ସ୍ୟଜୀବୀ କାହିଁକି ସମୁଦ୍ରର କୂଳବର୍ତ୍ତୀ ଲୋକ ମାନେ ସୁନାମିର କରାଳ ପ୍ରଭାବରେ ପ୍ରଭାବିତ ହୁଅନ୍ତି। ସେମାନଙ୍କର ଧନ ଜୀବନ ମଧ୍ୟ ହାନୀ ଘଟେ। ପରିସ୍ଥିତି ଓ ପରିବେଶର ସ୍ଥିତି ସବୁବେଳେ ସମାନ ନଥାଏ। 'ଚକ୍ରବତ୍ ପରିବର୍ତ୍ତନ୍ତେ ସୁଖାନୀଚ ଦୁଖାନୀଚ'। ଏହି ଉକ୍ତିଟି ବହୁ କାଳରୁ ପ୍ରଚଳିତ। ଯାହା ହେବାର ଥିବ ପଇଡ ବା ନଡ଼ିଆ ଭିତରକୁ ପାଣି ଆସିଲା ପରି ଆପେ ନିଶ୍ଚୟ ଆସିବ। ସେହିଭଳି ଯାହା ଯିବାର ଥିବ ହାତୀ ଖାଉ ଥିବା କଇଥ ଭିତରୁ ରସ ବାହାରିଗଲା ପରି ଆପେ ଚାଲିଯିବ। କେହି ତାକୁ ଅଟକାଇ ପାରିବେ ନାହିଁ। ସମୟ କେତେବେଳେ କାହା ପାଇଁ ସୁଖର ସୌଦାଗର ତ ପୁଣି କାହା ପାଇଁ ଦୁଃଖର ସାଗର ପାଲଟି ଥାଏ। ଏହା ଅନୁଭବ୍ୟ ଯେ ସମୟ ର ପୀଡା ଦାୟକ ଅବଧି ଅମୀରକୁ ଲଙ୍ଗଳା ଫକୀର କରି ଦିଏ ପୁଣି ସୁଖ ଦାୟକ ଅବଧି ଫକୀର କୁ ଅମୀର କରିଦିଏ। ସେଥି ପାଇଁ ଜ୍ଞାନୀ ମାନେ କହିଛନ୍ତି "NO SUCCESS IS FINAL, NO FAILURE IS FATAL."

ସୁଖ ଆଉ ଦୁଃଖ ଜୀବନର ଅଂଶ ବିଶେଷ। ଏହା କାୟା ସହିତ ଛାୟା ପରି ରହିଛି। ଖୁବ ଶକ୍ତିଶାଳୀ ପରାକ୍ରମୀ ରଥୀ ମହାରଥୀଙ୍କ ବୃତ୍ତାନ୍ତ ପୁରାଣ ଶାସ୍ତ୍ର ଓ ଇତିହାସହରେ ଅଛି, ଯେଉଁ ମାନଙ୍କର ଅହଂକାର ଓ ଗାରିମାର ଦବଦବା ସମୟ କ୍ରମେ ଲୋପ ପାଇ ଯାଇଥିବାର ନଜିର ଅଛି। ସୁଖ ପରେ ଦୁଃଖର ଜ୍ୱାଳା ସେମାନଙ୍କୁ ଛିନ୍ ଭିନ୍ କରିଛି, ସେମାନଙ୍କ ମଧ୍ୟରୁ ସତୀ ସୀତାଙ୍କ ହରଣ ପରେ ପ୍ରବଳ ପ୍ରତାପୀ ରାବଣର ହାଃ ହାଃ ଅଟ୍ଟହାସ୍ୟ, ଦୁର୍ଯ୍ୟୋଧନ ଙ୍କ 'ବିନା ଯୁଦ୍ଧେ ନଦେବି ମୁଁ ସୂଚ୍ୟଗ୍ରେ ମେଦିନୀ।' କଥାର ଗର୍ବ ଆଉ ଅହଂକାର, ନେପୋଲିୟନ ବୋନାପାର୍ଟ ଙ୍କ 'ଅସମ୍ଭବ ବୋଲି ଗୋଟେ ଶବ୍ଦ ନିର୍ବୋଧଙ୍କ ଭାଷା କୋଷ ରେ ଥାଏ।' କଥାର ସ୍ପର୍ଦ୍ଧା ଓ ଦାମ୍ଭିକତା, ବିଶ୍ୱ ବିଜୟୀ ଗ୍ରୀକ ବୀର ଆଲେକଜାଣ୍ଡର ଦି ଗ୍ରେଟଙ୍କର ବୀରତ୍ୱ, ଏକ ଛତ୍ର ବାଦୀ ଶାସକ ଜର୍ମାନୀର ହିଟଲର ଙ୍କ ହୁଙ୍କାର ଏବଂ ଇରାକ ର ପଦଚ୍ୟୁତ ରାଷ୍ଟ୍ରପତି ସଦ୍ଦାମ ହୁସେନ ଙ୍କ ସାହସ ଓ ଦମ୍ଭ ଜଳର ବୁଦବୁଦ ସମ ଲୀନ ହୋଇ ଯାଇଛି। ସେମାଙ୍କ ଶେଷ ଜୀବନ ଅତି ଦୟନୀୟ ଭାବେ କଟିଛି।

ଏବେ ଆସନ୍ତୁ ବିଚାର କରିବା କିଛି ଜଣ ଶୁଣା ଖ୍ୟାତନାମା ବ୍ୟକ୍ତି ବିଶେଷ ବାବଦରେ ଯେଉଁ ମାନଙ୍କର ବାଲ୍ୟାବସ୍ଥା କିପରି ଦୁଃଖ ଓ ଦୁର୍ଦ୍ଦିନରେ କଟି ଥିଲା। ପରବର୍ତ୍ତୀ ଅବସ୍ଥାରେ ସେମାନଙ୍କ ଜୀବନର ଚିତ୍ରପଟ କିପରି ସମୃଦ୍ଧ ହୋଇଛି। ଆମେରିକାର ବେଞ୍ଜାମିନ ଫ୍ରାଙ୍କଲୀନ, ଇଂଲଣ୍ଡର ମାଇକେଲ ଫାରାଡେ, ଥୋମାସ ଏଡିସନ ଓ ଆଲବର୍ଟ ଆଇନଷ୍ଟାଇନ ଏମାନଙ୍କର ଛାତ୍ରାବସ୍ଥାରେ ଘୋର ସଙ୍କଟ ଦେଖା

ଦେବାରୁ, ଏମାନଙ୍କୁ ଅଳ୍ପ ବୟସରୁ ସ୍କୁଲ ପାଠରେ ଡୋରି ବାନ୍ଧି ବାକୁ ପଡିଥିଲା। ମାତ୍ର ନିଜର ଅଧ୍ୟବସାୟ ଓ ଦୃଢ ଇଛା ଶକ୍ତି ବଳରେ ଅଶେଷ ଖ୍ୟାତିର ଅଧିକାରୀ ହୋଇ ପାରିଥିଲେ।

ଆମ ଦେଶ ଭାରତରେ କେତେକ ଧର୍ମ ପ୍ରାଣା ମହିୟସୀ ନାରୀ ଦୃଢ ନିଷ୍ଠା ଏବଂ ସାଧନା ବଳରେ ସେମାନଙ୍କର ଜୀବନକୁ ମହୀମାନ୍ୱିତ କରିଛନ୍ତି, ସେମାନଙ୍କ ବାବଦରେ ବିଚାର ରଖିବା। ସେମାଙ୍କ ମଧ୍ୟରୁ କୁରୁସଭାରେ ବସ୍ତ୍ର ହରଣ ବେଳେ ଦ୍ରୌପଦୀ ଙ୍କର ଯେଉଁ ବିକଳ କ୍ରନ୍ଦନ ଏବଂ ଅପମାନ, ରାବଣର ନିଧନ ପରେ ରାଣୀ ମନ୍ଦୋଦରୀଙ୍କ ଯେଉଁ ବାହୁନା, ତାରାଙ୍କ ଆଖିର ଲୁହରେ କାନ୍ଦଣାର ଯେଉଁ ହୃଦୟସ୍ପର୍ଶୀ ଦୃଶ୍ୟ ତାହା ଅବର୍ଣ୍ଣନୀୟ। କୁଆଡେ ଗଲା ସେ ଦୁଃଖ ? ସେ ହତାଶା ? ପୁଣି ବିବାହିତ ଜୀବନ ଲାଭ କଲେ। ପ୍ରଭୁଙ୍କ ଆଶୀର୍ବାଦରୁ ଯେଉଁ ପଞ୍ଚ କନ୍ୟାର ନାମ ସ୍ମରଣ କଲେ ମହାପାତକ ନାଶ ହୋଇ ଥାଏ, ସେହି ପଞ୍ଚକନ୍ୟା ରେ ସ୍ଥାନିତ ହେଲେ – ଅହଲ୍ୟା, ତାରା, କୁନ୍ତୀ, ଦ୍ରୌପଦୀ ଓ ମନ୍ଦୋଦରୀ। ସତରେ ସେମାନଙ୍କ କି ଭାଗ୍ୟ ? ସେମାନଙ୍କ ପ୍ରତି ପ୍ରଭୁଙ୍କର କି ଅଜଛଳ ଦୟା ଓ କରୁଣା ?

ବାସ୍ତବିକ ଏ ଦୁନିୟା ରେ ସବୁ କିଛି ସେଇ ବିଧିର ନିର୍ଦ୍ଦେଶରେ ଘଟି ଥାଏ। ଯାହା ଆଗରେ ଆମେ ନାଚାର। ଗୀତାରେ ଭଗବାନ ଶ୍ରୀକୃଷ୍ଣ କହିଛନ୍ତି:- 'ମୁଁ କାହାର ଭାଗ୍ୟ ତିଆରି କରେନାହିଁ। ମଣିଷ ନିଜେ ହିଁ ନିଜର ଭାଗ୍ୟ ନିର୍ମାତା'। ଜୀବନକୁ ସକାରାତ୍ମକ ଦୃଷ୍ଟି କୋଣରୁ ଦେଖିଲେ ଦୁଃଖକୁ ସୁଖରେ ପରିଣତ କରିବାର ବିଭିନ୍ନ ମାର୍ଗ ରହିଛି। ମଣିଷ ନିଜର ମାନବୀୟ ଚେତନାକୁ ଉଦ୍ରେକ କରି ଜୀବନକୁ ହିତକାରୀ କର୍ମରେ ନିୟୋଜିତ କଲେ ସୁଖ ପ୍ରାପ୍ତି ହୋଇ ଥାଏ। ପ୍ରତି ଆରମ୍ଭରେ ଯେମିତି ଶେଷ ଥାଏ, ପ୍ରତି ଶେଷରେ ସେମିତି ଆରମ୍ଭର ଆଗମନ ହୁଏ। ସେଥି ପାଇଁ କୁହାଯାଇଛି, ଯାହା ହେଉଛି, ତାହା ଠିକ ହେଉଛି, ଯାହା ହେଇଥିଲା ଠିକ ହେଇଥିଲା ଆଉ ଯାହା ହେବାକୁ ଯାଉଛି ତାହା ମଧ୍ୟ ଠିକ ହେବ।

ସନ୍ଥ କବୀରଙ୍କ ମତରେ ସୃଷ୍ଟିର ଏ ପରିବର୍ତ୍ତନର ସ୍ୱୟଂଚାଳିତ ଧାରାକୁ ଅନୁସରଣ କରି ଆମକୁ ଖାପ ଖୁଆଇ ଚଳିବାକୁ ପଡିବ। ସମାଜ ସଂସ୍କାରକ କବୀରଙ୍କର ଏହି ବାଣୀ ଅତ୍ୟନ୍ତ ପ୍ରଣିଧାନ ଯୋଗ୍ୟ।

■

ଦୋହା - ୨୪

दुख मे सुमिरन सब करे, सुख मे करे न कोय।
जो सुख मे सुमिरन करे, दुख काहे को होय।।

Doha in English

Dukh mein sumiran sab kare, sukh mein karei na koye,
Jo sukh me sumiran kare, dukh kaahe ko hoye.

ଓଡ଼ିଆରେ ଦୋହା

ଦୁଃଖ ମେ ସୁମୀରନ ସବ କରେ, ସୁଖ ମେ କରେଇ ନ କୋଏ।
ଜୋ ସୁଖ ମେ ସୁମୀରନ କରେ, ଦୁଃଖ କାହେ କୋ ହୋଏ।।

ପୁଣ୍ୟାତ୍ମା କବୀର ଉକ୍ତ ଦୋହା ମାଧ୍ୟମରେ ଜନମାନସକୁ ଯେଉଁ ଶାଶ୍ୱତ ବାଣୀ ଦେଇଛନ୍ତି, ତାହା ହେଲା - ମଣିଷ ସୁଖ ହେଉ କି ଦୁଃଖ ହେଉ ଯେଉଁ ସ୍ଥିତିରେ ଥାଉନା କାହିଁକି ପ୍ରତିଟି ଅବସ୍ଥାକୁ ପରମାତ୍ମାଙ୍କୁ ସମର୍ପି ଦେଇ ତାଙ୍କୁ ସର୍ବଦା ସ୍ମରଣ କରି ଚାଲିବା ଉଚିତ।

ବିଶ୍ୱାସ ହେଉଛି ଏ ସୃଷ୍ଟିର ଆଧାର। ଯାହାକୁ ଭିତ୍ତି କରି ଏ ସୃଷ୍ଟି ପରିଚାଳିତ। ଆମ୍ଭେମାନେ ଭଗବାନଙ୍କୁ ସ୍ୱଚକ୍ଷୁରେ ଦେଖିନାହାନ୍ତି। କିନ୍ତୁ ଦୃଢ଼ ବିଶ୍ୱାସର ସହ ଆମେ କହୁ କିଏ ଜଣେ ଉପରବାଲା ଅଛି। ଆଉ ସେ ସବୁ ଦେଖୁଛି। ଏହି କଥାଟି ଆମ କର୍ଣ୍ଣରେ ବାଜିଲେ ଅନ୍ତଃକରଣରେ ଗୋଟାଏ ଅଜଣା ଭୟର ଶିହରଣ ଖେଳିଯାଏ। ତେବେ ଏ ଉପରବାଲା କିଏ? ତାଙ୍କର ପରିଚୟ କ'ଣ? ଏ ଉପରବାଲା ଆଉ କେହି ନୁହନ୍ତି ଏ ହେଉଛନ୍ତି ସର୍ବଶକ୍ତିମାନ ପରମାତ୍ମା ପରଂବ୍ରହ୍ମ ପରମେଶ୍ୱର। ସେ ଷଡ ଐଶ୍ୱର୍ଯ୍ୟର ମାଲିକ। ତାଙ୍କର ଶକ୍ତି ଅସୀମ, ଅନନ୍ତ ଯାହା ବର୍ଣ୍ଣନାତୀତ। ସେ ସର୍ବବ୍ୟାପୀ, ସର୍ବଦ୍ରଷ୍ଟା, ସର୍ବଶ୍ରୋତା ଓ ସର୍ବଜ୍ଞ। ଏପରି କୌଣସି ସ୍ଥାନ ନାହିଁ ଯେଉଁଠି ଈଶ୍ୱର ନାହାନ୍ତି। ତିଳ ରେ ତୈଳ, ଦୁଗ୍ଧରେ ଘୃତ, ବୀଜ ମଧ୍ୟରେ ବୃକ୍ଷ, ବାୟୁରେ ଜଳୀୟବାଷ୍ପ, ସମୁଦ୍ର ପାଣିରେ ଲବଣ ଲୁଚି ରହିଥିବା ପରି ପ୍ରତ୍ୟେକ ଜୀବ ମଧ୍ୟରେ ସେ ଆତ୍ମା ରୂପେ ଲୁଚି ରହିଛନ୍ତି। ଆତ୍ମା କହିଲେ ଆମେ ବୁଝୁ ଶରୀରକୁ ସ୍ଥିତି ଓ ଚେତନା ପ୍ରକାଶ କରୁଥିବା ଏକ ଅଦୃଶ୍ୟ ଶକ୍ତି। ଯାହାର ଉପସ୍ଥିତି ବିନା ଜୀବ ଶବ ପାଲଟିଯାଏ। ଏହି ଆତ୍ମା ହେଉଛି ପରମାତ୍ମା (ଈଶ୍ୱରଙ୍କ) ଅଂଶବିଶେଷ। ପରମାତ୍ମା ଅଂଶୀ ହେଲେ ଆତ୍ମା ହେଉଛି ଅଂଶ। ଆମେ ଯେତେ ଧନଶାଳୀ, ବଳଶାଳୀ, କ୍ଷମତାଶାଳୀ ହୋଇଥାଉନା କାହିଁକି ସେହି ସର୍ବଶକ୍ତିମାନ ଈଶ୍ୱରଙ୍କ ପରାକାଷ୍ଠା ନିକଟରେ ଆମେ ଅତି ତୁଚ୍ଛ ଓ ନଗଣ୍ୟ। ଏହା ଜାଣି ମଧ୍ୟ ମଣିଷର ଗୋଟେ ବଦଗୁଣ ଥାଏ ଯେ- ୧) ଯେତେବେଳେ ସେ ଦୁଃଖ ବା ଖରାପ ସମୟ ଦେଇ ଗତି କରୁଥାଏ ସେତେବେଳେ ସେ ଭଗବାନଙ୍କୁ ଆତୁରରେ ଡାକେ। ହେ ଭଗବାନ ! ହେ କରୁଣାମୟ ପ୍ରଭୁ ମୋତେ ଏ ଦୁଃଖ ଦୁର୍ଦ୍ଦଶାରୁ ଉଦ୍ଧାର କର। ୨) ମାତ୍ର ସେ ଯେତେବେଳେ ସୁଖ ବା ଭଲ ସମୟ ଦେଇ ଗତି କରୁଥାଏ ସେତେବେଳେ ସେ ଭୋଗ ବିଳାସରେ ମସଗୁଲ ହୋଇ ପରମାତ୍ମା ପରମେଶ୍ୱରଙ୍କୁ ଭୁଲିଯାଏ। ସେତେବେଳେ ଏ ଜ୍ଞାନହୀନ ମଣିଷ ହେଜି ପାରେ ନାହିଁ, ଯେ ଆଜି ଯେଉଁ ସୁଖ ସମୃଦ୍ଧି ତାକୁ ମିଳିଛି ତାହାରି ମୂଳରେ ସେହି ମଙ୍ଗଳମୟ ପ୍ରଭୁଙ୍କର ମଙ୍ଗଳ ଇଚ୍ଛା ଏବଂ ଶୁଭ ଆଶୀର୍ବାଦ ନିହିତ ଥାଏ, ଅନ୍ୟଥା ତାହା (ସୁଖ, ସମୃଦ୍ଧି) ପ୍ରାପ୍ତ ହୋଇନଥାନ୍ତା। ପ୍ରଭୁ ସ୍ୱୟଂ ପରା କହିଛନ୍ତି - 'କରି କରାଉ ଥାଇ ମୁହିଁ, ମୋ ବିନୁ ଅନ୍ୟ ଗତି ନାହିଁ' ଅତଏବ ମଣିଷର ଯାବତୀୟ

ସାଂସାରିକ କର୍ମ ଯଥା - ବ୍ୟକ୍ତିଗତ, ପାରିବାରିକ, ସାମାଜିକ, ବୃତ୍ତିଗତ କର୍ମ ସମୂହର ସଫଳ ରୂପାୟନ ମୂଳରେ ନିଜ ପରିଶ୍ରମ ସହିତ ଯେଉଁ ଧନ, ଜନ, କାୟିକ ଓ ମାନସିକ ସହଯୋଗ ଓ ସମର୍ଥନ ପ୍ରାପ୍ତ ହୋଇଥାଏ ତାହା ମଧ୍ୟ ତାଙ୍କରି ଅଜଚ୍ଛଳ ଦୟା କରୁଣା ତଥା କୃପାର ଫଳ। ପ୍ରଭୁଙ୍କର ଇଚ୍ଛାରେ ଯେଉଁ କାମ ସୁରୁଖୁରୁରେ ସମ୍ପନ୍ନ ହୋଇଥାଏ, ତାହା ନିଜର ଧନବଳ, କ୍ଷମତାବଳ, ବୁଦ୍ଧିବଳରେ ହେବା ଅସମ୍ଭବ। ମାନବୀୟ ଶକ୍ତି ସାମର୍ଥ୍ୟ ଯେଉଁଠାରେ ପରାଭୂତ ହୁଏ। ସେଠାରେ ଈଶ୍ୱରୀୟ ଶକ୍ତିର ଅଭ୍ୟୁଦୟ ଘଟେ। ଏହି ଗୂଢତତ୍ତ୍ୱକୁ ଆଜିର ମଣିଷ ଯଦି ଠିକ ରୂପେ ହୃଦୟଙ୍ଗମ କରନ୍ତା ତାହେଲେ ସେ ଭଲ ସମୟ ଦେଇ ଗତି କରୁଥିବା ବେଳେ ଭଗବାନଙ୍କୁ ଭୁଲି ଯାଆନ୍ତା କି ? ଠିକ ରୂପେ ହେଜି ପାରୁ ନାହିଁ ବୋଲି ସୁଖ ବେଳେ ପ୍ରଭୁଙ୍କର ଅପାର ମହିମାକୁ ଅଣଦେଖା କରୁଛି। ଏହା ବିଡମ୍ବନାର ବିଷୟ। ତେଣୁ ଛୋଟ ହେଉ କି ବଡ ହେଉ ପ୍ରତ୍ୟେକ କର୍ମର ସଫଳତା ବା ବିଫଳତା ସବୁକିଛି ସେହି ପରମାତ୍ମାଙ୍କ ଇଚ୍ଛା ଉପରେ ଛାଡ଼ିଦେଇ ନିଜେ ତାଙ୍କ ଶ୍ରୀଚରଣକୁ ଆଶ୍ରା କଲେ ଆମ ପାଇଁ ଯାହା ମଙ୍ଗଳକର ଓ କଲ୍ୟାଣକର ହବ ତାହାହିଁ ସେ କରିବେ।

ଛୋଟ ଶିଶୁକୁ ମା' ଶୁଆଇଦେଇ ଘରକାମ କରୁଥାଏ। ତାର ଶରୀରଟା ଘରକାମରେ ନିୟୋଜିତ ହୋଇଥାଏ ସତ ମାତ୍ର ତାର ଆତ୍ମା ବା ମନ ଥାଏ ଶୁଆଇ ଦେଇଆସିଥିବା ସେହି ଛୋଟ ଶିଶୁଟି ପାଖରେ। ଠିକ ସେହିପରି ସମର୍ପିତ ଭାବନା ନେଇ ପ୍ରଭୁଙ୍କୁ ନିରନ୍ତର ସ୍ମରଣ କରିଚାଲିଲେ ଆପଦ, ବିପଦ, ଦୁଃଖ, ଦୁର୍ଦ୍ଦିନରେ ତାଙ୍କର ଅତିମାନୁଷିକ ଶକ୍ତି ତତକ୍ଷଣାତ କ୍ରିୟାଶୀଳ ହୋଇଥାଏ। ପୁରାଣ ଶାସ୍ତ୍ରରୁ କୁମ୍ଭୀର କବଳରୁ ହସ୍ତୀ, ବ୍ୟାଧ କବଳରୁ ମୃଗୁଣୀ, କୁରୁସଭାରେ ଦ୍ରୌପଦୀଙ୍କ ବସ୍ତ୍ରହରଣ ବେଳେ ପ୍ରଭୁ ଯେଉଁ ଅଲୌକିକ ଶକ୍ତି ପ୍ରଦର୍ଶନ କରି ସେମାନଙ୍କୁ ଘୋର ସଙ୍କଟରୁ ଉଦ୍ଧାର କରିଛନ୍ତି ସେ ସବୁର ନଜିର ଆମ ପାଖରେ ଅଛି। ଗୀତାରେ ଭଗବାନ ଶ୍ରୀକୃଷ୍ଣ ତାଙ୍କ ଠାରେ ଶରଣାଗତ ହେବା ନିମିତ୍ତ ଅର୍ଜୁନଙ୍କୁ କହିଛନ୍ତି:- 'ସର୍ବ ଧର୍ମାନ ପରିତ୍ୟଜ୍ୟ ମାମେକଂ ଶରଣଂ ବ୍ରଜ, ଅହଂତ୍ୱା ସର୍ବ ପାପେଭ୍ୟୋ ମୋକ୍ଷୟିସ୍ୟାମି ମାସୁଚଃ।' ଏହି ଉକ୍ତିଟି ଅର୍ଜୁନଙ୍କ ମାଧ୍ୟମରେ ସମଗ୍ର ମାନବ ଜାତିର ଉନ୍ନତି ପାଇଁ କହିଛନ୍ତି। ଏହାର ତାତ୍ପର୍ଯ୍ୟ ହେଲା ଭଗବାନ ଯେଉଁ ପଥକୁ ଅନୁସରଣ କରି କର୍ମ କରିବାକୁ ଆମକୁ ନିର୍ଦ୍ଦେଶ ଦେଇଛନ୍ତି ଧର୍ମ - ଅଧର୍ମ ଅର୍ଥାତ କେଉଁଟା ନ୍ୟାୟ କେଉଁଟା ଅନ୍ୟାୟ ତାହାର ବିଚାରରେ ବାଟବଣା ନହୋଇ ତାଙ୍କର ଶରଣାଗତ ହୋଇ ଆନନ୍ଦ ମନରେ ସେହି କର୍ମ କରି ଚାଲିବାକୁ ଚେତାଇ ଦେଇଛନ୍ତି। କାରଣ ସେ (ଭଗବାନ) ହେଉଛନ୍ତି ଅତୀତର ପରିପୂରକ ବର୍ତ୍ତମାନର ପରିପାଳକ ଓ ଭବିଷ୍ୟତର ନୀୟାମକ। ଏ କଥା

ସତ୍ୟଯେ - ଯେପର୍ଯ୍ୟନ୍ତ ନିଜ ବଳ ବିଦ୍ୟା, ବୁଦ୍ଧି ଯୋଗ୍ୟତାତ ଉପରେ କିଛି ନା କିଛି ଭରସା ବା ଆସ୍ଥା ରହିଥାଏ ସେ ପର୍ଯ୍ୟନ୍ତ ଅନ୍ତରରୁ ସମର୍ପିତ ଭାବନା ଆସେ ନାହିଁ କି ପ୍ରକୃତ ଶରଣାଗତି ସମ୍ଭବ ହୁଏ ନାହିଁ। ଏହାର କାରଣ ନିଜର ଶକ୍ତି ସାମର୍ଥ୍ୟ ଯୋଗ୍ୟତା ଆଦିକୁ ଆଶ୍ରା ବା ଭରସା କଲେ ହୃଦୟରେ ଅହଂ ଭାବ ସୃଷ୍ଟି ହୁଏ। ଆଉ ସେହି 'ଅହଂ' ବା 'ମୁଁ' କାର ଥିବା ପର୍ଯ୍ୟନ୍ତ ହୃଦୟରୁ ଶରଣାଗତି ନିଷ୍ପନ୍ନ ହୁଏ ନାହିଁ। ଫଳରେ ଚରମ ବିଫଳତା ଦେଖା ଦିଏ। ସୁତରାଂ 'ଅହଂ' ବା 'ମୁଁ' କାର ଭାବନାକୁ ମନରୁ ତ୍ୟାଗ କରିବା ଉଚିତ। ନିଜଆଡ଼ୁ ସମସ୍ତ ଆସ୍ଥା ତୁଟାଇ ସମର୍ପିତ ଭାବନା ନେଇ ହୃଦୟର ନିଭୃତ୍ତ କୋଣରୁ ଯେଉଁ ପ୍ରାର୍ଥନା ନିଃସୃତ ହୁଏ ତାହା ଦ୍ୱାରା ପ୍ରଭୁଙ୍କର ରତ୍ନ ସିଂହାସନ ଟଳମଳ ହୁଏ। ପ୍ରଭୁ ରତ୍ନ ସିଂହାସନରୁ ଓହ୍ଲାଇ ଆସି ତାଙ୍କର ଦିବ୍ୟ ଶକ୍ତିକୁ ଆମ ଭିତରେ ସଞ୍ଚାର କରନ୍ତି। ଫଳରେ ଆମେ ସଶକ୍ତ ହେଉ। ଏହି ପରିପ୍ରେକ୍ଷୀରେ ଯୁଗ ପୁରୁଷୋତ୍ତମ ଶ୍ରୀ ଶ୍ରୀ ଠାକୁର ଅନୁକୂଳଚନ୍ଦ୍ର ତାଙ୍କର ପବିତ୍ର ସତ୍ୟାନୁସରଣ ଗ୍ରନ୍ଥରେ କହିଛନ୍ତି - "ସଦ୍ ଗୁରୁଙ୍କ ଶରଣାପନ୍ନ ହୁଅ। ସତନାମ ମନନ କର। ସତସଙ୍ଗର ଆଶ୍ରୟ ଗ୍ରହଣ କର। ମୁ ନିଶ୍ଚୟ କହୁଛି ତୁମର ଉନ୍ନୟନ ପାଇଁ ଭାବିବାକୁ ପଡିବ ନାହିଁ।" ଶ୍ରୀ ଶ୍ରୀ ଠାକୁରଙ୍କର ଏହି ସମୟୋଚିତ ଉପଦେଶକୁ ଅକ୍ଷର ଅକ୍ଷର ପାଳନ କରି ମନୁଷ୍ୟ ସୁଖ ଦୁଃଖ ସବୁ ଅବସ୍ଥାରେ ଯଦି ଭଗବାନ (ସଦ୍ ଗୁରୁ)ଙ୍କ ଶରଣାପନ୍ନ ହୋଇ ତାଙ୍କ ନିର୍ଦ୍ଦେଶିତ ପଥରେ ଜୀବନ ନିର୍ବାହ କରନ୍ତି, ତାହା ହେଲା ତା ଜୀବନରେ ଦୁଃଖ, ଦୈନ୍ୟ, ଦୁର୍ବିପାକ ଅବା ଆସନ୍ତା କାହିଁକି ? ତାହା ନକରି ଖାଲି ସୁଖ ଖୋଜିଲେ ମିଳେ ନାହିଁ। ଏଥିପାଇଁ ବିହିତ କର୍ମ ସାଧନ କରିବାକୁ ପଡେ।

ପରମାତ୍ମାଙ୍କର ଅସୀମ, ଦୟା, କରୁଣା ହେତୁ ଆମକୁ ଏକ ମନୁଷ୍ୟ ଜନ୍ମ ମିଳିଛି। ତାଙ୍କରି କୃପା କୈବଲ୍ୟକୁ ଅନୁଭବ କରିବାର ଏକମାତ୍ର ମାଧ୍ୟମ ହେଉଛି ଏ କ୍ଷଣ ଭଙ୍ଗୁର ମଣିଷ ଜୀବନ। ଶାସ୍ତ୍ରରେ ଅଛି - ସେହି ଭାବ ବିନୋଦିଆ ଭକ୍ତ ବତ୍ସଳ ଭଗବାନ ତାଙ୍କର ଭକ୍ତକୁ ଘୋର ସଙ୍କଟରୁ ଉଦ୍ଧାର କରିବାକୁ ଯାଇ ଦ୍ରୌପଦୀଙ୍କ ପାଇଁ ବସ୍ତ୍ରାବତାର, ପ୍ରହଲ୍ଲାଦଙ୍କ ପାଇଁ ନରସିଂହ ଅବତାର, ଗଜ ପାଇଁ ଶସ୍ତ୍ରାବତାର ଧାରଣ କରିଛନ୍ତି। ଏ ଜୀବନରେ ଶୁଦ୍ଧ ପୂତ ଭାବନା ନେଇ ମନୁଷ୍ୟ ସେହି ଭାବବିନୋଦିଆ, ଭକ୍ତ ବାନ୍ଧବଙ୍କ ପଦ ପଙ୍କଜରେ ଭକ୍ତିଭାବକୁ ନିବେଦନ ପୂର୍ବକ ଜୀବନ ଅତିବାହିତ କଲେ ସଙ୍କଟ ସମୟରେ ଆମର ମନବାଞ୍ଛା ପୂରଣ ପାଇଁ କେତେବେଳେ କେଉଁ ରୂପରେ ଆମକୁ ସେ ସହାୟ ହେବେ ତାହାର ତତ୍ତ୍ୱ ଅତି ନିଗୁଢ଼। ଅତଏବ ଜୀବନକୁ ଆନନ୍ଦମୟ କରିବାକୁ ହେଲେ ମଣିଷକୁ ପାଣି ଓ ପଦ୍ମ ପତ୍ରର ନୀତି ଅବଲମ୍ବନ କରିବା

ଏକାନ୍ତ ଜରୁରୀ। ପଦ୍ମ ପତ୍ରରେ ପାଣି ପଡିଲେ ତାହା ପତ୍ରକୁ ସ୍ପର୍ଶ ନକରି ଖାଲି ଉପରେ ଢଳ ଢଳ ହେଉଥାଏ ପତ୍ର ନହଲିବା ପର୍ଯ୍ୟନ୍ତ। ସେହିଭଳି ପ୍ରତି ମନୁଷ୍ୟ ପୃଥିବୀରେ ତାର ଜନ୍ମ ଉଦ୍ଦେଶ୍ୟକୁ ଜାଣି ସବୁ ସାଂସାରିକ କାର୍ଯ୍ୟକୁ ଉଚିତ ଢଙ୍ଗରେ ସମାହିତ କରି ପଦ୍ମ ପତ୍ରରେ ପାଣି ଭଳି ସଂସାରର ମାୟାରେ ବାୟା ନହୋଇ ସର୍ବଦା ପ୍ରଭୁଙ୍କ ଶ୍ରୀଚରଣରେ ସମର୍ପିତ ହୋଇ ରହିଲେ ପ୍ରଭୁଙ୍କ କୃପାରୁ ଆମ ଜୀବନରେ ସଙ୍କଟ ଓ ସଂଘର୍ଷକୁ ସାମ୍ନା କରି ସୁଖକୁ ସାଉଣ୍ଟି ପାରିବା।

ଉକ୍ତ ଦୋହାର ଅବତାରଣା କରି ସନ୍ଥ କବୀର ସମାଜକୁ ଏକ ଚେତନା ଧର୍ମୀ ଓ ଶିକ୍ଷା ପ୍ରଦାୟକ ବାଣୀ ପ୍ରଦାନ କରିଛନ୍ତି, ତାହା ଅତ୍ୟନ୍ତ ପ୍ରଣିଧାନ ଯୋଗ୍ୟ।

■

ଦୋହା -୨୫

निज कर क्रिया रहीम कही, सुधि भावी के हाथ।
पासें अपने हाथ में, दाँव न अपने हाथ।।

Doha in English

nij kar kriya raheem kahee, sudhi bhaavee ke haath,
paasen apane haath mein, daan na apane haath.

ଓଡ଼ିଆରେ ଦୋହା

ନିଜ କର କ୍ରିୟା ରହୀମ କହିଁ, ସୁଧୀ ଭାବୀ କେ ହାଥ୍।
ପାଶେଁ ଅପନେ ହାଥ୍ ମେ, ଦାନ ନ ଅପନେ ହାଥ୍ ॥

ମନୁଷ୍ୟ ଉତ୍ତମ ଫଳ ପ୍ରାପ୍ତିର ଆଶା ନେଇ ନିଜର ଏସମସ୍ତ କଳ ବଳ କୌଶଳ ଓ ଶକ୍ତି ସାମର୍ଥ୍ୟକୁ ବିନିଯୋଗ କରିଥାଏ। ହେଲେ ସର୍ବଶକ୍ତିମାନ ସମୟ ଓ ଭାଗ୍ୟଚକ୍ରର ପ୍ରତିକୂଳ ପ୍ରଭାବରେ ସେସବୁ କିପରି ନିଷ୍ପ୍ରଭ ହୋଇଯାଏ, ସେ ସମ୍ବନ୍ଧରେ ପରମଯୋଗୀ କବୀର ଉକ୍ତ ଦୋହା ମାଧ୍ୟମରେ ଦର୍ଶାଇଛନ୍ତି।

ମଣିଷର ଜୀବନ ହେଉଛି କର୍ମମୟ। ସକାଳ ଶଯ୍ୟାତ୍ୟାଗ ଠାରୁ ଆରମ୍ଭକରି ପୁଣି ରାତ୍ରର ଶୟନ ପର୍ଯ୍ୟନ୍ତ ଆମକୁ ବିଭିନ୍ନ କର୍ମମଧ୍ୟ ଦେଇ ଜୀବନ ଅତିବାହିତ କରିବାକୁ ପଡେ। ଯଥା - ବ୍ୟକ୍ତିଗତ ଜୀବନ ନିର୍ବାହ ନିମିତ୍ତ କର୍ମ, ଦାମ୍ପତ୍ୟ ଜୀବନ ନିର୍ବାହ ନିମିତ୍ତ କର୍ମ, ପାରିବାରିକ ବା ସାଂସାରିକ କର୍ମ, ସାମାଜିକ କର୍ମ ଓ ରାଷ୍ଟ୍ରୀୟ କର୍ମ। ସମାଜରେ ବାସକରୁଥିବା ସବୁଲୋକ ଯେ ଏକ ପ୍ରକାର କର୍ମ କରନ୍ତି ତାହା ନୁହେଁ। ସେମାନେ କିଛିନା କିଛି କର୍ମ ପ୍ରତ୍ୟହ କରନ୍ତି। ସେଥିପାଇଁ କୁହାଯାଏ କର୍ମ ହିଁ ଭଗବାନ। Duty is god, କର୍ମ ହିଁ ଉପାସନା, Work is worship. କର୍ମ ବିହୀନ ଜୀବନ ଅସାର, ନିରର୍ଥକ।

ବହୁଳ ପ୍ରଚଳିତ ପ୍ରବାଦଅଛି - ପରିଶ୍ରମର ଫଳ କେବେ ବୃଥା ଯାଏନି। କଷ୍ଟ କଲେ କୃଷ୍ଣ ମିଳେ। ଅପେକ୍ଷା ବା ଧୈର୍ଯ୍ୟର ଫଳ ମିଠା ହୋଇଥାଏ ଇତ୍ୟାଦି। ଯୋଗେଶ୍ୱର କୃଷ୍ଣ ଉପଦେଶ ଛଳରେ ଗୀତାରେ ମଧ୍ୟ କହିଛନ୍ତି - "କର୍ମଣ୍ୟେ ବାଧିକାରସ୍ତେ ମା ଫଳେସୁ କଦାଚନ।" ଅର୍ଥାତ କର୍ମ କରିବାରେ ଆମର ଅଧିକାର ଅଛି। ମାତ୍ର ଫଳ ପ୍ରାପ୍ତିରେ ଆମର ଅଧିକାର ନାହିଁ। ଏହି ଉକ୍ତିର ଭାବାର୍ଥ କେତେ ଯୁକ୍ତିଯୁକ୍ତ ତାହା ବିଚାର କରିବାକୁ ଯାଇ ସଦ୍‌ଗୁରୁ କବୀର ଲୁଡୁ,ପଶାପାଲି ଖେଳର ଦୃଷ୍ଟାନ୍ତ ଏଠାରେ ରଖିଛନ୍ତି। ପ୍ରତ୍ୟେକ ଖେଳପରି ଏହି ଖେଳପାଇଁ ଉଦ୍ଦିଷ୍ଟଥିବା ନୀତିନୀୟମକୁ ଅନୁସରଣ କରି ପ୍ରତିଯୋଗୀ ଖେଳରେ ଅଂଶଗ୍ରହଣ କରେ। ଏଥିରେ ବ୍ୟବହାର କରାଯାଇଥିବା ଉପକରଣ ମଧ୍ୟରୁ 'ଡାଇସ୍'(dice) ହେଉଛି ମୁଖ୍ୟ ଉପକରଣ। ଖେଳର ପ୍ରାରମ୍ଭରେ ଲୁଡୁ ବା ପଶାପାଲିର ପୃଷ୍ଠ ଉପରେ ପ୍ରତିଯୋଗୀ ନିର୍ଦ୍ଧାରିତ ଢଙ୍ଗରେ 'ଡାଇସ' ପକାଏ। 'ଡାଇସ' ପୃଷ୍ଠରେ ପଡ଼ିଲାପରେ ସେଥିରୁ ଯେଉଁ ଫଳର ସୂଚନାମିଳେ ତାହାକୁ ଆଧାରକରି ଲୁଡୁର ଦାନା ବା ପଶାପାଲିର ଗୁଟିଚାଳନା କରାଯାଏ। 'ଡାଇସ'ର ସୂଚନାଙ୍କ ଉପରେ ଏହି ଖେଳର ହାର-ଜିତ ନିର୍ଭର କରେ। ଏଠାରେ ଗୋଟିଏ କଥା ତର୍ଜମା କରିବା ଯୁକ୍ତିଯୁକ୍ତ ମନେହୁଏ। 'ଡାଇସ'କୁ ଯଥାରୀତି ଧାରଣକରି ନିଜ କୌଶଳରେ ବା ନିଜ ନିୟନ୍ତ୍ରଣରେ ଲୁଡୁ ବା ପଶାପାଲିର ପୃଷ୍ଠରେ ପକାଇବାରେ ପ୍ରତିଯୋଗୀର କର୍ତ୍ତୃତ୍ୱ ଥାଏ। ମାତ୍ର 'ଡାଇସ' ପୃଷ୍ଠରେ ପଡି ତାହା ସ୍ଥିର ହେଲା ପରେ ସେଥିରୁ ଯେଉଁ ଫଳ ନିଷ୍ପନ୍ନ ହୁଏ ସେଥିରେ ପ୍ରତିଯୋଗୀର କର୍ତ୍ତୃତ୍ୱ ନଥାଏ। ନିଷ୍ପନ୍ନ ଫଳ ଅନୁକୂଳ ହେଲେ ସଫଳତା ମିଳେ। ପ୍ରତିକୂଳ

ହେଲେ ସଫଳତାର ଆଶା ମଉଳି ଯିବାକୁ ଲାଗେ । କ୍ରୀଡା ଏଭଳି ଏକ ଅନିଶ୍ଚିତ କ୍ଷେତ୍ର ଯେଉଁଠାରେ ଅତି ସାମାନ୍ୟ ବ୍ୟବଧାନ ମଧ୍ୟ ନିର୍ଣ୍ଣାୟକ ହୁଏ, ଯାହା ଉପରେ ପ୍ରତିଯୋଗୀର କର୍ତ୍ତୃତ୍ୱ ନଥାଏ । ତେଣୁ ଏଭଳି କ୍ଷେତ୍ରରେ ପ୍ରତିଯୋଗୀର ସାମର୍ଥ୍ୟ ଓ ପାରଦର୍ଶିତା ଅପେକ୍ଷା ଭାଗ୍ୟବାଦ ସାମ୍ନାକୁ ଆସେ ବେଳେବେଳେ ପରିସ୍ଥିତି ଏଭଳି ପ୍ରତିକୂଳ ହୁଏ ଯେ, ଇହଜନ୍ମରେ ନିଜ ପୁରୁଷାର୍ଥ ବଳରେ ପୋଖତ ଖେଳାଳୀ ରୂପେ ଖ୍ୟାତିଅର୍ଜନ କରିଥିବା ଖେଳାଳୀ ମଧ୍ୟ ମଇଦାନରେ ପ୍ରଥମ କରି ପାଦ ରଖିଥିବା ଖେଳାଳୀଠାରୁ ପରାଜୟ ବରଣକରେ ।ତେଣୁ କେବଳ ଖେଳାଳୀ କାହିଁକି ଏ ପୃଥିବୀରେ କେହି ନିଜର ସବୁ ଇଚ୍ଛା ବା ଲକ୍ଷ୍ୟକୁ ସବୁବେଳେ ପୂରଣ କରିପାରିନାହାନ୍ତି । ନିଜ କୃତ କର୍ମ ଫଳ ଉପରେ ଆସ୍ଥା ରଖି ଇଚ୍ଛା ବା ଲକ୍ଷ୍ୟକୁ ପୂରଣକରିବା ନିମିତ୍ତ ପ୍ରଗାଢ଼ ଉଦ୍ୟମକରିଥିଲେ ମଧ୍ୟ ପୂରଣ ନହେଲେ ସେଥିପାଇଁ ଦୁଃଖ ବା ଅନୁଶୋଚନା କରିବା ଉଚିତ ନୁହେଁ । କାରଣ କର୍ତ୍ତବ୍ୟକର୍ମ ଉପରେ ଆମର କର୍ତ୍ତୃତ୍ୱ ରହିଛି । କିନ୍ତୁ କର୍ତ୍ତବ୍ୟ କର୍ମ ଜନିତ ଫଳ ଆମ କର୍ତ୍ତୃତ୍ୱରେ ନାହିଁ । ଆମେ ସାଧାରଣ ମଣିଷ, ନିମିତ୍ତମାତ୍ର । ଭଗବାନଙ୍କ ଭଳି ଆମେ ସର୍ବ ଶକ୍ତିମାନ ନୁହଁନ୍ତି କି ଷଡ଼ ଐଶ୍ୱର୍ଯ୍ୟର ମାଲିକ ନୁହନ୍ତି । ଯେତେବେଳେ ଯାହା ଚାହିଁବା ତାହା କରିପାରିବା ବୋଲି ଆଶାକରିବା ଆଦୌ ଉଚିତ ନୁହେଁ ।

କର୍ମଫଳର ଦାତା ହେଉଛନ୍ତି ସ୍ୱୟଂ ପରମାତ୍ମା ପରମେଶ୍ୱର । ସେ ହେଉଛନ୍ତି ସର୍ବଶକ୍ତିମାନ, ଅରକ୍ଷର ରକ୍ଷକ, ବୃତ୍ତି ପ୍ରବୃତ୍ତିର ନିୟନ୍ତ୍ରକ, ଷଡ ଐଶ୍ୱର୍ଯ୍ୟର ସ୍ୱରୂପ, ବର୍ତ୍ତମାନ ଓ ଭବିଷ୍ୟତ ପାଇଁ ଅଶାର ଓଏସିସ୍ (Oasis) । ସେ ମଙ୍ଗଳମୟ, ସେ ଯାହାବି କରନ୍ତି ସବୁଥିରେ ଗୁଢତତ୍ତ୍ୱ ଲୁଚିରହିଥାଏ, ତାହା ଆମେ ଅଧମ ବୁଝି ପାରନ୍ତି ନାହିଁ ।

କ୍ରିୟମାଣ, ସଞ୍ଚିତ ଓ ପ୍ରାରବ୍ଧ ଭଳି ରହସ୍ୟମୟ ତତ୍ତ୍ୱକୁ ଆଧାରକରି ପରମାତ୍ମା ପରମେଶ୍ୱରଙ୍କର ଏକ ଅଦେଖାହାତ ମଣିଷର ଗତିପଥକୁ ନିୟନ୍ତ୍ରଣ କରିଥାଏ । ତାହାର ଦୃଷ୍ଟାନ୍ତ ମଧ୍ୟ ଆମ ଆଗରେ ରହିଛି । ପୂର୍ବଜନ୍ମ ବା ପ୍ରାରବ୍ଧର ଗଚ୍ଛିତ ସୁକୃତି ହେତୁ କେଉଁ ଏକ ଅଖ୍ୟାତ ପଲ୍ଲୀର ଗୋରୁଜଗାଳି କପିଳା ସମ୍ରାଟ କପିଳେନ୍ଦ୍ରଦେବରେ ପରିଣତ ହେବାଭଳି କଳ୍ପନା ବହିର୍ଭୂତ ଘଟଣା ଦୁର୍ଲ୍ଲଭ ସୌଭାଗ୍ୟନୁହେଁ ତ ଆଉ କଣ କୁହାଯିବ ? ସେଥିପାଇଁ କେହିଜଣେ ଜ୍ଞାନୀ ଯଥାର୍ଥରେ କହିଛନ୍ତି:-

"ଭାଗ୍ୟବାନ ସଦା ଭାଗ୍ୟଫଳ ଲଭେ
ଅଭାଗା ଲଭେ ଅଶିବ
ସମୁଦ୍ର ମନ୍ଥନେ କେଶବ କମଳା
ଗରଳ ଲଭିଲେ ଶିବ ।"

ଜୀବନର ପ୍ରବାହମାନ ଧାରାରେ ମଣିଷ ଅନେକ ଉତ୍ଥାନ, ପତନ, ଘଟଣା, ଦୁର୍ଘଟଣା ସଫଳତା ବିଫଳତା ଆଦିର ସାମ୍ନା କରିଥାଏ। ପ୍ରତ୍ୟେକ ପରିସ୍ଥିତି ଓ ପରିବେଶରେ ନାନା ଆଶା, ଆଶଙ୍କା ମଧ୍ୟଦେଇ ଗତିକରିବାକୁ ହୁଏ। ଏହା ସତ୍ତ୍ୱେ ମଣିଷ ଆଗାମୀ କାଲିକୁ ଆଶା ବାନ୍ଧେ। ଆଗାମୀକାଲି ବା ଭବିଷ୍ୟତ ଅନିଶ୍ଚିତ। ଆଉ ବର୍ତ୍ତମାନ ହେଉଛି ଆମ ପାଇଁ ଶ୍ରେଷ୍ଠ ସମ୍ପତ୍ତି। ଏହାର ସଫଳ ବିନିଯୋଗ କରି ଆମେ ଆଗାମୀ କାଲିକୁ ଗଢିବାରେ ପ୍ରୟାସ ଜାରିରଖିବା। ଆଚାର, ବିଚାରର ଭାରସାମ୍ୟ ରକ୍ଷାକରି ଆମେ କର୍ମ ମୁଖର ହେବା।

ଯୋଗଜନ୍ମା ସନ୍ଥ କବୀରଙ୍କର ଏହି ମହତ୍ତ୍ୱପୂର୍ଣ୍ଣ ବାଣୀ ସମସ୍ତଙ୍କ ହୃଦୟରେ ଗଭୀରଭାବେ ରେଖାପାତ କରିବ, ଏହା ନିଃସନ୍ଦେହ।

■

ଦୋହା -୨୬

एक बूँद एक मल मुतर, एक चाम एक गूदर ।
एक जोति से सबै ऊपजा, को बामन को सूदर ।।

Doha in English

Ek boond ek mal mutar, ek chaam ek goodar
Ek joti se sabae upaja, ko baaman ko soodar

ଓଡ଼ିଆରେ ଦୋହା

ଏକ ବୂନ୍ଦ ଏକ ମଲ ମୁତର, ଏକ ଚାମ ଏକ ଗୂଦର।
ଏକ ଜ୍ୟୋତି ସେ ସବଏ ଉପଜା, କୋ ବାମନ କୋ ସୂଦାର ॥

ପରମଯୋଗୀ କବୀର ଉକ୍ତ ଦୋହାର ଅବତାରଣାକରି ମାନବର ଜାତିଗତ ଭେଦଭାବ ପ୍ରସଙ୍ଗରେ ଆଲୋକପାତ କରିଛନ୍ତି।

ହିନ୍ଦୁଧର୍ମର ବେଦ, ବେଦାନ୍ତ, ଉପନିଷଦ, ଗୀତା, ଭାଗବତ ଓ ପୁରାଣ ଶାସ୍ତ୍ର ମାନଙ୍କରେ ମୃତ୍ୟୁ ପରେ ଆତ୍ମାର ସ୍ଥିତି ଓ ଜୀବର ପୁର୍ନଜନ୍ମ ଓ ଜନ୍ମର ରୂପାନ୍ତରଣ ସମ୍ବନ୍ଧରେ ବିସ୍ତୃତ ଆଲୋଚନା ରହିଛି। ଜୀବାତ୍ମାକୁ ୮୪ ଲକ୍ଷ ଜନ୍ମ ଭୋଗ କରିବାକୁ ହୁଏ। ପ୍ରତ୍ୟେକ ଜନ୍ମରେ କିଛି ଭଲ କର୍ମ କରିବା ଦ୍ୱାରା ଆତ୍ମାର ଉର୍ଦ୍ଧ୍ୱଗତି ବା ଉତ୍‌ଥାନ ଘଟେ ଏବଂ ଅନ୍ତିମ ରୂପାନ୍ତରଣରେ ଶ୍ରେଷ୍ଠ ମାନବ ଜନ୍ମ ଲାଭ କରେ। ପବିତ୍ର ଗ୍ରନ୍ଥ ଶ୍ରୀମଦ ଭାଗବତ କହନ୍ତି: -

"ଅନେକ ଜନ୍ମ ପୁଣ୍ୟ ବଳେ
ମାନବ ଜନ୍ମ ମହୀ ତଳେ।"

ମାନବ ଶରୀରରରେ ଜନ୍ମଲାଭ କରିବା ହେଉଛି, ପରମେଶ୍ୱଙ୍କର ଅମୂଲ୍ୟ ଅବଦାନ। ଜନ୍ମବେଳେ ସମସ୍ତଙ୍କ ହୃଦୟ ଥାଏ ନିର୍ମଳ ଓ ପବିତ୍ର। ସମସ୍ତଙ୍କର ଆତ୍ମା ହେଉଛି ସେହି ପରମ୍ଆ ପରମେଶ୍ୱରଙ୍କର ଅଂଶବିଶେଷ। ଶରୀର ମଧ୍ୟ ଏକ ପ୍ରକାର ଉପାଦାନ ଯଥା - ରକ୍ତ, ମାଂସ, ଅସ୍ଥି, ଚର୍ମ, ଶିରା ପ୍ରଶିରା ଏବଂ ଅସଂଖ୍ୟ ଜୀବକୋଷକୁ ନେଇ ଗଢା। ସମସ୍ତଙ୍କ ଧମନୀରେ ଲାଲ ରକ୍ତ ପ୍ରବାହିତ। ସବୁ ମଣିଷର ଶ୍ୱାସକ୍ରିୟା ପରିପାକ ପ୍ରଣାଳୀ, ରକ୍ତ ସଞ୍ଚାଳନ, ଖାଦ୍ୟଗ୍ରହଣ, ମଳମୂତ୍ର ତ୍ୟାଗ ଓ ପ୍ରଜନନ ପ୍ରକ୍ରିୟାର ସମାନତା ରହିଛି। କୌଣସି ଭିନ୍ନତା ନାହିଁ। ସବୁ ମଣିଷ ଜନ୍ମ, ମୃତ୍ୟୁ, ଜରା, ବ୍ୟାଧି ଓ କର୍ମଫଳର ଅଧୀନ। ଶାରୀରିକ ଅଙ୍ଗ ପ୍ରତ୍ୟଙ୍ଗର ସମାନତା ଥାଇ ଭୂଇଁ ଉପରେ ସିଧାହୋଇ ଚାଲୁଥିବା ଜୀବ ସମୂହ ମନୁଷ୍ୟ ପଦବାଚ୍ୟ।

ଉପରୋକ୍ତ ଦୃଷ୍ଟିଭଙ୍ଗୀ ନେଇ ପରମଯୋଗୀ କବୀର ଏଠାରେ ମତବ୍ୟକ୍ତ କରିଛନ୍ତି ଯେ ସବୁପ୍ରକାର ସମାନତା ପରିଲକ୍ଷିତ ହେଉଥିବା ସତ୍ତ୍ୱେ ବ୍ରାହ୍ମଣ, କରଣ, ଖଣ୍ଡାୟତ, ଶୁଦ୍ର, ଆଦିବାସୀ ଓ ହରିଜନଙ୍କ ଭିତରେ କୌଣସି ପ୍ରଭେଦ ନାହିଁ। ଜାତି, ଧର୍ମ, ବର୍ଣ୍ଣ, ନିର୍ବିଶେଷରେ ସମସ୍ତଙ୍କର ଜାତି ଗୋଟିଏ, ତାହାହେଲା 'ମାନବ ଜାତି'। ପୁରାଣ ଶାସ୍ତ୍ରମାନଙ୍କରେ ଉଲ୍ଲେଖ ଅଛି ଭାରତରେ କର୍ମ ବିଭାଜନକୁ ନେଇ ଜାତି ସୃଷ୍ଟି ହୋଇଥିଲା। ଭଗବାନ ଶ୍ରୀ କୃଷ୍ଣ ନିଜେ ଭଗବତଗୀତରେ ମଧ୍ୟ କହିଛନ୍ତି:- କର୍ମ କୁଶଳତା ଓ ବୃତ୍ତି କୁ ନେଇ ସେ ମନୁଷ୍ୟ ଜାତି ସୃଷ୍ଟି କରିଥିଲେ। କିନ୍ତୁ କାଳକ୍ରମେ ତାହା ବଂଶାନୁଗତ ହୋଇଗଲା। କାରଣ, ପୁରାଷୁନୁକ୍ରମେ ବାପାଙ୍କ ବୃତ୍ତିକୁ ଆପଣେଇବା ପୁଅ ପାଇଁ ମଧ୍ୟ ସୁବିଧା ଜନକ ହେଲା। ସମୟକ୍ରମେ କିଛି ଜାତି ନିଜର ଉନ୍ନତି ପାଇଁ ସୁବିଧା ସୁଯୋଗ ପାଇଲେ କିନ୍ତୁ ଅନ୍ୟ କେତେକ ଜାତି ଅବହେଳିତ ହୋଇ ସେସବୁ

ସୁବିଧା ସୁଯୋଗ ରୁ ବଞ୍ଚିତ ହେଲେ। ଏହା ସମୟ ସ୍ଥାନ, କାଳ, ପାତ୍ର, ବିଶେଷରେ ଜାତି ଜାତିମଧ୍ୟରେ ଥିବା ସୁସମ୍ପର୍କକୁ ତିକ୍ତ କରିବାର ପ୍ରମୁଖ କାରଣ ହେଲା। ଇଏତ ଗଲା ସାମୂହିକ ଭାବଧାରା କୁ ନେଇ ଜାତିଗତ କଥାର ଆଲୋଚନା। ଏବେ ଆସନ୍ତୁ ପରିସ୍ଥିତି ଜନିତ ଭାବଧାରାକୁ ନେଇ ଜାତିଗତ କଥାର ବିଚାର ରଖିବା:- ବନ୍ୟା ବାତ୍ୟା ଭୂମିକମ୍ପ ଭଳି କୌଣସି ପ୍ରାକୃତିକ ବିପର୍ଯ୍ୟୟ ହେଉ, କୌଣସି ଆକସ୍ମିକ ଦୁର୍ଘଟଣା ହେଉ କିମ୍ବା ସ୍ୱାସ୍ଥ୍ୟଗତ ସମସ୍ୟାକୁ ନେଇ ହେଉ ମଣିଷ ଘଡ଼ିସନ୍ଧି ମୁହୂର୍ତ୍ତରେ ପଡି ଡାକ୍ତରଙ୍କ ପରାମର୍ଶ ଲୋଡ଼େ। ଡାକ୍ତର ତାଙ୍କ ସମସ୍ୟାର ଗୁରୁତ୍ୱକୁ ଉପଲବ୍ଧି କରି ରକ୍ତ ନେବାଟା ନିହାତି ଅପରିହାର୍ଯ୍ୟ ବୋଲି ଯେତେବେଳେ କୁହନ୍ତି ସେତେବେଳେ ମଣିଷ ରକ୍ତ ଭଣ୍ଡାର ବା Blood Bank ରୁ ରକ୍ତ ସଂଗ୍ରହ କରିଥାଏ। ରକ୍ତଭଣ୍ଡାରରେ ତ ଜାତିକୁ ବିଚାରରେ ରଖି ବ୍ରାହ୍ମଣ, କରଣ, ଖଣ୍ଡାୟତ, ଆଦିବାସୀ, ହରିଜନ ଆଧାରରେ ରକ୍ତ ସଂଗ୍ରହ କରାଯାଇନଥାଏ। Blood Group ଅନୁଯାୟୀ ରକ୍ତ ସଂରକ୍ଷଣ କରାଯାଇଥାଏ। ଆବଶ୍ୟକ ହେଉଥିବା ବ୍ୟକ୍ତିର Blood Group ଅନୁଯାୟୀ ରକ୍ତ ସଂଗ୍ରହ କରାଯାଏ। କାହିଁ ସେତେବେଳେ ଜାତିଗତ କଥା ମଣିଷ ବିଚାରକୁ ଆଣୁନି। ବରଂ ସେ କହୁଛି ରକ୍ତରେ ଜାତି, ଧର୍ମ, ବର୍ଣ୍ଣ ନଥାଏ। ନିର୍ବିକାର ଭାବରେ ରକ୍ତ ସଂଗ୍ରହ କରି ସମସ୍ୟାରୁ ଉଧୁରୁଛି। ମଣିଷ ଭାରି ସୁବିଧାବାଦୀ। ଅସୁବିଧା ବା ବିପଦ ଆପଦରେ ପଡିଲେ ସେତେବେଳେ ସେଥିରୁ ନିସ୍ତାର ପାଇବା ପାଇଁ ଜାତିକୁ ଦେଖୁନାହିଁ। ସାଧାରଣ ଭାବରେ ବିବାହ ଆଦି ବିଭିନ୍ନ କାର୍ଯ୍ୟରେ ଜାତି ପ୍ରଥାକୁ ଆବୋରି ବସୁଛି। ରୀତି ନୀତିକୁ ଗୁରୁତ୍ୱ ଦଉଛି। ଏଇଟା କଣ ଠିକ କଥା ? ସେଥିପାଇଁ ପରା କଥାରେ ଅଛି - ସ୍ୱାର୍ଥ ଥିଲେ ମଣିଷର ଚିକ୍କିଣିଆ କଥା ଶୁଣିବାକୁ ମିଳେ। ଆଉ ସ୍ୱାର୍ଥ ହାସଲ ହେଲା ପରେ ମଣିଷ ତା ବାଟ ଧରିଥାଏ। ମଣିଷର ଏ ପ୍ରକାର ଆଚରଣ କେତେ ଦୂର ଯୁକ୍ତି ସଙ୍ଗତ ତାର ନିରପେକ୍ଷ ବିଚାର ଆପଣମାନଙ୍କର।

ଉକ୍ତ ଦୋହାର ଅବତାରଣା କରି ବିପର୍ଯ୍ୟୟମୁଖୀ ମଣିଷ ସମାଜ ପ୍ରତି ସନ୍ଥ କବୀର ଯେଉଁ ସଂସ୍କାର ମୂଳକ ବାଣୀ ରଖିଛନ୍ତି ତାହା ହେଲା - ଜାତି, ଧର୍ମ, ବର୍ଣ୍ଣ ନିର୍ବିଶେଷରେ ଆମେ ସମସ୍ତେ ସେହି ପରମାତ୍ମାଙ୍କର ଆଦରଣୀୟ ସନ୍ତାନ। ସେ ସିନ୍ଧୁ ହେଲେ ଆମେ ତାଙ୍କଠାରୁ ନିଃସୃତ ବିନ୍ଦୁ। ତାଙ୍କ ଦୃଷ୍ଟିରେ ଆମେ ସଭିଏଁ ସମାନ। ତେଣୁ ଆମେ ଜାତିଗତ ସଂକୀର୍ଣ୍ଣ ଭେଦଭାବକୁ ଦୂରେଇ ଦେବା। ଭାଇଚାରାର ଭାବ ରଖିବା କେବଳ ସମ୍ପଦ ବେଳରେ ନୁହେଁ ବିପଦ ବେଳରେ କାନ୍ଧରେ କାନ୍ଧ ମିଳାଇ ହାତରେ ହାତ ଛନ୍ଦି ଆମେ ଠିଆ ହୋଇ ସହଯୋଗର ହାତ ବଢାଇବା।

ବାସ୍ତବିକ ପୁଣ୍ୟାତ୍ମା କବୀରଙ୍କର ବାଣୀ ଅତ୍ୟନ୍ତ ହୃଦୟଗ୍ରାହୀ। ■

ଦୋହା - ୨୭

कबीर, मानुष जन्म पाय कर, नहीं रहैं हरि नाम।
जैसे कुंआ जल बिना, बनभाया क्या काम।

Doha in English

Kabeer, maanush janm paay kar, nahin rahain hari naam,
Jaise kuan jal bina, banbhaaya kya kaam.

ଓଡ଼ିଆରେ ଦୋହା

କବୀର, ମାନୁଷ ଜନ୍ମ ପାଏ କର, ନହିଁ ରହିଁ ହରି ନାମ।
ଜୈସେ କୁଆଁ ଜଲ ବିନା, ବନଭାୟା କ୍ୟା କାମ।।

ପରମଯୋଗୀ କବୀର ଉକ୍ତ ଦୋହାର ଅବତାରଣା କରି ଶୁଦ୍ଧ ପବିତ୍ର ଓ ମହତ୍ତର ଜୀବନ ଯାପନ ନିମିତ୍ତ ହରି ନାମ ଭଜନ, ସ୍ମରଣ ଓ କୀର୍ତ୍ତନ ର ଗୁରୁତ୍ୱାରୋପ କରି ଜନମାନସଙ୍କୁ ସଚେତନ କରାଇଛନ୍ତି।

'ହରି' ବା 'ଭଗବାନ' ହେଉଛନ୍ତି ଏ ବିଶ୍ୱ ବ୍ରହ୍ମାଣ୍ଡର ସୃଷ୍ଟିକର୍ତ୍ତା, ପାଳନକର୍ତ୍ତା, ପ୍ରଳୟକର୍ତ୍ତା ଓ ପ୍ରାଣୀ ମାନଙ୍କର କର୍ମଫଳ ଦାତା। ସେ ମଧ୍ୟ ଷଡ ସମ୍ପଦ ଯଥା - ଐଶ୍ୱର୍ଯ୍ୟ, ବୀର୍ଯ୍ୟ, ଯଶ, ଶ୍ରୀ, ଜ୍ଞାନ ଓ ବୈରାଗ୍ୟ ଏହି ଛଅଟି ଗୁଣର ଅଧିକାରୀ। ପରମ ପବିତ୍ର ଶବ୍ଦ 'ଭଗବାନ' ଚାରୋଟି ଅକ୍ଷରର ସମାହାରରେ ଗଠିତ। ଏହି ଚାରୋଟି ଅକ୍ଷର ମଧ୍ୟରୁ ପ୍ରତ୍ୟେକ ଅକ୍ଷର କେତେଗୁଡିଏ ଶବ୍ଦର ପ୍ରାରମ୍ଭରେ ଥାଇ ଯେଉଁ ସବୁ ଅର୍ଥ ପ୍ରକାଶ କରନ୍ତି ସେହି ଅର୍ଥ ସହ ଭଗବାନଙ୍କର ସମ୍ବନ୍ଧ ରହିଛି। ପ୍ରଥମ ଅକ୍ଷର 'ଭ' ରେ ସମସ୍ତ ଭଲ ଗୁଣର ଅଧିକାରୀ, ଭକ୍ତର ରକ୍ଷାକାରୀ, ଭକ୍ତ ବତ୍ସଳ। ଦ୍ୱିତୀୟ ଅକ୍ଷର 'ଗ' ରେ ସେ ଗଗନ ଭଳି ବିସ୍ତୃତ, ଅନନ୍ତ, ଅସୀମ ଓ ପରିବ୍ୟାପ୍ତ ଏବଂ ସମସ୍ତ ଗଣ ଅର୍ଥାତ ଦେବତା ଗଣ, ମାନବ ଗଣ, ଗ୍ରହାଣୁ ଠାରୁ ଆରମ୍ଭ କରି କୀଟପତଙ୍ଗ ପର୍ଯ୍ୟନ୍ତ ସମସ୍ତଙ୍କର ପରିପାଳକ ଅଟନ୍ତି। ତୃତୀୟ ଅକ୍ଷର 'ବା' ରେ ଯାହାଙ୍କ ଠାରେ ବାଛ ବିଚାର ବା ପାତର ଅନ୍ତର ଭାବ ନାହିଁ। ଚତୁର୍ଥ ଅକ୍ଷର 'ନ' ରେ ସେ ନବ ଗ୍ରହଙ୍କୁ ପରିଚାଳନା କରନ୍ତି ଏବଂ ନବନିଧିଦାତା।

ଏହି ସର୍ବଶକ୍ତିମାନ, ସର୍ବଜ୍ଞ, ସଚ୍ଚିଦାନନ୍ଦ ପରମେଶ୍ୱର (ପରମାତ୍ମା) ଓ ଆମ ହୃଦୟସ୍ଥ ଆତ୍ମା ମଧ୍ୟରେ ଏକ ଦୃଢ ସେତୁ ସ୍ଥାପନ କରିବା ଉଦ୍ଦେଶ୍ୟରେ ହରିନାମ ବା ଭଗବାନଙ୍କର ନାମ, ରୂପ, ଗୁଣ, ଲୀଳା, ଧାମ ଓ ଯଶ ଗାନ କରାଯାଏ। ଶରୀରର ପୁଷ୍ଟି ସାଧନ ନିମନ୍ତେ ଯେପରି ଖାଦ୍ୟ ଆବଶ୍ୟକ ଆତ୍ମାର ବିକାଶ ନିମନ୍ତେ ସେହିପରି ହରିନାମ ସ୍ମରଣ, ଭଜନ ଓ କୀର୍ତ୍ତନ ଆବଶ୍ୟକ। ବାୟୁ ପରି ଅସ୍ଥିର ଚଳଚଞ୍ଚଳ ଓ ବିକ୍ଷିପ୍ତ ମନକୁ ବାରମ୍ବାର ଫେରାଇ ଆଣି ଭଗବାନଙ୍କ ପାଦ ପଦ୍ମରେ ସଂଯୋଗ କରିବାର ଏକ ବଳିଷ୍ଠ ମାଧ୍ୟମ ହେଉଛି ହରିନାମ ଜପ, ତପ ଓ ଧ୍ୟାନ। ଭଗବାନଙ୍କ ଦିବ୍ୟ ନାମ ଭଜନ, କୀର୍ତ୍ତନ ସମଗ୍ର ପରିବେଶକୁ ଶୁଦ୍ଧ ଓ ପବିତ୍ର କରିଥାଏ। ବ୍ୟକ୍ତିକୁ ଆଧ୍ୟାତ୍ମିକ ସନ୍ତୋଷ, ମାନସିକ ଶାନ୍ତି ଓ ସାତ୍ତ୍ୱିକ ଆନନ୍ଦ ମିଳିଥାଏ। ମନର ଏକାଗ୍ରତାର ଅଭିବୃଦ୍ଧି ଘଟେ। ମାନସିକ ଓ ଶାରୀରିକ ସ୍ୱାସ୍ଥ୍ୟ ଭଲ ରହେ। ଏହି ପରିପ୍ରେକ୍ଷୀରେ ଭାବ ଭକ୍ତି ପୂର୍ଣ୍ଣ ପଦଟିଏ ଅଛି। ତାହାହେଲା:-

'ହରିନାମେ କି ରସ ଅଛି
ପାନ କଲା ଲୋକ ସିନା ଜାଣିଛି।'

ଏହି ମାର୍ମିକ ପଦ ମାଧ୍ୟମରେ ହରିନାମର ମହତ୍ତ୍ୱକୁ ଜନ ମାନସଙ୍କୁ ଅବଗତ

କରାଇବା ପାଇଁ ଏକ ପ୍ରୟାସ କରାଯାଇଛି । 'ହରି' (ଭଗବାନ) କୌଣସି ଜାତି ଧର୍ମ ବର୍ଣ୍ଣ ଓ ଭାଷାଗତ ସଂକୀର୍ଣ୍ଣତା ମଧ୍ୟରେ ଆବଦ୍ଧ ନୁହନ୍ତି । ପ୍ରତ୍ୟେକ ଧର୍ମ ଓ ସମ୍ପ୍ରଦାୟରେ ନାମର ଗୁରୁତ୍ୱ ରହିଛି । ବିଭିନ୍ନ ଧର୍ମ ଶାସ୍ତ୍ରରେ ଦର୍ଶା ଯାଇଥିବା 'ନାମ'କୁ ବାରମ୍ବାର ସ୍ମରଣ ଓ ଉଚ୍ଚାରଣ ବା ଭଜନ କରିବା ଦ୍ୱାରା ମଣିଷର ମିଥ୍ୟା ଅହଂକାର, ଲୋଭ, ଇର୍ଷା, ଅଭିମାନ ଦୋଷ ଦୁର୍ଗୁଣାଦି ଦୂର ହୁଏ ଅପର ପକ୍ଷରେ ମନୁଷ୍ୟକୁ ଦୟା, କ୍ଷମା, ପରୋପକାର, ସହିଷ୍ଣୁତା, ନମ୍ରତା, ଶ୍ରଦ୍ଧା ପ୍ରସନ୍ନତା ଇତ୍ୟାଦି ଈଶ୍ୱରୀୟ ଗୁଣ ପ୍ରାପ୍ତ ହୁଏ । ନାମ ରସ ପାନ କରୁଥିବା ଲୋକ ମାନଙ୍କର ଚଳଣି, ଚରିତ୍ର ଓ ସ୍ୱଭାବ ସରଳ ଓ ମାର୍ଜିତ ।

ପବିତ୍ର ଗ୍ରନ୍ଥ ରାମାୟଣରେ ବର୍ଣ୍ଣନା ଅନୁଯାୟୀ ରାମ ଭକ୍ତ ହନୁମାନ ରାମ ନାମ ଜପ କରି ଗନ୍ଧମାର୍ଦ୍ଦନ ପର୍ବତକୁ ହାତରେ ଉଠାଇ ନେଇ ଆସିବାରେ ସମର୍ଥ ହୋଇଥିଲେ । ନଳ ନୀଳ ତଥା ଅନ୍ୟ ବାନରମାନେ ପଥରରେ 'ରାମ ନାମ' ଲେଖିବା ଯୋଗୁଁ ପଥର ଗୁଡିକ ପାଣିରେ ଭାସିଲେ ଯାହା ଫଳରେକି ସେତୁବନ୍ଧ ବାନ୍ଧିବା ସମ୍ଭବ ହୋଇଥିଲା । ଶାସ୍ତ୍ରବିତ ତଥା ଧର୍ମାତ୍ମା ମାନଙ୍କ ମତରେ ପ୍ରତ୍ୟେକ ଦିବ୍ୟନାମ ସ୍ମରଣ ବା ଦିବ୍ୟନାମ ଭଜନରେ ଏକ ଅଲୌକିକ ଶକ୍ତି ଥାଏ । ଯାହାକୁ ମଣିଷ ବାରମ୍ବାର ଉଚ୍ଚାରଣ, ସ୍ମରଣ ବା ଜପ କଲେ ଶରୀରରେ ଏକ ଦିବ୍ୟ ଶିହରଣ ଖେଳିଯାଏ । ହୃଦୟରେ ଜୀବନୀଶକ୍ତି ଜାଗ୍ରତ କରିଥାଏ । ଏହି ହରିନାମ ଜପ କରିବା ପାଇଁ ବା ସ୍ମରଣ କରିବା ପାଇଁ କେତେକ ତୁଳସୀ ମାଳର ବ୍ୟବହାର କରୁଥିବା ବେଳେ ଆଉ କିଏ ରୁଦ୍ରାକ୍ଷ, ବେଲ ନିମ୍ବ ଆଦି ବିଭିନ୍ନ ମାଳ ବ୍ୟବହାର କରନ୍ତି । ଏହା ଦ୍ୱାରା ନାମଜପର ନିର୍ଦ୍ଦିଷ୍ଟ ସଂଖ୍ୟା ପୂରଣ ହେବାର ସୂଚନା ମିଳେ । ଯାହାକୁକି ଅନେକ ଲୋକ ତାଙ୍କ ନିତିଦିନିଆ ଜୀବନର ଲକ୍ଷ୍ୟ ବୋଲି ଗ୍ରହଣ କରିଥାନ୍ତି । ହେଲେ ଆଜିର ଯୁଗରେ ଭଗବାନଙ୍କ ପବିତ୍ର ନାମ ସ୍ମରଣ ଭଜନ କରୁଥିବା ଲୋକମାନଙ୍କ ସଂଖ୍ୟା ବହୁତ କମ ଦେଖାଯାଏ । କାରଣ ଆଜିର ମଣିଷ ସକାଳେ ବିଛଣାରୁ ଉଠିବା ଠାରୁ ଆରମ୍ଭ କରି ପୁଣି ରାତିରେ ଶୋଇବା ପର୍ଯ୍ୟନ୍ତ ନିଜର ସମସ୍ତ ଶକ୍ତି, ସାମର୍ଥ୍ୟ, ସମୟ ଓ ଶିକ୍ଷାକୁ କେବଳ ନିଜେ ବଡ଼ଲୋକ ହେବା, ଦାମୀ ଘର ଦାମୀ ଗାଡି କିଣି ମଉଜ ମଜଲିସରେ ରହିବା ଏବଂ ଭବିଷ୍ୟତ ପାଇଁ କିଛି ଠୁଳ କରିବା ଚିନ୍ତାରେ ବିନିଯୋଗ କରୁଛି । ଏହିସବୁ କାମନାର ପରିପୂରଣ ନିମନ୍ତେ ବିଭିନ୍ନ ପ୍ରକାର ଛନ୍ଦ କପଟ ଓ ଜାଲିଆତିର ଆଶ୍ରୟ ନେଇ ଅନ୍ୟକୁ ଅସୁବିଧାରେ ପକାଇ ଶୋଷଣ କରୁଛି । ପେସା, ପଇସା, ପ୍ରତିଷ୍ଠା, ପଦବୀ, ପୁରାସ୍କାରର ଦାସତ୍ୱ ଗ୍ରହଣ କରି ଏସବୁ ମନ୍ଦଗୁଣ ଗୁଡିକ ଜାବୁଡି ଧରୁଛି । ପବିତ୍ର ହରିନାମ ଭଜନ କରିବା ପାଇଁ ତା' ପାଖରେ ସମୟ କାହିଁ? ଏ

ସଂସାର କଣ? ଈଶ୍ୱର କିଏ? ଈଶ୍ୱରଙ୍କ ସ୍ୱରୂପ କଣ? ଆତ୍ମା କିଏ? ମୁଁ କିଏ? କାହିଁକି ଜନ୍ମ ନେଇଛି ଏ ସଂସାରରେ? କଣ କରିବା ଉଚିତ? ଆଉ ମୁଁ କରୁଛି କଣ? ଏସବୁ କଥାକୁ ଆଜିର ମଣିଷ ଭାବୁନି। ପାପ ପୁଣ୍ୟର ବିଚାର କରୁନାହିଁ। ଆତ୍ମା-ପରମାତ୍ମା, ଧର୍ମ-ଅଧର୍ମ, ନ୍ୟାୟ- ଅନ୍ୟାୟ, ସତ-ଅସତ ମଧ୍ୟରେ କଣ ପାର୍ଥକ୍ୟ ଅଛି ତାହା ଦେଖୁନାହିଁ। ସତ୍ୟ ଧର୍ମ ଆଜି ସୁଦୂର ପରାହତ। ସାମ୍ପ୍ରତିକ ସମୟରେ ମଣିଷର ରୀତି ନୀତି ଆଚାର ବିଚାରକୁ ଦେଖି ଧର୍ମ ଓ ଈଶ୍ୱର ଅଛନ୍ତି ବୋଲି ବିଶ୍ୱାସ କରିହେଉନି। ଏହି ବିଶ୍ୱାସ ଅବିଶ୍ୱାସର ଦ୍ୱନ୍ଦ୍ୱ ବ୍ୟକ୍ତି ଜୀବନରେ ନାନା ଅସଙ୍ଗତି ସୃଷ୍ଟି କରି ମଣିଷକୁ ଆତ୍ମଚେତନା ଶୂନ୍ୟ ଓ ଭଗବତ ଚେତନା ବିହୀନ କରୁଛି। ପରିଣାମ ସ୍ୱରୂପ ମଣିଷ ସର୍ବଶକ୍ତିମାନ ଈଶ୍ୱରଙ୍କୁ ଭୁଲି ତାଙ୍କ ଠାରୁ ଅପହଞ୍ଚ ଦୂରତାରେ ରହୁଛି। ବିପରୀତ କ୍ରମରେ ମଣିଷ ଭାବୁଛି ଏ ଦୁନିଆରେ ଧର୍ମ ଅପେକ୍ଷା ଅଧର୍ମ ପଥକୁ ଆପଣେଇଲେ ଅଧିକ ସ୍ଥାବର ଅସ୍ଥାବର ସମ୍ପତ୍ତି ଅର୍ଜନ କରି ମହା ଆନନ୍ଦରେ ମରିବା ପର୍ଯ୍ୟନ୍ତ ଭଲରେ ବଞ୍ଚିପାରିବ। ସାଧାରଣ ଜୀବନରେ ମଣିଷ ଏପରି ସ୍ୱାର୍ଥପର ହୋଇଯାଇଛି ଯେ ଅନ୍ୟମାନେ ପଛେ ରସାତଳକୁ ଚାଲି ଯାଆନ୍ତୁ ମୁଁ ଏବଂ ମୋ ପରିବାର ଭଲରେ ରହୁ।

ମାତ୍ର ଯିଏ ଈଶ୍ୱର ପରାୟଣ ଯାହାର ମନ ଓ ହୃଦୟ ଈଶ୍ୱର ପ୍ରବଣ ସେ ଧାର୍ମିକ ସଙ୍କଟ ବା ଧର୍ମର ହ୍ରାସ ଜନିତ ଆଶଙ୍କାରେ ଆଦୌ ବିଚଳିତ ହୁଏନାହିଁ। ସବୁ ପ୍ରକାର ବିପଦ ଆପଦରୁ ସର୍ବଶକ୍ତିମାନ ଈଶ୍ୱର ତାଙ୍କୁ ରକ୍ଷା କରନ୍ତି। ଈଶ୍ୱରଙ୍କ କୃପା କୈବଲ୍ୟ ପ୍ରତି ଦୃଢ଼ ଆସ୍ଥାବାନ ହୋଇ ପରିପୂର୍ଣ୍ଣ ଭରସାରେ ଯିଏ ଡାକେ ସେ (ଶ୍ରୀହରି) ତା ଡାକକୁ କାନ ଡେରି ଶୁଣନ୍ତି। ସେଦିନ ଅତ୍ୟନ୍ତ ଆବେଗର ସହିତ ୭୫୦ କୋଶରୁ ଭକ୍ତ ସାଲବେଗ ଡାକିଥିଲା ପରମ ଦୟାଳ ପ୍ରଭୂ (ଶ୍ରୀହରି) ତା ଡାକ ଶୁଣି ରଥ ଅଟକାଇଥିଲେ। 'ଦାସିଆ ବାଉରୀ' ତେଲ ଲୁଣ ସଂସାରର ଜଞ୍ଜାଳ ହେତୁ ନିଜେ ଆସିନପାରି ଗୋସେଇଁ ହାତରେ ଅତି ଶ୍ରଦ୍ଧାରେ ପଠାଇଥିବା ନଡ଼ିଆକୁ ପରମାଦୟାଳ ପ୍ରଭୂ ଦୁଇ ହାତ ପ୍ରସାର କରି 'ଦାସିଆର' ଅଖଣ୍ଡ ଭକ୍ତି ଓ ବିଶ୍ୱାସର ମୂଲ୍ୟ ଦେଇଥିଲେ। ଅଥଳ ଜଳ ରାଶିରୁ କୁମ୍ଭୀର କବଳରୁ ଗଜକୁ ଉଦ୍ଧାର କରିଥିଲେ। ମୃଗୁଣୀର ଆତୁର ଡାକ ଶୁଣି ଶିକାରୀ କବଳରୁ ତାକୁ ରକ୍ଷା କରିଥିଲେ। ଭରା କୁରୁ ସଭାରେ ପ୍ରଭୂ ନିଜେ କୋଟି ବସ୍ତ୍ର ଦାନ କରି ଦ୍ରୌପଦୀର ଲଜ୍ଜା ନିବାରଣ କରିଥିଲେ। ପିତାଙ୍କ ଦ୍ୱାରା ଉପେକ୍ଷିତ ଓ ନିର୍ଯାତିତ ବାଳକ ଧ୍ରୁବ ର ଶୁଦ୍ଧ ଭକ୍ତି ଓ ଅଖଣ୍ଡ ବିଶ୍ୱାସର ପରାକାଷ୍ଠା ପ୍ରଦର୍ଶନ ନିମନ୍ତେ ଭଗବାନ ନରସିଂହ ଅବତାର ଧାରଣ କରି ଧ୍ରୁବ ର ମନୋବାଞ୍ଛା ପୂରଣ କରିଥିଲେ। ଏହାହିଁ ଶ୍ରୀହରି ସ୍ମରଣ ଜନିତ ଅଜଛଳ କୃପା ଓ କରୁଣାର ଜ୍ୱଳନ୍ତ

ନିଦର୍ଶନ। ମାତ୍ର ଆଜିର କଳିକ୍ଲିଷ୍ଟ ମାନବ ନିଜର ଚଳଣି, ଚରିତ୍ର ଓ ସ୍ୱଭାବକୁ କୁରୁଚି ସମ୍ପନ୍ନ କରି ଅତ୍ୟନ୍ତ ହୀନ ଓ ନୀଚସ୍ତରକୁ ଚାଲି ଯାଉଛି। ତାଠାରେ ମୂଲ୍ୟବୋଧ ଓ ଆଧ୍ୟାତ୍ମିକ ଚେତନାର ଘୋର ଅଭାବ ଦେଖାଦେଇଛି। ଅବକ୍ଷୟମୁଖୀ ଆଧ୍ୟାତ୍ମିକ ଚେତନାର ଜାଗୃତି ନିମନ୍ତେ ପରମଯୋଗୀ କବୀର ଏ ପ୍ରସଙ୍ଗରେ ଏକ କୂଅର ଦୃଷ୍ଟାନ୍ତ ରଖିଛନ୍ତି। ଦୈନନ୍ଦିନ ଜୀବନରେ ଜଳର ଆବଶ୍ୟକତା ମେଣ୍ଟାଇବା ପାଇଁ କୂଅ ରହିଥାଏ। କୂଅର ପାଣିକୁ ଲୋକମାନେ ପାନୀୟ ଜଳ ରୂପେ ବ୍ୟବହାର କରିବାଠାରୁ ଆରମ୍ଭ କରି ଗାଧୋଇବା, ଲୁଗାପଟା ସଫା କରିବା, ବାସନ କୁସନ ଧୋଇବା ପର୍ଯ୍ୟନ୍ତ ବିଭିନ୍ନ କାର୍ଯ୍ୟରେ ଉପଯୋଗ କରନ୍ତି। ସୁତରାଂ ମଣିଷ ପାଇଁ କୂଅର ଚାହିଦା ଅନେକ। ମାତ୍ର କୂଅ ଯଦି ଜଳଶୂନ୍ୟ ଅବସ୍ଥାରେ ରହେ ବା ଜଳସ୍ତର ବହୁ ଗଭୀରକୁ ଚାଲିଯାଇ ବ୍ୟବହାର ଉପଯୋଗୀ ଅବସ୍ଥାରେ ନରହେ ତାହେଲେ ସେଭଳି କୂଅ ମଣିଷର କୌଣସି କାର୍ଯ୍ୟରେ ଆସେନାହିଁ। ତାହା ପରିତ୍ୟକ୍ତ ବା ଅଲୋଡ଼ା ଅଖୋଜା ଅବସ୍ଥାରେ ନାମକୁ ମାତ୍ର ପଡ଼ିରହେ। କୌଣସି କାମରେ ଆସୁନଥିବାରୁ ଲୋକମାନେ ତାକୁ ଅଣଦେଖା କରନ୍ତି। ଦିଅଁ ନଥାଇ ଦେଉଳର ଅବସ୍ଥା ଯାହା ପାଣି ନଥାଇ କୂଅର ଅବସ୍ଥା ମଧ୍ୟ ତାହା। ଏ ପ୍ରସଙ୍ଗରେ ବାସ୍ତବ ତଥ୍ୟର ଉପସ୍ଥାପନା କରିବା ଯୁକ୍ତିଯୁକ୍ତ ମନେହୁଏ - ସୂର୍ଯ୍ୟୋଦୟ ହେଲେ ପୋଖରୀରେ ପଦ୍ମ ଫୁଟେ। ସେହିପରି ଚନ୍ଦ୍ର ଉଦୟ ହେଲେ ଜଳାଶୟରେ କଇଁ ଫୁଟେ। ସୂର୍ଯ୍ୟ ସହିତ ପଦ୍ମ, ଚନ୍ଦ୍ର ସହିତ କଇଁର ସମ୍ପର୍କ ଅବିଚ୍ଛେଦ୍ୟ ଓ ଅଭିନ୍ନ। ପଦ୍ମ ଫୁଟିବା ପାଇଁ ସୂର୍ଯ୍ୟର ଉପସ୍ଥିତି ଓ କଇଁ ଫୁଟିବା ପାଇଁ ଚନ୍ଦ୍ରର ଉପସ୍ଥିତି ଏକାନ୍ତ ଅପରିହାର୍ଯ୍ୟ। ଠିକ ସେହିପରି କୂଅର ଆବଶ୍ୟକତାର ଉପଲବ୍ଧି ପାଇଁ ସେଥିରେ ଜଳର ଉପସ୍ଥିତି ନିହାତି ଜରୁରୀ। ପଦ୍ମ ପାଇଁ ସୂର୍ଯ୍ୟ, କଇଁ ପାଇଁ ଚନ୍ଦ୍ର, କୂଅ ପାଇଁ ଜଳ ଓ ଦେଉଳ ପାଇଁ ଦିଅଁର ସ୍ଥାନ ମାନ ଯେପରି ସ୍ୱତନ୍ତ୍ର ଆତ୍ମାର ବିକାଶ ପାଇଁ ଭକ୍ତିର ସହ ଶ୍ରୀହରି ସ୍ମରଣ, ଭଜନ ଓ କୀର୍ତ୍ତନର ସ୍ଥାନ ଓ ମାନ ସେହିପରି ସ୍ୱତନ୍ତ୍ର ଏବଂ ମହତ୍ତ୍ୱପୂର୍ଣ୍ଣ। ଏହି ପ୍ରସଙ୍ଗରେ ସନ୍ଥ 'ବାୟାବାବା'ଙ୍କର କେତୋଟି ପଂକ୍ତି ଏଠାରେ ଉଲ୍ଲେଖନୀୟ।

'କେବଳ ଶ୍ରୀହରି ନାମକୁ କଲେ ସଦା ଭଜନ
ସମସ୍ତ ଜଗତ ତା ପକ୍ଷେ ହୁଏ ପୁଣ୍ୟ କାନନ।
ସମସ୍ତଙ୍କ ହୃଦ ମନ୍ଦିରେ କରନ୍ତି ସେ ବିହାର
ମୋହ ଅନ୍ଧକାର ବଳରେ ଦେଖିନପାରେ ନର।
ହରି ପାଦପଦ୍ମେ ଯାହାର କେବେ ନଥାଏ ଭକ୍ତି
ବଳଦ ରୂପରେ ସେମାନେ ତେଲ ଘଣା ପେଳନ୍ତି।'

ବାସ୍ତବିକ ପରମଯୋଗୀ କବୀରଙ୍କର ଉକ୍ତ ଦୋହାଟି ଦିବ୍ୟ ଜୀବନର ଭାବାର୍ଥ ଉପରେ ଆଧାରିତ । ଅବ୍ୟବହାର୍ଯ୍ୟ କୂଅ ଭଳି ମଣିଷ ନାମକୁ ମାତ୍ର ବଞ୍ଚିରହି ଜୀବନ ଅତିବାହିତ ନକରି ତାଙ୍କର (ସନ୍ଥ କବୀରଙ୍କର) ମହତ ଉପଦେଶକୁ ମାନି ଜାତି ଧର୍ମ ବର୍ଣ୍ଣ ନିର୍ବିଶେଷରେ ସର୍ବଶକ୍ତିମାନ ଶ୍ରୀହରିଙ୍କ ଚରଣ ପଙ୍କଜରେ ଶରଣ ନେଇ ବଞ୍ଚିବା ବଢିବା ପଥରେ ନିରନ୍ତର ଗତିଶୀଳ ହେଲେ ଶାନ୍ତି, ମୁକ୍ତି ଓ ଈଶ୍ୱର ପ୍ରାପ୍ତିର ପଥ ଅତି ସରଳ ଓ ସାବଲୀଳ ହୋଇଯିବ ।

ଏହାହିଁ ସମଗ୍ର ଜନମାନସକୁ ପରମପୂଜ୍ୟ କବୀରଙ୍କର ମହତ୍ତ୍ୱପୂର୍ଣ୍ଣ ପରାମର୍ଶ ।

■

ଦୋହା - ୨୮

हिन्दू - मुस्लिम, सिख इसाई, आपस में सब भाई - भाई।
आर्य - जैनी और बिश्नोई, एक प्रभू के बच्चे सोई।।

Doha in English

Hindu - muslim, sikh – isaee, aapas mein sab bhai - bhai,
Aarya - jainee aur bishnoee, ek prabhoo ke bachche soee.

ଓଡ଼ିଆରେ ଦୋହା

ହିନ୍ଦୁ - ମୁସଲିମ, ଶିଖ – ଇସାଇ, ଆପ୍ସ ମେ ସବ ଭାଇ - ଭାଇ ।
ଆର୍ଯ୍ୟ - ଯଇନି ଔର ବିଷ୍ଣୋଇ, ଏକ ପ୍ରଭୂ କେ ବଚେ ସୋଇ ॥

ପୁଣ୍ୟ ଶ୍ଳୋକ କବୀର ଉକ୍ତ ଦୋହାର ଅବତାରଣା କରି ଜନ ମାନସକୁ ଯେଉଁ ହୃଦୟଗ୍ରାହୀ ବାଣୀ ଦେଇଛନ୍ତି ତାହା ହେଲା - ଜାତି ଧର୍ମ ବର୍ଣ୍ଣ ନିର୍ବିଶେଷରେ ସମସ୍ତେ ଏକ ଇଶ୍ୱରଙ୍କ ସନ୍ତାନ ପରସ୍ପର ମଧ୍ୟରେ କୌଣସି ଧର୍ମଗତ ଭେଦଭାବ ନାହିଁ।

'ଧର୍ମ' ଶବ୍ଦ 'ଧୃ' ଧାତୁରୁ ନିଷ୍ପନ। ଧର୍ମ କହିଲେ ଆମେ ବୁଝୁ 'ଧାରୟତି ଇତି ଧର୍ମ'। ଯାହା ଆମକୁ ଧାରଣ କରିଛି, ଯାହା ଆମକୁ ରକ୍ଷା କରିଛି, ଯାହା ସାମଗ୍ରିକ ବିକାଶ ପଥରେ ଆମକୁ ପରିଚାଳିତ କରେ ତାହାହିଁ ଧର୍ମ। ଏତଦ ଭିନ୍ନ ଧର୍ମର ଅନ୍ୟ ପରିଭାଷା ହେଉଛି - ଧର୍ମ ତାହା ଯାହା ଆମକୁ ସମସ୍ତ ପ୍ରକାର ବିନାଶ ଓ ଅଧୋଗତିରୁ ବଞ୍ଚାଇ ଉନ୍ନତି ଆଡକୁ ନିଏ। ବିଭିନ୍ନ ଧର୍ମ ଶାସ୍ତ୍ର ମାନଙ୍କରେ ମଧ୍ୟ ଉଲ୍ଲେଖ ଅଛି - ଯେଉଁ ରୀତି ବା ନୀତି ଏକ ନିର୍ଦ୍ଦିଷ୍ଟ ଭୂଖଣ୍ଡରେ ବାସକରୁଥିବା ମାନବ ଜାତିକୁ ନୁହେଁ, ସମଗ୍ର ଜଗତର ମାନବ ଜାତିକୁ ଗୋଟିଏ ସୂତ୍ରରେ ଧରିରଖିଛି ତାହାହିଁ ଧର୍ମ। ଏହି ଧର୍ମ ବିଶ୍ୱାସକୁ ଆଧାର କରି ସମଗ୍ର ଦେଶରେ କେତେ ମନ୍ଦିର, ମସ୍‌ଜିଦ, ଗୀର୍ଜା, ଚର୍ଚ୍ଚ, ମଠ-ବାଡ଼ି, ଆଶ୍ରମ ଇତ୍ୟାଦି ଗଢି ଉଠିଛି। ନୂଆ ନୂଆ ମଧ୍ୟ ଗଢା ହେବାରେ ଲାଗିଛି। ମାତ୍ର ହିନ୍ଦୁ, ମୁସଲମାନ, ଖ୍ରୀଷ୍ଟିୟାନ, ବୌଦ୍ଧ, ଜୈନ, ଶିଖ, ଇସାଇ ପ୍ରଭୃତି ଧର୍ମର ଧର୍ମଗ୍ରନ୍ଥ ଯଥା- ବେଦ, କୋରାନ, ବାଇବେଲ, ଗ୍ରନ୍ଥସାହେବ, ତ୍ରିପିଟକ ଆଦି ପବିତ୍ର ଧର୍ମଗ୍ରନ୍ଥକୁ ଅଧ୍ୟୟନ କଲେ ଜଣାଯାଏ ସବୁ ଧର୍ମରେ ପ୍ରାୟ ସମାନ କଥା ଉଲ୍ଲେଖ ଅଛି। ଯେଉଁ କେତେକ ଅସମାନ କଥା ରହିଛି ତାହା କେବେଳ ସ୍ଥାନ କାଳ ପାତ୍ରର ବିଭେଦ ଯୋଗୁଁ ସେହିପରି ହୋଇଛି। ଏହା ସତ୍ତ୍ୱେ ସତ୍ୟ, ନ୍ୟାୟ, ଦୟା, ଅହିଂସା, ଉଦାରତା, ସହନଶୀଳତା, ଜୀବେଦୟା, ଭାତୃଭାବ, ନିଃସ୍ୱାର୍ଥପରତା, ସହଯୋଗିତା, ପରୋପକାରିତା, ସଂଯମତା ଭଳି ସଦଗୁଣ ଗୁଡିକ ଆପଣାଇବାକୁ ସବୁ ଧର୍ମ ଗ୍ରନ୍ଥରେ ବିଭିନ୍ନ ଧର୍ମର ଧର୍ମାବଲମ୍ବୀ ମାନଙ୍କ ପ୍ରତି ମହତ ଉପଦେଶ ମାନ ରହିଛି। ଏହି ଧର୍ମ ଆଧାରିତ ରୀତି ନୀୟମକୁ ଅକ୍ଷରେ ଅକ୍ଷରେ ପାଳନ କରିଚାଲିଲେ ଆମର ମନ ହୃଦୟ ନିର୍ମଳ ଓ ଉଦାର ହେବ। ଏହି ନିର୍ମଳ ଓ ପବିତ୍ର ହୃଦୟରେ ପରମାତ୍ମା, ପରଂବ୍ରହ୍ମଙ୍କୁ ଉପଲବ୍ଧି କରି ତାଙ୍କର କୃପା କୈବଲ୍ୟକୁ ସହଜରେ ଲାଭ କରିହେବ। ପରମାତ୍ମା, ପରମେଶ୍ୱର, ପରଂବ୍ରହ୍ମ ହେଉଛନ୍ତି ଏକ। ଜାତି, ଧର୍ମ, ବର୍ଣ୍ଣ ନିର୍ବିଶେଷରେ ଆମେ ସଭିଏଁ ସେହି ଏକ ପରମେଶ୍ୱରଙ୍କ ଅଂଶବିଶେଷ। ଏହି ମର୍ମରେ ଜ୍ଞାନୀ ମାନେ ଯଥାର୍ଥରେ କହିଛନ୍ତି:-

'ସମସ୍ତଙ୍କର ଗୋଟିଏ ଧର୍ମ
ସତ୍ୟ, ଶାଶ୍ୱତ, ସାମ୍ୟ, ପ୍ରେମ।
ହିନ୍ଦୁ, ମୁସଲମାନ, ବୌଦ୍ଧ, ଖ୍ରୀଷ୍ଟିୟାନ
ସର୍ବେ ଏକ ପରମାତ୍ମାଙ୍କ ସନ୍ତାନ।'

ସୁତରାଂ ଆମେ ଯାହାକୁ ଧର୍ମ ବୋଲି କହୁ ପ୍ରକୃତରେ କୌଣସି ଏକ ନିର୍ଦ୍ଦିଷ୍ଟ ସମ୍ପ୍ରଦାୟର ଧର୍ମ ବିଶ୍ୱାସ, ରୀତି ନୀତି, ଚଳଣି ବା ଆଚରଣଗତ ପରମ୍ପରା ନୁହେଁ। ମାତ୍ର ଆମେ ଅବୋଧ ମଣିଷ ହିନ୍ଦୁ ଧର୍ମ, ଇସଲାମ ଧର୍ମ, ଖ୍ରୀଷ୍ଟ ଧର୍ମ, ବୌଦ୍ଧ ଧର୍ମ, ଜୈନ ଧର୍ମ ଭଳି ଧର୍ମ ଗତ ଶବ୍ଦକୁ ବ୍ୟବହାର କରି ଧର୍ମର ନିଗୂଢ ତତ୍ତ୍ୱକୁ ସଙ୍କୁଚିତ କରି ଏକ ନିର୍ଦ୍ଦିଷ୍ଟ ସମ୍ପ୍ରଦାୟର ଧର୍ମ ବିଶ୍ୱାସକୁ ବୁଝୁ। କିନ୍ତୁ ଆମେ ହେଜିବା ଦରକାର ବିଭିନ୍ନ ସମ୍ପ୍ରଦାୟର ଧାର୍ମିକ ମାର୍ଗ ରୀତିନୀତି ଗୁଡିକ ଭିନ୍ନ ଭିନ୍ନ ହେଲେ ମଧ୍ୟ ସବୁ ଧର୍ମର ମୂଳତଃ ଲକ୍ଷ୍ୟ ଗୋଟିଏ। ତାହା ହେଉଛି ଏକ ଉନ୍ନତ ଶୁଦ୍ଧ ଓ ମହତ୍ତର ଜୀବନ ଯାପନ କରି ପରମ ରହସ୍ୟମୟ ପରମେଶ୍ୱରଙ୍କୁ ଉପଲବ୍ଧି କରିବା ସଙ୍ଗେ ସଙ୍ଗେ ତାଙ୍କର ସାନିଧ ଲାଭ କରିବା। ମାତ୍ର କ୍ଷୋଭ ତଥା ପରିତାପର ବିଷୟ ଏହିଯେ ନିର୍ଗୁଣ, ନିରାକାର, ସର୍ବଶକ୍ତିମାନ ଈଶ୍ୱରଙ୍କୁ ସମ୍ପୂର୍ଣ ମାତ୍ରାରେ କେହି ଉପଲବ୍ଧି କରିନାହାନ୍ତି। ଅଥଚ ସବୁ ଧର୍ମାବଲମ୍ବୀ ନିଜ ନିଜ ସିଦ୍ଧାନ୍ତ ଗୁଡିକ ସର୍ବଶ୍ରେଷ୍ଠ ବୋଲି ଦାବି କରୁଛନ୍ତି। ସେହି ଜ୍ଞାନହୀନ ମନୁଷ୍ୟ ଯଦି ଧର୍ମର ନିଗୂଢ ତତ୍ତ୍ୱ ବା ସାରତତ୍ତ୍ୱକୁ ଠିକ ରୂପେ ନିଜ ଜୀବନର ଚଳଣି ଚରିତ୍ରରେ ସେଗୁଡିକ ପ୍ରତିଫଳନ କରନ୍ତା ତେବେ ଧର୍ମକୁ ନେଇ ଯେଉଁ ସବୁ ସାମ୍ପ୍ରଦାୟିକ ବିବାଦ ବା ସଂଘର୍ଷ ଚାଲିଛି ତାର ପରିସମାପ୍ତି ଘଟନ୍ତା। ସମସ୍ତଙ୍କ ହୃଦୟରେ ଭାଇଚାରାର ଭାବ ସୁଦୃଢ ହୁଅନ୍ତା। ଏହି ପ୍ରସଙ୍ଗରେ ମନୁଷ୍ୟର ଚେତନାର ଉତ୍ତରଣ ପାଇଁ କବି ରାଧାମୋହନ ଗଡ଼ନାୟକ ଯଥାର୍ଥରେ କହିଛନ୍ତି:-

‘ଜୀବନେ ଭେଦଭାବ ରଖଇ ନର
ମରଣେ ବିଚରଇ ଏକତ୍ର ଘର।
ତଥାପି ନର ବୁଝି ପାରଇ ନାହିଁ
ପ୍ରାଚୀର ତୋଳେ ନିଜ ମର୍ଯ୍ୟାଦା ପାଇଁ।
କାଟଇ ସୀମାରେଖା ସର୍ଜଇ ଭେଦ
ବୁଝଇ ନାହିଁ ତିଳେ ଜୀବନ ବେଦ।’

ଆମ ଦେଶ ଭାରତ ଭଳି ଏକ ଗଣତାନ୍ତ୍ରିକ ରାଷ୍ଟ୍ରରେ ବହୁ କାଳଜୟୀ ଧର୍ମାଚାରୀ ମହାପୁରୁଷ ମହାମନିଷୀ ଜନ୍ମ ଗ୍ରହଣ କରି ବହୁ କଷ୍ଟରେ ସାଧନାରେ ସିଦ୍ଧି ଲାଭ କରି ସର୍ବ ଧର୍ମ ସମନ୍ୱୟର ମହାନ ବାଣୀ ଶୁଣାଇଛନ୍ତି – ହିନ୍ଦୁ ମାନଙ୍କର ଧର୍ମଗ୍ରନ୍ଥ ପବିତ୍ର ଗୀତାରେ ଭଗବାନ ଶ୍ରୀକୃଷ୍ଣ କହିଛନ୍ତି:- ‘ମୁଁ ହେଉଛି ସକଳ ଜୀବଙ୍କ ହୃଦୟସ୍ଥ ଆତ୍ମା।

ପ୍ରତ୍ୟେକ ମଣିଷର ହୃଦୟରେ ମୁଁ ନିବାସ କରେ।' ମୁସଲିମ ଧର୍ମଗ୍ରନ୍ଥ କୋରାନରେ ମହାପୁରୁଷ ମହମ୍ମଦ କହିଛନ୍ତି:- 'ପ୍ରତ୍ୟେକ ମଣିଷ ଙ୍କ ହୃଦୟରେ ଆଲ୍ଲାଙ୍କ ଜ୍ୟୋତି ବିରାଜମାନ କରୁଛି'। ଖ୍ରୀଷ୍ଟିୟାନ ମାନଙ୍କ ଧର୍ମଗ୍ରନ୍ଥ ପବିତ୍ର ବାଇବେଲରେ ଉଲ୍ଲେଖ ଅଛି 'ପରମପିତା ମଣିଷକୁ ନିଜ ରୂପରେ ଗଢ଼ିଛନ୍ତି।' ତେଣୁ ସେହି ପରମ ପବିତ୍ର ସତ୍ତାକୁ ଈଶ୍ୱର, ଆଲ୍ଲା, ପରମାତ୍ମା ଯୀଶୁ ଆଦି ବିଭିନ୍ନ ନାମରେ ଆବାହନ କରାଯାଉଥିଲେ ମଧ୍ୟ ସେହି ପରମ ସତ୍ୟ ହେଉଛନ୍ତି ଏକ ଆଉ ଅଭିନ୍ନ। ଯୋଗୀ ଅରବିନ୍ଦ କହିଛନ୍ତି: - ସବୁ ଧର୍ମର ସାର କଥା ହେଉଛି ଆଧ୍ୟାତ୍ମିକତା। ସେହି ଆଧ୍ୟତ୍ମିକ ସତ୍ୟକୁ ଆମ ଜୀବନରେ ଆପଣେଇବାକୁ ପଡିବ। ଗୁରୁ ନାନକ କହିଛନ୍ତି:- ଈଶ୍ୱର କେବଳ ମନ୍ଦିରରେ ନାହାନ୍ତି କି ମସଜିଦରେ ନାହାନ୍ତି। ସେ ସୂକ୍ଷ୍ମ ରୂପରେ ପ୍ରତି ଘଟରେ ବିରାଜମାନ କରୁଛନ୍ତି। ପ୍ରେମ ଓ ଭକ୍ତିବଳରେ ସେହି ଦୟାଳୁ ଈଶ୍ୱରଙ୍କୁ ଉପଲବ୍ଧି କର। ଜାତିର ପିତା ମହାତ୍ମା ଗାନ୍ଧୀ ତାଙ୍କ ଜୀବଦଶାରେ ପ୍ରାର୍ଥନା କରୁଥିଲେ- 'ଈଶ୍ୱର ଆଲ୍ଲା ତେରେ ନାମ, ସବକୋ ସନମତି ଦେ ଭଗବାନ।' ପରମ ପ୍ରେମମୟ ଯୁଗାବତାର ଶ୍ରୀ ଶ୍ରୀ ଠାକୁର ଅନୁକୂଳଚନ୍ଦ୍ର ତାଙ୍କର ପବିତ୍ର ଗ୍ରନ୍ଥ ସତ୍ୟାନୁସରଣରେ ଉଲ୍ଲେଖ କରିଛନ୍ତି- 'ଯାହା ଉପରେ ଯାହା କିଛି ସବୁ ତିଷ୍ଠି ରହିଛି ତାହାହିଁ ଧର୍ମ। ଆଉ ସେ-ହିଁ ପରମପୁରୁଷ। ଧର୍ମ କେବେହେଲେ ବହୁ ହୁଏନା। ଧର୍ମ ଏକ, ଆଉ ତାର କୌଣସି ପ୍ରକାର ନାହିଁ। ମତ ବହୁତ ହେଇପାରେ, ଏପରିକି ଯେତେ ମଣିଷ ସେତେ ମତ ହୋଇପାରେ, କିନ୍ତୁ ତାହା ବୋଲି ଧର୍ମ ବହୁତ ହୋଇପାରେ ନାହିଁ। ହିନ୍ଦୁ ଧର୍ମ, ମୁସଲମାନ ଧର୍ମ, ଖ୍ରୀଷ୍ଟିୟାନ ଧର୍ମ, ବୌଦ୍ଧ ଧର୍ମ ଇତ୍ୟାଦି ମୋ ମତରେ ଭୁଲ। ବରଂ ସେଗୁଡିକ ଗୋଟିଏ ଗୋଟିଏ ମତ। କୌଣସି ମତ ସହିତ କୌଣସି ମତର ପ୍ରକୃତ ପକ୍ଷରେ କୌଣସି ବିରୋଧ ନାହିଁ। ଭାବର ବିଭିନ୍ନତା ପ୍ରକାର ଭେଦ ଗୋଟିଏକୁ ନାନା ପ୍ରକାରରେ ଏକରୂପେ ଅନୁଭବ। ସବୁ ମତହିଁ ସାଧାନା ବିସ୍ତାର ପାଇଁ। ତେବେ ତାହା ନାନା ପ୍ରକାର ହୋଇପାରେ ଆଉ ଯେତିକି ବିସ୍ତାର ହେଲେ ଯାହା ହୁଏ ତାହାହିଁ ଅନୁଭୂତି ଜ୍ଞାନ। ତେଣୁ ଧର୍ମ ଅନୁଭୁତିର ଉପରେ।

ଯୋଗଜନ୍ମା, ଧର୍ମନିଷ୍ଠ ଧର୍ମାଚାରୀ ମାନଙ୍କର ସେହିଁ ମହନୀୟ ବାଣୀର ଗୁରୁତ୍ୱକୁ ବୁଝି ଉପଯୁକ୍ତ ଜ୍ଞାନ ଅର୍ଜନ କରି ସ୍ୱଧର୍ମର ନୀତି ଆଦର୍ଶକୁ ମାନି ଅନ୍ୟ ଧର୍ମ ପ୍ରତି ଉଦାର ମନୋଭାବ ପୋଷଣ କଲେ ଧରାପୃଷ୍ଠ ବୈକୁଣ୍ଠରେ ପରିଣତ ହେବ। ଏହା ନିଃସନ୍ଦେହ। ସର୍ବ-ଧର୍ମ-ସମନ୍ୱୟ ନୀତିର ମହତ୍ତ୍ୱକୁ ଉପଲବ୍ଧି କରିବା ପାଇଁ ଓଡ଼ିଆ ସାହିତ୍ୟର କାଳଜୟୀ କବି କବିବର ରାଧାନାଥ ରାୟଙ୍କ ଲେଖନୀ ମୂନରୁ ନିଃସୃତ ହୋଇଛି:-

'ଧର୍ମ ଏକ ସିନା ମହତ ପଣିଆ
ଆଉ ସବୁ କଥା ଅଢେଇ ଦିନିଆ
ଧର୍ମ ଏକ ପୋତ ଗଢ଼ିଛନ୍ତି ବିଧି
ତରିବାକୁ ଏହି ସଂସାର ବାରିଧି ।'

ପରମ ଯୋଗୀ କବୀରଙ୍କ ଧର୍ମଆଧାରିତ ଦୋହାକୁ ଭିତ୍ତିକରି ଉପରୋକ୍ତ ପର୍ଯ୍ୟାଲୋଚନାରୁ ଯେଉଁ ନିଷ୍କର୍ଷ ମିଳିଲା ତାହା ହେଲା - ଜାତି, ଧର୍ମ, ବର୍ଣ୍ଣ ନିର୍ବିଶେଷରେ ସମସ୍ତେ ଏକ ଈଶ୍ୱରଙ୍କ ସନ୍ତାନ। ସମସ୍ତଙ୍କ ଧମନୀରେ ଗୋଟିଏ ମାତ୍ର ଲାଲ ରକ୍ତ ପ୍ରବାହିତ। ପରସ୍ପର ମଧ୍ୟରେ ଭେଦଭାବ ନାହିଁ। ସଭିଏଁ ସମାନ, ଭ୍ରାତୃତ୍ୱ ବନ୍ଧନରେ ପରସ୍ପର ଅନୁବନ୍ଧିତ। ଏକମାତ୍ର ଜାତି ମାନବ ଜାତି। ଏହି ଭାବଧାରାହିଁ ସାରା ବିଶ୍ୱରେ ଶାନ୍ତି ପ୍ରତିଷ୍ଠାର ମହୌଷଧି। ଏଥିପାଇଁ ସକାରାତ୍ମକ ସଂକଳ୍ପ ଏକାନ୍ତ ଅପରିହାର୍ଯ୍ୟ।

ସନ୍ଥ କବୀରଙ୍କର ଦୃଷ୍ଟିଭଙ୍ଗୀ ଅତ୍ୟନ୍ତ ଉଚ୍ଚକୋଟୀର ଏବଂ ପ୍ରଣିଧାନ ଯୋଗ୍ୟ।

■

ଜଗନ୍ନାଥ ଧାମ ପୁରୀ ସମୁଦ୍ର (ମହୋଦଧି)ର କୂଳଲଙ୍ଘନ ଜନିତ ପ୍ରତିକୂଳ ପ୍ରଭାବର ପୃଷ୍ଠଭୂମିରେ କବୀରଙ୍କର ଭୂମିକା

ପଞ୍ଚଦଶ ଶତାବ୍ଦୀର ଘଟଣା ଓ ସେତେବେଳେ ପୁରୀର ରାଜା ଥିଲେ ଗଜପତି ଅନଙ୍ଗଭୀମଦେବ। ସିଂହଦ୍ୱାର ପର୍ଯ୍ୟନ୍ତ ସମୁଦ୍ର ମାଡିଆସୁଥିବାରୁ ସେ ମେଘନାଦ ପାଚେରୀ ନିର୍ମାଣ କରିବାକୁ ମନସ୍ଥ କରି ନିର୍ମାଣ କାର୍ଯ୍ୟରେ ଲାଗିଲେ। ପ୍ରତ୍ୟେକ ଦିନ ସକାଳେ ମେଘନାଦ ପାଚେରୀ ନିର୍ମାଣ କରିବାରେ ସେ ଲୋକ ନିୟୋଜିତ କରୁଥିଲେ କିନ୍ତୁ ସନ୍ଧ୍ୟାବେଳେ ମହୋଦଧି (ସମୁଦ୍ର) ମାଡିଆସି ସେ ପାଚେରୀକୁ ଭାଙ୍ଗିଦେଉଥିଲା। ଏଥିପାଇଁ ଗଜପତି (ଅନଙ୍ଗଭୀମଦେବ) ଉପାୟହୀନ ହୋଇ ମହାପ୍ରଭୁଙ୍କ ଧାରଣାରେ ଶୋଇରହିଲେ।

ଏହିପରି ନଖାଇ ନପିଇ ଆତୁରରେ ଭଗବାନଙ୍କୁ ଡାକିବାରେ ଦୁଇ ଦିନ ବିତିଗଲା। ତୃତୀୟ ଦିନ ନିଶାର୍ଦ୍ଧରେ ମହାପ୍ରଭୂ ସ୍ୱପ୍ନରେ ସ୍ୱପ୍ନାବିଷ୍ଟ ହେଲେ ଓ ଆଦେଶ ଦେଲେ 'କାଶୀ ବାରାଣସୀରେ ମୋର ଜଣେ ଅତିପ୍ରିୟ ଭକ୍ତ ଅଛନ୍ତି। ତାଙ୍କ ନାମ କବୀର। ତମେ ଯଦି ଲୋକ ପଠାଇ ତାଙ୍କୁ ଏଠାକୁ ଆଣିପାରିବ ତାହେଲେ ଆଉ କିଛି ଅସୁବିଧା ହେବ ନାହିଁ। କେବଳ ସେ ଏଠାକୁ ଆସିବା ଦରକାର। ସେ ଏଠାରେ ଆସି ପହଞ୍ଚିଲେ ସମୁଦ୍ର ଆଉ କୂଳ ଲଙ୍ଘନ କରିବ ନାହିଁ କି ମେଘନାଦ ପାଚେରୀ ଭାଙ୍ଗିବ ନାହିଁ। ଲୋକଙ୍କ ଧନ ଜୀବନ ମଧ୍ୟ ରକ୍ଷା ହୋଇ ପାରିବ। ତୁମେ ଏ ଦାୟିତ୍ୱ ପାଳନ କର।' ଭଗବାନଙ୍କ ଦ୍ୱାରା ଆଦିଷ୍ଟ ହୋଇ ଗଜପତି ଅବିଳମ୍ବେ କାଶୀ ବାରାଣସୀକୁ ବିଶ୍ୱସ୍ତ ଲୋକ ପଠାଇ କବୀରଙ୍କୁ ପୁରୀ ଆଣିବାର ବ୍ୟବସ୍ଥା କଲେ।

ପଠାଇ ଥିବା ଲୋକ କାଶୀ ବାରାଣସୀରେ ପହଞ୍ଚି ସମସ୍ତ କଥା କବୀରଙ୍କୁ

ଯଥାରୀତି ଅବଗତ କରାଇଲେ। ମହାପ୍ରଭୁ ଜଗନ୍ନାଥଙ୍କ ଧାମରୁ ଡାକରା ଆସିଛି ସ୍ୱୟଂ ଜଗନ୍ନାଥ ଇଛା ପ୍ରକଟ କରିଛନ୍ତି। ଏହା ଜାଣି କବୀର ଆନନ୍ଦରେ ଭାବ ଗଦଗଦ ହୋଇ ତତକ୍ଷଣାତ ଆସିବାକୁ ଚାହିଁଲେ। କାଳିଆର ଡୋରି ଲାଗିଲା। ସନ୍ଥ କବୀର ପୁରୀଧାମରେ ପହଞ୍ଚି ଶ୍ରୀମନ୍ଦିର ଆସି ନୀଳଚକ୍ର ସାମ୍ନାରେ ଛିଡା ହୋଇ ହାତଯୋଡ଼ି ଭକ୍ତିଭାବରେ ତଲ୍ଲୀନ ହୋଇ ମହାପ୍ରଭୁଙ୍କୁ ସ୍ତୁତି କଲେ। ତାପରେ ମନ୍ଦିର ପାଖରେ ଥିବା ଏକ ବେଦୀ ଉପରେ ବସି ମହାପ୍ରଭୁଙ୍କୁ ଧ୍ୟାନ କଲେ। ଅନ୍ତରର ଭାବକୁ ଧ୍ୟାନ ମାଧ୍ୟମରେ ଭଗବାନଙ୍କୁ ଜଣାଇଲେ 'ମହାପ୍ରଭୂ! ହେ ଜଗତର ନାଥ! ହେ କାଳିଆ ସାଆନ୍ତ! ତମେ ସେହିନା! ତମେ ସେହିନା ଯିଏ ଦ୍ୱାପରରେ, ବୃନ୍ଦାବନରେ ରାସ ରଚିଥିଲ, ତମେ ସେହି କୃଷ୍ଣ। ଆଉ ତମେ ପୁଣି ସେହିନା ଯିଏ ତ୍ରେତୟାରେ ପିତୃ ସତ୍ୟ ପାଳନ କରି ଚଉଦ ବର୍ଷ ବନବାସ କରିବାକୁ ପତ୍ନୀ, ଭ୍ରାତାଙ୍କୁ ନେଇ ସାଙ୍ଗରେ ଯାଇଥିଲ। ତମେ ସେହି ରାମ, ତମେ ସେହି କୃଷ୍ଣ ମୋର ଆରାଧ୍ୟ ଭଗବାନ। ତମେ ମୋର ଆଉ ମୁଁ ତୁମର।" ଏତିକି ଭକ୍ତିଭାବରେ ମହାପ୍ରଭୁଙ୍କୁ ନିବେଦନ କରି କବୀର ଚାଲିଲେ ସମୁଦ୍ରକୂଳକୁ। ସମୁଦ୍ରକୂଳରେ ପହଞ୍ଚିବା କ୍ଷଣି ସମୁଦ୍ର କବୀରଙ୍କୁ ଦେଖି କାଳ ବିଳମ୍ବ ନକରି ଅଧକୋଶ ବାଟ ପଛକୁ ଚାଲିଗଲା। ସମସ୍ତେ ଏହା ଦେଖି ଆଶ୍ଚର୍ଯ୍ୟ ହୋଇଗଲେ। କବୀର ସେ ଜାଗାକୁ ଯାଇ ସେଠାରେ ବସି ନିଜେ ଯେଉଁ ଆଶ୍ରା ବାଡ଼ି ଧରି ଚାଲନ୍ତି ସେ ବାଡ଼ିକୁ ସେଠାରେ ପୋତିଦେଲେ। ଆଉ ସେ (କବୀର) ସମୁଦ୍ରକୁ ଆଦେଶ ଦେଲେ ଏହି ବାଡ଼ିକୁ ଅତିକ୍ରମ କରି ଆଗକୁ ନଯିବା ପାଇଁ। ସମୁଦ୍ର ମଧ୍ୟ ସେହିଦିନଠାରୁ କବୀର ପୋତିଥିବା ବାଡ଼ିକୁ ଅତିକ୍ରମ କରି ଆଗକୁ ଆସିନାହିଁ। ସମୁଦ୍ର (ମହୋଦଧି) ମଧ୍ୟ ସନ୍ଥ କବୀରଙ୍କ ନିର୍ଦ୍ଦେଶକୁ ଆଜି ପର୍ଯ୍ୟନ୍ତ ମାନି ଚାଲିଛି। ଏହି ଘଟଣାରୁ ସନ୍ଥ କବୀରଙ୍କ ମଧ୍ୟରେ ସନ୍ନିବେଶିତ ହୋଇଥିବା ଅତିମାନୁଷିକ ଶକ୍ତିର ସ୍ୱତନ୍ତ୍ର ପରିଚୟ ମିଳିଥିଲା। କେବଳ ସେତିକି ନୁହେଁ ଅସୀମ ଶକ୍ତିର ଆଧାର ସମୁଦ୍ର (ମହୋଦଧି) ର କବୀରଙ୍କ ପ୍ରତି ଥିବା ନିଗୂଢ଼ ଆନୁଗତ୍ୟ ଏବଂ ତତସହିତ ଭଗବାନଙ୍କ ପ୍ରତି ସନ୍ଥ କବୀରଙ୍କର ଥିବା ଶୁଦ୍ଧ ଭକ୍ତିର ପ୍ରତିଫଳନ ମଧ୍ୟ ପ୍ରତିଫଳିତ ହୋଇଅଛି। ସ୍ୱର୍ଗଦ୍ୱାରରେ ଠିକ ପଛ ପଟେ କବୀରଙ୍କ 'ଚଉରା ମଠ' ଅଛି। ସେହି ଜାଗାରେ କବୀରଙ୍କ ବାଡ଼ି ପୋତାଯାଇଛି। ସେଠାକୁ ଗଲେ ସେ ସବୁକୁ ଦର୍ଶନର ସୁଯୋଗ ମିଳିବ। କବୀର ସେହି ଚଉରା ମଠରେ ମାସେ ଅବସ୍ଥାନ କରି ଭଜନ କୀର୍ତ୍ତନ କରିଥିବାର କଥିତ ଅଛି। ସେଠାରେ ମିଳୁଥିବା ଟଙ୍କ ତୋରାଣିର ସ୍ୱାଦ ଅତ୍ୟନ୍ତ ତୃପ୍ତିଦାୟକ। ସେଭଳି ସ୍ୱାଦିଷ୍ଟ ଟଙ୍କ ତୋରାଣି ଅନ୍ୟତ୍ର ମିଳେନାହିଁ। ଏହା ଲୋକ ମୁଖରୁ ଶୁଣାଯାଏ।

୨) କବୀରଙ୍କ ଜଗନ୍ନାଥ ଦର୍ଶନ ଓ ଅଦୃଷ୍ଟ ପୂର୍ବ ଭକ୍ତିଭାବ ପ୍ରଦର୍ଶନ:-

ମହୋଦଧିର କୂଳଲଂଘନ ପ୍ରଭାବ ଜନିତ କାର୍ଯ୍ୟ ସମ୍ପାଦନର ପରେ ପରେ ସନ୍ଥ କବୀର ମନସ୍ଥ କଲେ 'ମୁଁ ଟିକିଏ କାଳିଆ ସାଆନ୍ତକୁ ଦର୍ଶନ କରିବି ମୋର ଆତ୍ମା ଶାନ୍ତ ହବ, ମନ ତୃପ୍ତ ହେବ ପେଟ ପୁରିଯିବ।' ଏହା ସେ ଭାବି ମନରେ ଉତ୍କଣ୍ଠା ପ୍ରାଣରେ ଆବେଗ ଓ ନୟନରେ ଦର୍ଶନର ଆକୁଳିତ ପ୍ରତୀକ୍ଷା ନେଇ ସେ ସିଂହଦ୍ୱାର ଅତିକ୍ରମ କରି ଶ୍ରୀମନ୍ଦିରକୁ ପ୍ରବେଶ କଲାବେଳେ ହେ ମହାପ୍ରଭୁ! ହେ ମହାବାହୁ! ହେ ବଳିଆରଭୁଜ! ଏହିପରି ତୁଣ୍ଡରେ ଭକ୍ତିଭରେ ଉଚ୍ଚାରଣ କରି ଭିତରେ ପ୍ରବେଶ କଲେ। କବୀର ସବୁବେଳେ ତାଙ୍କ ମୁଣ୍ଡରେ ଟୋପି ପିନ୍ଧନ୍ତି। ସେଦିନ ମଧ୍ୟ ମୁଣ୍ଡରେ ଟୋପି ପିନ୍ଧି ମନ୍ଦିରକୁ ପ୍ରବେଶ କରିଥିଲେ। ଯଦିଓ ପ୍ରବେଶ କଲେ, ସେତେବେଳେ ମନ୍ଦିରରେ ଥିବା ସେବାୟତ ମାନଙ୍କର ଦୃଷ୍ଟି ତାଙ୍କ ଉପରେ ପଡିଲା। ମୁଣ୍ଡରେ ଥିବା ଟୋପିକୁ ଦେଖି ସେବାୟତମାନେ କହିଲେ 'ଆରେ ହେ! ତମେ କଣ ମୁଣ୍ଡରେ ଟୋପି ପିନ୍ଧିଛ ? ଟୋପି କାହିଁକି ଦେଇଛ ? ଟୋପି ଖୋଲ।' କବୀର ନମ୍ରତାର କହିଲେ 'ମୁଁ ତ ସବୁବେଳେ ସବୁଆଡେ ଟୋପି ପିନ୍ଧି ଠାକୁରଙ୍କୁ ଦର୍ଶନ କରେ। କେହି ମୋତେ ଟୋପି ଖୋଲିବା ପାଇଁ କହିନାହାନ୍ତି। ଏଠି ମୋତେ ଟୋପି ଖୋଲିବା ପାଇଁ କାହିଁକି କହୁଛ ?' ଏହା ଶୁଣି ସେବାୟତ ମାନେ କହିଲେ 'ତମେ କଣ ଆମ ଧର୍ମର ? ଆମ ଠାକୁର ହେଉଛନ୍ତି କାଳିଆ ସାଆନ୍ତ। ତମେ ଟୋପି ପିନ୍ଧି ଦର୍ଶନ କରିପାରିବ ନାହିଁ।' କବୀର ପୁଣି ନମ୍ର ଭାବରେ କହିଲେ 'ଟୋପି ନ ଖୋଲିଲେ ମୁଁ କଣ କାଳିଆ ସାଆନ୍ତକୁ ଦର୍ଶନ ନକରି ଫେରିଯିବି ?' ସେବାୟତ ମାନେ କହିଲେ 'ଟୋପି ନ ଖୋଲିଲେ କେବେବି ଦର୍ଶନ କରିପାରିବ ନାହିଁ।" ସେବାୟତ ମାନଙ୍କ ଠାରୁ ଏପ୍ରକାର ନାସ୍ତି ବାଣୀ ଶୁଣିଲା ପରେ କବୀର ନିରାଶ ହୋଇ ଅତ୍ୟନ୍ତ ଆତୁର ହୋଇ କହିଲେ, "ହେ ଠାକୁରେ! ହେ କାଳିଆ ସାଆନ୍ତ! ମୁଁ ଟୋପି ପିନ୍ଧିଲି ବୋଲି ତୁମକୁ ଦର୍ଶନ କରିପାରିବିନି। ଏହିଠାରୁ ତୁମେ ମୋତେ ଫେରାଇଦେବ। କେତେ ବାଟରୁ ତୁମ ଡାକରା ପାଇ ମୁଁ ଆସିଥିଲି। ମୁଁ କାଶୀ ବାରାଣସୀରେ ଥିଲି। ତମ ଆତ୍ମା ପରା ସେଇଠି ଥିଲା। ତମେ ପରା ସେଦିନ କହିଥିଲ- ମମ ଆତ୍ମା ଶିବ, ମମ ଚକ୍ଷୁ ଅର୍କ, ଜ୍ଞାନ ଗଣେଶ। ମୁଁ ସେହି କାଶୀ ବାରାଣସୀରେ ଶଙ୍କର ବାବାଙ୍କ ପ୍ରସିଦ୍ଧ କ୍ଷେତ୍ରରେ ଥିଲି। ମତେ ସେଠି କେହି ବାରଣ କରିନଥିଲେ। ତମ ଡାକରା ପାଇ ତମ ପାଖକୁ ଆସିଥିଲି। ତମ ପାଖରେ ମୁଁ ଟୋପି ପିନ୍ଧିଲି ବୋଲି ତମକୁ ଦର୍ଶନ କରିନପାରି ଏଇଠୁ ଫେରିଯିବି ?' ଏ ପ୍ରକାର ମିନତୀ ଜଣାଇ ଫେରିଯିବା ପୂର୍ବରୁ ଆଖି ବନ୍ଦ କରି ନୀରବ ନିଶ୍ଚଳ ହୋଇ କିଛି ସମୟ ଧ୍ୟାନ ମଗ୍ନ ହେଲେ। ଖୁବ ଅଳ୍ପ ସମୟ ମଧ୍ୟରେ ଦେଖାଗଲା ମନ୍ଦିର

ଭିତରେ ଯେତେ ସେବାୟତ ଓ ଭକ୍ତ ଥିଲେ ସମସ୍ତେ ଦେଖିଲେ ସମସ୍ତଙ୍କ ମୁଣ୍ଡରେ ଗୋଟିଏ ଗୋଟିଏ ଧଳା ଟୋପି। ସମସ୍ତେ ଆଶ୍ଚର୍ଯ୍ୟ ଚକିତ ହୋଇ କହିଲେ 'କି ଅପୂର୍ବ! କି ଅପୂର୍ବ ତମର ଭକ୍ତିନିଷ୍ଠା!' ଭକ୍ତ ବତ୍ସଳ ଭଗବାନ ଭକ୍ତର ମାନ ମର୍ଯ୍ୟାଦା ଅକ୍ଷୁର୍ଣ୍ଣ ନିମନ୍ତେ ଯୁଗେ ଯୁଗେ ଯେଉଁ ଅଲୌକିକତା ପ୍ରଦର୍ଶନ କରନ୍ତି ତାହାର ଚରମ ଦୃଷ୍ଟାନ୍ତ ଏଠାରେ ଉଦଘୋଷିତ ହେଲା। ଧନ୍ୟ କବୀର, ଧନ୍ୟ ତୁମର ଈଶ୍ୱର ଭକ୍ତି। ବାସ୍ତବରେ ତୁମେ ମହାନ। ଏହିଭଳି ଏକ ଶାନ୍ତ, ସ୍ନିଗ୍ଧ ଏବଂ ଭାବପୂର୍ଣ୍ଣ ଅମୃତ ବେଳାରେ କାଳିଆ ସାଆନ୍ତଙ୍କୁ ଦର୍ଶନ ପୂର୍ବକ ଭକ୍ତି ନୈବେଦ୍ୟ ଅର୍ପଣ କରି ସନ୍ଥ କବୀର ପ୍ରତ୍ୟାବର୍ତ୍ତନ କରିଥିଲେ।

■

BLACK EAGLE BOOKS

www.blackeaglebooks.org
info@blackeaglebooks.org

Black Eagle Books, an independent publisher, was founded as a nonprofit organization in April, 2019. It is our mission to connect and engage the Indian diaspora and the world at large with the best of works of world literature published on a collaborative platform, with special emphasis on foregrounding Contemporary Classics and New Writing.

www.ingramcontent.com/pod-product-compliance
Lightning Source LLC
Chambersburg PA
CBHW060611080526
44585CB00013B/775